සිතට සුව දෙන
භාවනා

පූජ්‍ය කිරිබත්ගොඩ ඤාණානන්ද ස්වාමීන් වහන්සේ

සිතට සුව දෙන භාවනා...

පූජ්‍ය කිරිබත්ගොඩ ඤාණානන්ද ස්වාමීන් වහන්සේ

© සියලුම හිමිකම් ඇවිරිණි.

ISBN : 978-955-0614-26-4

ප්‍රථම මුද්‍රණය : ශ්‍රී බු.ව. 2554 ක් වූ බක් මස පුන් පොහෝ දින
දෙවන මුද්‍රණය : ශ්‍රී බු.ව. 2556 ක් වූ වෙසක් මස පුන් පොහෝ දින
තෙවන මුද්‍රණය : ශ්‍රී බු.ව. 2556 ක් වූ නිකිණි මස පුන් පොහෝ දින
සිව්වන මුද්‍රණය : ශ්‍රී බු.ව. 2556 ක් වූ ඉල් මස පුන් පොහෝ දින
පස්වන මුද්‍රණය : ශ්‍රී බු.ව. 2556 ක් වූ මැදින් මස පුන් පොහෝ දින

- පරිගණක අකුරු සැකසුම, පිටකවර නිර්මාණය සහ ප්‍රකාශනය -

මහාමේඝ ප්‍රකාශකයෝ
වඩුවාව, යටිගල්ඔළුව, පොල්ගහවෙල.
දුර : 037 2053300, 0773216685
mahameghapublishers@gmail.com | www.mahameghapublishers.com

- මුද්‍රණය -

ලීඩ්ස් ග්‍රැෆික්ස් (පුද්.) සමාගම,
අංක 356 E, පන්නිපිටිය පාර, තලවතුගොඩ.

සිතට සුව දෙන භාවනා

පූජ්‍ය කිරිබත්ගොඩ ඤාණානන්ද ස්වාමීන් වහන්සේ

මහාමේඝ
MAHAMEGHA

ප්‍රකාශනයකි

පෙළගැස්ම....

"දසබලසේලප්පභවා නිබ්බානමහාසමුද්දපරියන්තා
අට්ඨංග මග්ගසලිලා ජිනවචනනදී චිරං වහතූති"

දසබලයන් වහන්සේ නමැති ශෛලමය පර්වතයෙන් පැන නැගී
අමා මහා නිවන නම් වූ මහා සාගරය අවසන් කොට ඇති
ආර්ය අෂ්ටාංගික මාර්ගය නම් වූ සිහිල් දිය දහරින් හෙබි
උතුම් ශ්‍රී මුඛ බුද්ධ වචන ගංගාව
(ලෝ සතුන්ගේ සසර දුක නිවාලමින්)
බොහෝ කල් ගලාබස්නා සේක්වා!

(සළායතන සංයුත්තය - උද්දාන ගාථා)

නමෝ තස්ස භගවතෝ අරහතෝ සම්මාසම්බුද්ධස්ස
ඒ භාග්‍යවත් අරහත් සම්මා සම්බුදුරජාණන් වහන්සේට නමස්කාර වේවා!

01. භාවනාවේ මූලික කරුණු

1.1. අපි භාවනා කරමු

භාවනාව තුළින් ඔබේ මිනිස් ජීවිතය වඩාත්ම සුවපත් කරන අතර වඩාත්ම අර්ථවත් කරයි. භාවනා කිරීම කියන්නේ ඔබේ සිත දියුණු කරගන්නා සුවිශේෂී ක්‍රමයකටයි. මේ සිත දියුණු කරන්න පුළුවන් කියලා ඉස්සර වෙලාම අපට කියලා දුන්නේ බුදුරජාණන් වහන්සේයි. උන්වහන්සේ තමන් වහන්සේගේ සිත සම්පූර්ණයෙන්ම දියුණු කරලා, ඉහළම තලයට දියුණු කරලා එය අපට පෙන්වා වදාළා. සිත දියුණු කරගන්නා ක්‍රමය භාවනාව යනුවෙන් හඳුන්වමු.

ලෝකයේ සිත දියුණු කරන සුළු පිරිස අතරට ඔබත්...

ඔබට පුළුවන් නම් භාවනාව දියුණු කරගන්නට

මේ ජීවිතයේදීම ඔබේ සිත වේගයෙන් දියුණු වෙන්න පටන් ගන්නවා. මේ සඳහා ඔබට සිතන්න පුළුවන්කම තිබිය යුතුයි. ඔබට කල්පනා කරන්න බැරි නම්, ඔබට සිත දියුණු කරන්න බැරුව යනවා. බොහෝ දෙනෙක් මේ සිත දියුණු කරන්නේ නෑ. මේ ලෝකයේ ස්වල්ප දෙනයි සිත දියුණු කරන්නේ. අන්න ඒ ටික දෙනා අතරට ඔබටත් පැමිණෙන්නට පුළුවනි. බොහෝම සිහි කල්පනාවෙන් යුතුව, බොහෝම අවධානයෙන් යුතුව මෙය හදාරන්න. අපි ක්‍රම ක්‍රමයෙන් කියා දෙනවා, ජීවිතයේ ගැඹුරක් දකින්නට හැකි අයුරු...

භාවනාවට ඔබත් සුදුස්සෙක්ද?

විශේෂයෙන්ම, 'බුදුරජාණන් වහන්සේ සිත දියුණු කරපු කෙනෙක්ය' කියලා ඔබ තුළ තියෙන ප්‍රසාදය තමයි මේකට මූලික වෙන්නේ. ඒකට කියනවා ශ්‍රද්ධාව කියලා. මොකද, සිත දියුණු නොකරපු කෙනෙකුගේ උපදෙස් වලින් අපට සිත දියුණු කරන්න බෑ. සිත දියුණු කරන්න පුළුවන් වන්නේ සිත දියුණු කරපු කෙනෙකුගේ උපදෙස් වලින්මයි. ඒ සඳහා අපට බුදුරජාණන් වහන්සේ හැර මේ ලෝකයේ වෙන කවුරුවත් මුණ ගැහෙන්නේ නෑ. ඒ තරමටම උන්වහන්සේ සිත දියුණු කළා. ඒ නිසා බුදුරජාණන් වහන්සේ කෙරෙහි සිත පහදවාගෙන, බුදුරජාණන් වහන්සේ වදාළ උපදෙස්, උන්වහන්සේ ජීවිතය ගැන කියා දීපු දේ හොඳින් දැනගෙන ඒ දැනගත් කරුණුවලට අනුව ජීවිතය හසුරුවාගන්න පුළුවන් වුණොත් ඔබ භාවනාවෙන් දියුණු වෙන්න සුදුසුකම් ලබනවා.

දුර්ලභ ක්ෂණ සම්පත්තිය....

මෙහිදී විශේෂයෙන්ම ඔබට වුවමනා වන්නේ

හිතන්න පුළුවන්කමයි. හිතන්න පුළුවන් කෙනාට බුදුරජාණන් වහන්සේගේ ධර්මය මුණගැහිලා, ඒ ධර්මය කෙරෙහි ශ්‍රද්ධාව ඇතිවුණාම ඒකට ක්ෂණ සම්පත්තිය කියලා කියනවා. මෙන්න මේ ක්ෂණ සම්පත්තිය ගොඩක් දුර්ලභ එකක්. බුදුරජාණන් වහන්සේ, ඒ වගේම උන්වහන්සේගේ ශ්‍රාවකයන් වහන්සේලා නිතරම පවසන දෙයක් තමයි, 'මේ ක්ෂණ සම්පත්තිය අහිමි වූ අය අපායේ වැටිලා දුක් විඳිනවා' කියන එක. අපි දැන් මේ මිනිස් ලෝකයේ හිටියාට අපට තියෙන මේ කාලය කෙමෙන් කෙමෙන් ගෙවිලා යන එකක්.

අපට මේ ලැබිලා තියෙන්නේ ලෙඩ වෙලා යන ජීවිතයක්. මරණයට පත්වෙලා නිමාවෙන ජීවිතයක්. ඒ නිසා අපි මේ ජීවිතයේ මරණයට පත්වෙන්න ඉස්සර වෙලා, ලෙඩ වෙන්න ඉස්සර වෙලා, සිහි කල්පනාවේ වෙනසක් වෙන්න ඉස්සර වෙලා, හොඳට සිහිය තියෙන වෙලාවේ, හොඳට ශ්‍රවණය තියෙන වෙලාවේ, හොඳට කල්පනාව තියෙන වෙලාවේ, හොඳට යමක් කමක් තේරුම් බේරුම් කරගන්න පුළුවන් වෙලාවේ ඔබේ සිතේ බුදුරජාණන් වහන්සේගේ ධර්මය ගැන ශ්‍රද්ධාව ඇතිවෙලා නම්, ඔබට සිතන්න පුළුවන්කම තියෙනවා නම්, ඔබට ඒ දුර්ලභ ක්ෂණ සම්පත්තිය ලැබෙනවා.

අධිෂ්ඨානයෙන් සිත මැඬලන්න....

දැන් ඔබ මිනිස් ලෝකයේ ඉපදිලා ඉන්නවා. ඒ වගේම දැන් ඔබට හිතන්න පුළුවන්කම තියෙනවා. මේ හිතන්න පුළුවන්කමත් සමඟම ඔබ හිතන්න පුළුවන් බව තවත් දියුණු කරගන්න ඕන. ඒ කියන්නේ දැන් බුදුරජාණන් වහන්සේගේ ධර්මය අහන්න ලැබෙනවා. ඒ අසන්නා වූ

ධර්මයට අනුව ශ්‍රද්ධාවක් ඇතිවෙලා 'මම ධර්මය ප්‍රගුණ කරන්න ඕන' කියලා කල්පනා කරනවා නම් අන්න ඒ මොහොතේ ඉඳලා ඔබට ක්ෂණ සම්පත්තිය ලැබෙනවා. මෙන්න මේ ක්ෂණ සම්පත්තිය අහිමි කරගන්න එපා. අපට මේක දියුණු කරගන්න පුළුවන්. හැබැයි, මේ සිතේ ස්වභාවය තමයි එක දිගට යමක් අධිෂ්ඨානයෙන් කරගන්න තියෙන අමාරුව. කෙනෙක් භාවනා කරන්න ගියත්, සිල් ආදී ගුණධර්ම පුරුදු කරගන්න ගියත්, සිත දමනය කරන වැඩපිළිවෙලකට ගියත්, සිත දියුණු කරන වැඩපිළිවෙලකට ගියත්, මේක කරගන්න බෑ. නොහිතන විදිහට මෙයා කැරකිලා ආයෙමත් හිටිය තැනටම වැටෙනවා. ඔබ මෙන්න මේ තත්වය හඳුනාගෙන විශේෂයෙන්ම අධිෂ්ඨානයක් ඇති කරගන්න ඕන. 'මම මේ දැනගන්න ධර්මය හොඳින් හිතට ගෙන, ධර්මයට අනුව මම මගේ චින්තනය මෙහෙයවලා මම සිත දියුණු කරනවා' කියල ඔබ කල්පනාවක් ඇති කර ගත යුතුයි.

සිත දියුණු කිරීමෙන් ලැබෙන ප්‍රයෝජන.....

සිත දියුණු කිරීමේදී සිදුවන විශේෂත්වය නම් ඔබ ගුණධර්ම වලින් දියුණු වීමයි. ඔබේ මනස දියුණු වුණොත් ඔබ තුළ පෞරුෂයක් ගොඩනැගෙනවා. පෞරුෂයක් ගොඩනැගෙනවා කියන්නේ ඔබ තුළ අභිමානවත් බවක් ගොඩනැගෙනවා. ඔබ තුළ ගොඩනැගෙන ඒ පෞරුෂයත් සමඟ ඔබ මානසිකව දියුණු වෙනවා මිසක් පිරිහෙන්නේ නෑ. එවිට ඔබ තව කෙනෙකුට ඊර්ෂ්‍යා කරන්න යන්නේ නෑ. ඒ නිසා ඔබ තව කෙනෙක් එක්ක තරහා වෙන්න, පළිගන්න යන්නේ නෑ. අනුන්ගේ දියුණුවට ද්වේෂ කරන්න යන්නේ නෑ. ඔබ ඒ සියල්ලන් කෙරෙහි සතුටු වෙනවා. මේ ස්වභාවය තමයි, ඊළඟට ඔබට ඇතිවෙන මානසික දියුණු

තත්වය. මේ දියුණු තත්වය ලබාගන්න පුළුවන් වෙන්නේ සිත දියුණු කරගැනීමෙන්. සිතේ දියුණුව කියන්නේ ඒකයි.

ඔබේ සිත දියුණු වෙන කොට ඔබ ගුණධර්ම වලින් දියුණු වෙන කෙනෙක් වෙනවා. ඒ කියන්නේ ඔබ අනුන්ගේ දියුණුවට, අනුන්ගේ යහපතට සතුටු වෙනවා. ඊර්ෂ්‍යා කරන්නේ නෑ. අනුන්ගේ දූන උගත්කම් ගැන සතුටු වෙනවා. අනුන්ගේ හැකියාවන් ගැන සතුටු වෙනවා. මෙන්න මේවා තමයි දියුණු වෙන සිතක ඇතිවෙන ලක්ෂණ. ඔබ තුළ අන්න ඒවා ඇතිවෙන්න පටන් ගන්නවා. එවිට ඔබ තේරුම් ගන්න... ඔබ තුළ දියුණු කළ හැකි, දියුණු වන සිතක් තිබෙන බව. සිත දියුණු කරන්න පුළුවන් ප්‍රධාන භාවනා ක්‍රම තියෙනවා. අන්න ඒ භාවනා ක්‍රම බුදුරජාණන් වහන්සේ තමයි දේශනා කළේ.

භාවනාව යනු....

භාවනාව කියන්නේ අපේ මනස හසුරුවන වැඩ පිළිවෙලක්. අපේ මනස යම්කිසි ක්‍රමානුකූල පිළිවෙලකට හසුරුවනවා නම් එයටයි භාවනාව කියන්නේ. ක්‍රමානුකූල පිළිවෙලකට මනස හැසිරවීමෙන් අභ්‍යන්තර ජීවිතය පිරිසිදු වෙනවා. අභ්‍යන්තර ජීවිතය පිරිසිදු වීම නිසාම ඔබේ ජීවිතය ටික ටික සුවපත් වෙන්න පටන් ගන්නවා. ඔබ ටික ටික ධෛර්යය සම්පන්න වෙන්න පටන් ගන්නවා. ටික ටික වීර්යවන්ත වෙන්න පටන් ගන්නවා. ඔබ සතුටින් ඉන්න පුරුදු වෙනවා. මනස දියුණු කිරීමෙන් ඔය හැමදේම ලැබෙනවා.

දැන් බලන්න අපේ වයස සෑහෙන්න ගෙවිලා. නමුත් අපට තවම මනස දියුණු කරගන්න බැරිවුණා. මනස දියුණු කරගන්න බැරිවුණ එක අපේ ජීවිතවලට සිදුවුණ විශාල

පාඩුවක්. මෙන්න මේ පාඩුවෙන් වැළකිලා මනස දියුණු කරගන්න ලැබුණු අවස්ථාව, අපි දිගින් දිගටම ආරක්ෂා කරගෙන දියුණු කරන්න ඕන.

ස්වාධීන චින්තනයක් ඇති කරගනිමු....

මේහිදී විශේෂයෙන් වැදගත් වෙනවා, ස්වාධීනව හිතන්න පුළුවන්කමක් තිබීම. ස්වාධීනව හිතන්න පුළුවන්කම කියන්නේ, දැන් ඔන්න මම බුදුරජාණන් වහන්සේ වදාළ ධර්මය ඔබට කියාදෙන කොට ඔබට මේ කෙරෙහි පැහැදීමක් ඇතිවෙන්න ඕන. 'මේ කියා දෙන්නා වූ ධර්මය, බුදුරජාණන් වහන්සේ වදාළ ධර්මය, මට ප්‍රගුණ කරන්න පුළුවන්' කියලා ශ්‍රද්ධාව තුළින් නිසැක භාවයට පත්වෙන්න ඕන. අන්න ඒ තුළින් ඔබ තුළ ගොඩනැගෙන්නේ ස්වාධීන චින්තනයක්. එතකොට කවුරු හරි කිව්වොත්, "නෑ... නෑ.. භාවනා කරන්න ඕනෙ නෑ. ඔය භාවනා කරලා වැඩක් නෑ. ජීවිත අවබෝධයක් අපට ඕනෙ නෑ. ඔබ ගිහි ජීවිතය ගත කරන කෙනෙක්. ඔබට ඒක අදාල නෑ" කියලා, එතකොට ඔබ කෙලින්ම පිළිගන්නවා 'ඒක වැරදි මතයක්, වැරදි අදහසක්, වැරදි දෘෂ්ටියක්' කියලා.

මේ නිසා ඔබට පැහැදිලි චින්තනයක ඉන්න පුළුවන්. ඔබේ සිතේ වටිනාකම තියෙන්නේ ඔබ තුළ. ඒ නිසා බාහිර කෙනෙකුගේ මතවාදයක් තුළින් ඔබේ මනස පිරිහෙන්න දෙන්න එපා. බාහිර කෙනෙකුගේ මතවාදයකට ඇහුම්කන් දීලා ඔබේ ජීවිතය අයාලේ යන්න දෙන්න එපා. ඒ සඳහා ඔබට කරන්න තියෙන්නේ 'මේ ධර්මය අවබෝධ කරගන්න පුළුවන්' කියලා දැඩි මතයකට පැමිණීමයි. ඒ දැඩි මතය තුළ ඔබ ශ්‍රද්ධාවන්ත කෙනෙක් බවට පත්වෙනවා.

මෙන්න මේ ශ්‍රද්ධාව මුල් කරගෙන ඔබ ටිකෙන් ටික ගෞතම බුද්ධ ශාසනයට පැමිණෙනවා.

ඔබටත් අභිමානවත් චරිතයක්....

ඔබ ශ්‍රද්ධාව මුල් කරගෙන ගෞතම බුද්ධ ශාසනය තුළට ටිකෙන් ටික පිවිසෙන විට ඔබේ ජීවිතය ටිකෙන් ටික ශක්තිමත් වෙනවා. ඔබ ආධ්‍යාත්මිකව බල සම්පන්න වෙනවා. බාහිර අදහස්වලට කරුණු රහිතව බැඳෙන ගතිය නැතිවෙලා බොහොම සාධාරණව කරුණු විමසා බලලා සාධාරණ පැත්ත ගන්න පුළුවන් අභිමානවත් චරිතයක් ඔබ තුළ ගොඩනැගෙනවා. එවැනි දුර්ලභ අවස්ථාවක් ඔබට ලබා දෙන්නේ භාවනාව තුළින්. ඒ සඳහා දැන් ඉගෙන ගත් කරුණු මනා පිටුවහලක් වෙනවා.

1.2. මූලික භාවනා ක්‍රම හඳුනාගනිමු

ජීවිතයට භාවනාවක් ප්‍රගුණ කර ගැනීමට ඔබ තුළ තිබිය යුතු මූලික සුදුසුකම් කීපයක් පිළිබඳව මීට පෙර සාකච්ඡා කළා. ඒවා නම්, නිදහස් චින්තනයක් තිබීම, මනස දියුණු කර ගැනීමේ වටිනාකම ගැන තේරුම් අරගෙන සිටීම, මේ දුර්ලභ මනුෂ්‍ය ජීවිතය ගෙවී යන්නට කලින් ප්‍රයෝජන ගත යුතුයි කියන මතයට පැමිණ සිටීම, සිත දියුණු කිරීමේ සියලු උපදෙස් බුදුරජාණන් වහන්සේගේ ධර්මය තුළ තිබෙන බවට ඔබ තුළ ඇති පැහැදීම. මෙන්න මේ කරුණු සැලකිල්ලට අරගෙන අපි ඔබට මීළඟට ඉගෙන ගන්න සලස්වන්නේ මූලික භාවනා ක්‍රම දෙක ගැනයි.

නිතර වැඩිය යුතු භාවනා....

එයින් පළමු වැනි භාවනාව තමයි '**සමථ**' භාවනාව. ඊළඟ භාවනාව තමයි '**විදර්ශනා**' භාවනාව. මේ භාවනා ක්‍රම දෙක ගැනම බුදුරජාණන් වහන්සේ 'ජීවිතාවබෝධයට අතිශයින්ම උපකාරී වෙනවා' කියලා පැහැදිලිවම අවධාරණයෙන් ප්‍රකාශ කොට වදාළා.

බුදුරජාණන් වහන්සේ වදාළා "**(සමථෝ භික්ඛවෝ භාවේතබ්බෝ)** මේ සමථ භාවනාව දියුණු කරන්න ඕන. ප්‍රගුණ කරන්න ඕන. සමථ භාවනාව ප්‍රගුණ කිරීමෙන් සිත දියුණු වෙනවා. සිත වැඩෙනවා. **(විපස්සනා භික්ඛවේ භාවේතබ්බා)** පින්වත් මහණෙනි, විදර්ශනා භාවනාවත් වැඩිය යුතුයි. විදර්ශනා භාවනාව වැඩීමෙන් ප්‍රඥාව දියුණු වෙනවා."

විදර්ශනාව කියලා කියන්නේ යමක ඇත්ත විමසා බැලීමයි. ප්‍රඥාව කියලා කියන්නේ, ඒ ඇත්ත ඒ ආකාරයෙන්ම දැකීමේ හැකියාවටයි. එසේ නම් සමථ භාවනාව දියුණු වීමෙන් ඔබේ සිතේ තිබෙන දුර්වලකම්, සිත විසිරෙන ගතිය නැතිවෙලා සිත ශක්තිමත් වෙලා, යමක් අවබෝධ කරගන්ට සුදුසු ආකාරයට වැඩෙනවා. ඒකට කියන්නේ සිත කර්මණ්‍ය වෙනවා කියලයි. ඒ කියන්නේ යමක් අවබෝධ කරගන්න සුදුසු ආකාරයට සිත සකස් වෙනවා. ඒ සකස්වීම සිදුවන්නේ සමථ භාවනාවෙන්.

භාවනා ක්‍රම දෙක....

විදර්ශනා භාවනාවෙන් කරන්නේ ජීවිතාවබෝධය ඇති කරලා දෙන එක. ජීවිතාවබෝධය ඇති කරලා දෙන්නේ ප්‍රඥාව තුළින්. ප්‍රඥාව කියලා කියන්නේ

යම්කිසි දෙයක ඇති ඇත්ත ස්වභාවය ඒ විදිහටම දැකීමේ හැකියාවට. මේ භාවනා ක්‍රම දෙක වෙන් කරන්න බෑ. බුදුරජාණන් වහන්සේගේ ධර්මය තුළ ජීවිතාවබෝධය ලබාගන්න කෙනෙක්, ඉස්සර වෙලා සමථ භාවනාව වඩලා, ඊට පස්සේ ඒක විදර්ශනාවට හරනවනවා. එහෙමත් නැත්නම් ඉස්සර වෙලා විදර්ශනා භාවනාව වඩලා එය සමථ භාවනාවට හරවනවා. මේ දෙකම එකට වැඩෙන අයත් ඉන්නවා. සමථය මුල්කරගෙන විදර්ශනා භාවනාව වඩන අයට **සමථ පුබ්බංගමා විපස්සනා** කියලා කියනවා. විදර්ශනා භාවනාව මුල්කරගෙන සමථ භාවනාව වඩන අයට **විපස්සනා පුබ්බංගමා සමථෝ** කියලා කියනවා. මේ දෙකම එකට වැඩෙන අයට **යුගනද්ධ** කියලා කියනවා.

සිතේ සංසිඳීම....

එසේ නැතුව තනිකරම විදර්ශනාව විතරක් වඩපු, තනිකරම සමථය විතරක් වඩපු පිරිසක් මාර්ගඵල ලාභීන් අතර නැහැ. මේ නිසා අපි දැන් සමථ විදර්ශනා භාවනා ක්‍රම දෙක ගැන තවදුරටත් විස්තර වශයෙන් තේරුම් ගන්නට ඕන.

ඒ තමයි සමථ භාවනාවෙන් සිත දියුණු කරලා දෙනවා. නීවරණ ධර්ම සංසිඳුවලා සිත දියුණු කරන එකටයි සමථ කියලා කියන්නේ. සමථ කියලා කියන්නේ සංසිඳවීම. අපේ ජීවිතවල යම්කිසි ආරවුලක්, ගැටලුවක්, ප්‍රශ්නයක් ඇතිවුණාම "දැන් අපි මේක සමථයකට පත් කරගනිමු" කියලා කියනවනේ. ඒ අදහසමයි සමථය කියලා කියන්නේ. මෙමගින් වෙන්නේ මනස සමථයකට පත් කරලා දීම. මේ සමථ භාවනාවෙන් මනසේ අවුල්බව නැති කරලා මනස සන්සුන් කරලා දෙනවා.

අපේ සතුරන් පස් දෙනා හඳුනාගනිමු....

විශේෂයෙන්ම මේ ජීවිතයේ මනස අවුල් කරන කරුණු පහක් පවතින බව බුදුරජාණන් වහන්සේ අවබෝධ කරගෙන අපට වදාළා. ඒ පහට කියන්නේ පංච නීවරණ කියලයි. නීවරණ කියලා කියන්නේ, චිත්ත දියුණුව නැති කරන, ප්‍රඥාවට බාධා ඇති කරන, ප්‍රඥාව වළක්වන, සිතේ දියුණුව වෙනස් කරලා දාන, තමන් නොමග යවන දේවල් වලට. එවැනි නීවරණ ධර්ම පහක් ඇති බව බුදුරජාණන් වහන්සේ වදාළා. ඒ තමයි,

- **කාමච්ඡන්දය** - තමන් ආස කරන රූප, ශබ්ද, ගන්ධ, රස, ස්පර්ශවලට සිත නිතර නිතර ඇදී යන ගතිය.
- **ව්‍යාපාදය** - තමන් ගැටුණු අරමුණුවලට එනම් ඇහෙන් දකපු දේ, කණෙන් අහපු දේ, නාසයෙන් ආඝ්‍රාණය කළ දේ, දිවෙන් රස විඳපු දේ, කයෙන් පහස ලැබූ හැටි.. මේවා ගැන නිතර නිතර මතක් වෙවී ගැටීමක් ඇතිවෙනවා. ඒ ස්වභාවයට කියන්නේ ව්‍යාපාද කියලයි.
- **ථීනමිද්ධ** - එනම් මේ සිත දියුණු කරගන්නට බැරි මට්ටමට තමන් අලස (කම්මැලි) වීම, නිදිමතට පත්වීම.
- **උද්ධච්ච කුක්කුච්ච** - එනම් තමන් ධර්මයේ හැසිරෙන්න තියෙද්දී තමන්ගෙන් වුණ අත්වැරදි ගැන, කල්පනා කර කර තමන්ගෙන් වුණ අත්වැරදි ගැන හිත හිතා, ඒ වගේම ශෝක කර කර, සිත විසිරෙන ආකාරයට සිත පැවැත්වීම.
- **විචිකිච්ඡා** - ඊළඟ එක තමයි, 'මේක දියුණු කළොත්

හරියයිද? මේක හරියයිද? මේක දියුණු කරන්න බැරිවෙයිද? මට බැරිවෙයිද?' කිය කියා හැම තිස්සේම පසු බහින ධර්මය ගැන වූ සැකය.

මෙන්න මේවා තමයි, හැම තිස්සේම අපේ සිත වෙලාගෙන තිබිලා මානසික දියුණුවක් කරා යන්න බාධා කරන දේවල්.

මෙන්න මේවා සම්පූර්ණයෙන් සිතෙන් යටපත් කරලා, සිත සමාධිමත් කරලා දෙන්න පුළුවන්කමක් සමථ භාවනාවට තියෙනවා. ඒ නිසා සමථ භාවනාව අපි අනිවාර්යයෙන්ම කළ යුතු භාවනාවක්.

ප්‍රඥාවේ උල්පත....

ඊළඟ භාවනාව තමයි, විදර්ශනා භාවනාව. මේ විදර්ශනා භාවනාවත් අනිවාර්යයෙන්ම කළ යුතුයි. විදර්ශනා භාවනාවෙන් තමයි යමක තිබෙන මූලික ස්වභාවය, ඒ කියන්නේ යමක ඇති මූලික ලක්ෂණය අවබෝධ කර දෙන්නේ. උදාහරණයක් හැටියට කිව්වොත් බුදුරජාණන් වහන්සේ, 'හේතූ නිසා හටගත්තු සියලු දේවල් අනිත්‍යයි' කියලා වදාළා. එතකොට හටගත් මූලික දේවල්වල ලක්ෂණය තමයි අනිත්‍යය. හටගත් හැම දෙයකම මෙන්න මේ අනිත්‍ය ලක්ෂණය තියෙනවා නම්, සකස් වූ සෑම දෙයකම මේ අනිත්‍ය ලක්ෂණය තියෙනවා නම්, ඔබ තුළත් මේ අනිත්‍ය ලක්ෂණය තියෙනවා.

අනිත්‍ය දේ අනිත්‍යමයි...

එහෙනම් ඔබේ ජීවිතය පුරා මේ ලක්ෂණය තියෙනවා. ඔබ මේකට වසඟ වෙලා හිටියට, අනිත්‍ය දේ අනිත්‍ය වීම ඔබට වළක්වන්න බෑ. අනිත්‍ය දේ අනිත්‍ය

වෙන කොට හඬා වැටෙන්නේ ඒ නිසයි. නමුත් අනිත්‍ය දේ අනිත්‍ය වෙන කොට හඬා වැටෙන්නේ නැතුව, අවබෝධයෙන් සිටින්න පුළුවන් නම් අන්න ඔබ තුළ ජීවිතය පිළිබඳව අවබෝධයක් තියෙනවා. මේ නිසාම අනිත්‍ය දේ අනිත්‍ය වශයෙන් දැකීමේ හැකියාව, දුක් දේ දුක් වශයෙන් දැකීමේ හැකියාව, අනාත්ම දේ අනාත්ම දේ වශයෙන් දැකීමේ හැකියාව (අනාත්ම දේ යනු තම වසඟයේ පවත්වන්න බැරි, අයිතිකාරයෙක් නැති දේට) කියන කරුණු වලටයි අනිත්‍ය දර්ශනය කියලා කියන්නේ.

අභියෝග කරදර හමුවේ පෙරටම යන්න....

ඔබ සිහිය මෙහෙයවලා, නුවණ මෙහෙයවලා විමස විමසා බලන කොට ඔබ තුළ කෙමෙන් කෙමෙන් මේ ලක්ෂණ දියුණු වෙනවා. යමක් විනිවිද දකින්න පුළුවන් හැකියාව ලැබෙනවා. අන්න ඒ හැකියාවටයි ප්‍රඥාව කියන්නේ. ඒ ප්‍රඥාව ලබන්න වුවමනා කරන ආකාරයට සිත දියුණු කිරීමට විදර්ශනා කියලා කියනවා.

ඔබ මේ කාරණයේදී ගොඩක් නුවණ පාවිච්චි කරන්නට ඕන. කෙනෙක් ඔබට කියන්න පුළුවන් "හා.... හා.... අනිත්‍ය භාවනාව සිහි කරන්න එපා. ඔබ ගිහි ගෙදර ඉන්න කෙනෙක්. ඒක ඔබට අදාළ නෑ" කියලා. ඒ වෙලාවට ඔබ ස්වාධීන නුවණින් කල්පනා කරලා බලලා තීරණයකට එන්න ඕන. "මේ කෙනා නම් අමු මිථ්‍යා දෘෂ්ටිකයෙක්. මේ කෙනා නම් යථාර්ථයට විරුද්ධව කල්පනාව තියෙන කෙනෙක්. මේ කෙනා නම් චිත්ත දියුණුවට බාධා කරන්න කැමති කෙනෙක්. මේ කෙනා නම් ප්‍රඥාව දියුණු වෙනවට අකමැති කෙනෙක්" කියලා තෝරාගෙන ඒ අදහස බැහැර කරන්න ඕන.

ශ්‍රද්ධාව ඇති කර ගනිමු

එසේ බැහැර කරලා ඔබ හිතන්න ඕන මෙන්න මෙහෙමයි, "බුදුරජාණන් වහන්සේ මහා කරුණිකයි. බුදුරජාණන් වහන්සේ ජීවිතය අවුල් වෙන, කඩාකප්පල් වෙන දේවල් මේ ලෝකයට කියන්නේ නෑ. ඒවා කියන්නේ පෘථග්ජන අය විසින්. බුදුරජාණන් වහන්සේ පෘථග්ජන කෙනෙක් නෙවෙයි. උන්වහන්සේ අරහත්වයට පත් වූ නිකෙලෙස් උත්තමයන් වහන්සේ නමක්. බුදුරජාණන් වහන්සේගේ ධර්මය පෘථග්ජනභාවයෙන් එතෙර කරවන ධර්මයක්. බුදුරජාණන් වහන්සේගේ ශ්‍රාවක සඟරුවන පෘථග්ජන භාවයෙන් එතෙර වෙලා, අරහත්වය කරා පිය නගන ශ්‍රාවක පිරිසක්. මේ නිසා මම සරණ ගියපු තිසරණයටයි මේ අනිත්‍ය දර්ශනය අදාළ. ඒ නිසා යමෙක් කියනවා නම්, මේ අනිත්‍ය දර්ශනය ජීවිතයට වැඩක් නෑ කියලා ඒ කෙනා තිසරණයෙන් බැහැර වූ මිථ්‍යා දෘෂ්ටික, මිථ්‍යා මත දරණ අන්ධ බාල පෘථග්ජන පැත්තේ කෙනෙක්." ඒ විදිහට කල්පනා කරලා පැහැදිලිව එයාව හඳුනාගන්න ඕනෙ. හඳුනාගෙන සම්පූර්ණයෙන්ම ජීවිතය ගැන අවබෝධයකින් කටයුතු කරන්න ඕන.

නොසැලී පෙරටම ගමන් කරන්න...

එසේ නම් දැන් ඔබ මතක තියාගන්න, සමථ භාවනාව කියන්නේ සිත තැන්පත් කරන, පංච නීවරණ යටපත් කරන, සමාධිය දියුණු කරන වැඩපිළිවෙලකටයි. සමථ භාවනාව තුළින් දියුණු කරගන්න සමාධිය බොහෝ වේලාවක් තියාගන්න පුළුවන්කම තියෙනවා. ඒකට කියනවා 'ධ්‍යාන' කියලා. මේ ධ්‍යාන.. පළවෙනි ධ්‍යානය, දෙවෙනි ධ්‍යානය, තුන්වෙනි ධ්‍යානය, හතරවෙනි ධ්‍යානය වශයෙන් දියුණු කරන්න පුළුවන්.

විදර්ශනා භාවනාව මනාකොට හැසිරවීමෙන් දියුණු වෙන්නේ ප්‍රඥාවයි. ප්‍රඥාව දියුණු වෙන්න, දියුණු වෙන්න ඒ කෙනාට මේ ජීවිතය ගැන තියෙන අනවශ්‍ය බැඳීම්, ජීවිතය ගැන ගොඩනගන අදාළ නැති ප්‍රශ්න, ජීවිතය ගැන ගොඩනගන අද්භූත ආකල්ප, ජීවිතය ගැන ගොඩනගන මිථ්‍යා අදහස්, මේ සියල්ලම බැහැර වෙලා, යථාර්ථවාදී අවබෝධයක් කරා සකස් වෙනවා.

එසේ නම් සමථ භාවනාවෙන් සිත දියුණු කරලා දෙනවා. විදර්ශනා භාවනාවෙන් ප්‍රඥාව දියුණු කරලා දෙනවා. බුදුරජාණන් වහන්සේගේ ධර්මය පුරාම සමථ විදර්ශනා භාවනා ක්‍රම දෙකම දියුණු කරගන්න පුළුවන් හොඳ භාවනාවක් තියෙනවා. ඒකට අපි සතිපට්ඨානය කියලා කියනවා. මේ සතිපට්ඨාන භාවනාව අපේ ජීවිතයට දියුණු කරගන්න පුළුවන් ආකාරය මීන් ඉදිරියට දැනගන්න පුළුවන්. දැන් ඔබ මතක තියාගන්න, සමථ විදර්ශනා කියලා භාවනා දෙකක් තියෙනවා. මේ දෙකම ජීවිතයට අත්‍යවශ්‍යයි. මේ දෙකම දියුණු කරගන්න ඔබත් මහන්සි ගන්න.

1.3 සම්මා සතිය යනු කුමක්ද?

අපි මේ වන විට භාවනාවක් ජීවිතයට පුරුදු කිරීමේදී කෙනෙක් තුළ තිබිය යුතු සුදුසුකම් පිළිබඳව ඉගෙන ගත්තා. ඊට අමතරව සමථ විදර්ශනා භාවනා ක්‍රම දෙක පිළිබඳව ඉගෙන ගත්තා. සමථ විදර්ශනා කියන මේ භාවනා ක්‍රම දෙක මේ ජීවිතයට අත්‍යවශ්‍ය එකක්. මේක ප්‍රගුණ කරන්න පුළුවන් කියලත් අපි ඉගෙන ගත්තා.

කාලයකට අයිති නොමැති අකාලිකයි සිරි සදහම්...

අද අපි ඉගෙන ගන්නේ මේ සඳහා මූලික වන බුද්ධ දේශනාවක් ගැනයි. බුදුරජාණන් වහන්සේ අපේ ජීවිතය තුළ දියුණු කරන්න පුළුවන් හැම පැත්තක්ම දියුණු කරගන්න පුළුවන් ආකාරයට අපට කියා දීලා තියෙනවා. උන්වහන්සේ වදාළ ධර්මයට අපි 'අකාලිකයි' කියලා කියනවා. අකාලිකයි කියලා කියන්නේ බුදුරජාණන් වහන්සේ වැඩ නොසිටින මේ කාලයෙත් මේ ධර්මය ප්‍රගුණ කරලා ප්‍රතිඵල ලබන්න පුළුවනි. එය අතීතයටත් සාර්ථකයි. වර්තමානයෙත් ඒ ධර්මය දියුණු කරලා ප්‍රතිඵල ලබන්න පුළුවනි. අනාගතයේදීත් මේ ධර්මය දියුණු කරලා ප්‍රතිඵල ලබන්න පුළුවනි. ඒකට අකාලිකයි කියලා කියනවා.

අභ්‍යන්තර ගැටලුවේ වෙනසක් නෑ...

මේ ධර්මය අනිත් විෂයන් වගේ කාලයේ පහර කෑමකට හසුවෙලා වෙනස් වෙන එකක් නෙවෙයි. අනිත් විෂයන් නම් එහෙම නෙවෙයි. කලකට බොහෝම වැදගත්. කලකට සමාජයෙන් ඒක අයින් කරනවා. බුදුරජාණන් වහන්සේ වදාළ ධර්මය එහෙම එකක් නෙවෙයි. එය අකාලික ධර්මයක්. මේ මනුෂ්‍ය වර්ගයාගේ අභ්‍යන්තර ජීවිත ගැටලුවේ වෙනසක් නෑ.

බුදුරජාණන් වහන්සේගේ කාලයෙයි අදයි කියලා මනුෂ්‍යයාගේ ජීවිතවල ලොකු වෙනසක් නෑ. ඒ කාලේ මිනිසුන් තුළ යම් දුර්වලතා තිබුණාද ඒ දුර්වලතා අදත් තියෙනවා. එකල මිනිසුන්ට යම් කුසලතා තිබුණාද, ඒ කුසලතා අදත් තියෙනවා. මේ නිසා කුසලතා දියුණු කරලා

දුබලතා බැහැර කරන බුදුරජාණන් වහන්සේගේ ධර්මය අදටත් ගැලපෙනවා. අදටත් විද්‍යානුකූලයි. ජීවිතය දිහා විවෘතව බලනවා. නිදහස්ව බලනවා.

සිහි කල්පනාව වැදගත්....

ඊළඟ එක තමයි, මේ ධර්මය තුළින් ජීවිතය ගැන පළල් දැක්මක් ලබා දෙනවා. මේ සඳහා තියෙන මූලික දැනුම ලබාදෙන්නේ සතිපට්ඨානයෙන්. **සති** කියන්නේ සිහිය. **පට්ඨානය** කියන්නේ පිහිටුවීම. සිහිය පිහිටුවනවා කියලා කියන්නේ මේ ජීවිතය දිහා හොඳ කල්පනාවෙන් අවධානයකින් බලන ක්‍රමයට.

සාමාන්‍යයෙන් ඕනෑම කෙනෙකුට ගමනක් බිමනක් යෑමට වැඩක් පලක් කරගැනීමට සිහියක් වුවමනයි. අපි පාරේ අයිනෙන් තමයි ගමන් කරන්නේ. ඒ වාහනවලට හැප්පෙන්නේ නැතිව යාමටයි. පාර පනින්නේ දෙපැත්ත බලලයි. මේ සෑම දෙයක්ම කරන්නේ සිහිකල්පනාවෙන්.

ඔබ තුළත් සම්මා සතිය තිබේද?

සිහි කල්පනාව නැතුව ගියොත් අපි මේ කරන දේ මේ දන්නේ නෑ. මෙන්න මේ සාමාන්‍ය සිහියම තමයි අපි දියුණු මට්ටමට හරවා ගත යුත්තේ. ඒ විදිහට දියුණු මට්ටමට හරවගන්න කොට අපි ඒකට සම්මා සතිය කියලා කියනවා.

සතර සතිපට්ඨානයෙන් කරන්නේ සම්මා සතිය දියුණු කරලා දීමයි. එහෙම නම් එදිනෙදා සාමාන්‍ය ජීවිතයේදී තියෙන්නේ වෙන සතියක්. ඒ කියන්නේ ඒක සම්මා සතිය නෙවෙයි. ඒ සතිය තුළ අපි කොච්චර සිහි නුවණින් යුක්තව ආහාර පාන පිසගෙන කෑවත්, කොච්චර

සිහි නුවණින් යුක්තව ඇඳුම් පැළඳුම් ඇන්දත්, වතුර නැවත්, ඒක සම්මා සතිය දක්වා වර්ධනය වුණේ නැත්නම් ජීවිතාවබෝධයකට සිත සකස් වෙන්නේ නෑ.

නමුත් බුදුරජාණන් වහන්සේ වදාළ සතිපට්ඨානයේ සම්පූර්ණයෙන්ම තියෙන්නේ සම්මා සතියයි. සම්මා දිට්ඨියෙන් තොරව සම්මා සතිය ඇතිකරන්න බෑ. ඒ නිසා සම්මා දිට්ඨිය අපේ ජීවිතවලට අත්‍යවශ්‍ය අංගයක්.

සම්මා දිට්ඨියේ පෙර නිමිති....

සම්මා දිට්ඨිය ගැන බුදුරජාණන් වහන්සේ වදාළේ මෙහෙමයි. දැන් ඔන්න රාත්‍රී ඝන අන්ධකාරයක් තියෙනවා. පාන්දර වෙනකොට මේ ඝන අන්ධකාරය ඉවර වෙලා නැගෙනහිර අහසේ ලා පාට එළියක් එනවා. මෙන්න මේ ලා පාට එළියට කියනවා අරුණ කියලා. මේ අරුණාලෝකය එන විට අපට ප්‍රත්‍යක්ෂ කාරණයක් තමයි, ඉර පායනවා කියන එක. අරුණාලෝකය පැමිණීමත් සමඟ අපි දන්නවා දැන් ඉර පායනවා කියලා.

බුදුරජාණන් වහන්සේ වදාළේ අවබෝධයක් නැති ජීවිතය කරුවලම කරුවල එකක් කියලයි. මේ අන්ධකාර ජීවිතයට ඉර පායන්න පටන් ගන්නේ සම්මා දිට්ඨිය තුළින්. සම්මා දිට්ඨිය තුළින් තමයි ජීවිතයට අරුණෝදය ඇතිවන්නේ. එහෙම නම් අපි ජීවිතයට අරුණාලෝකය ඇතිවන සම්මා දිට්ඨිය ඇති කරගත්තොත් අපට පුළුවනි, ඒ සම්මා දිට්ඨිය මුල්කරගෙන සතර සතිපට්ඨාන භාවනාවේ යෙදෙන්න.

සම්මා දිට්ඨිය යනු හරි දැක්මද?

මේ සම්මා දිට්ඨියට අපේ රටේ 'හරි දැක්ම' කියලා වචනයක් පුරුදු වෙලා තියෙනවා. මේක අර්ථ පූර්ණ

වචනයක් නෙවෙයි. මේක සම්මා දිට්ඨිය කියන වචනයට හිඩැසක් පිරවීමක් මිසක් අවබෝධයක් ඇති වචනයක් නෙවෙයි. බුදුරජාණන් වහන්සේ සම්මා දිට්ඨිය කියන වචනය පරිපූර්ණ වශයෙන් තෝරලා තියෙනවා.

උන්වහන්සේ සම්මා දිට්ඨිය කියන වචනය පෙන්වා තියෙන්නේ චතුරාර්ය සත්‍යය පිළිබඳව අවබෝධ ඤාණය ලෙසයි. ඒ කිව්වේ අපි බුදුරජාණන් වහන්සේගේ ධර්මය තුළින් මේ ජීවිතේ ගැන සිතනවා,

"මේ ජීවිතයේ තියෙන්නේ හේතු ඵල ධර්මයක්. මේකේ තියෙන්නේ හේතු නැති කිරීමෙන් ඵලය නැතිවන ස්වභාවික න්‍යායක්. ආර්ය අෂ්ටාංගික මාර්ගයෙන් මේක වෙනස් කරලා පූර්ණ සැපයක් ලබන්න පුළුවන්."

ජීවිතය තුළින් මෙන්න මේ කරුණු අවබෝධ කරගත්ත කෙනා සම්මා දිට්ඨියෙන් යුක්තයි. අන්න ඒ කෙනාට මනාකොට සිහිය හසුරුවන්න පුළුවන්. ඒකට කියනවා සතිපට්ඨානය කියලා.

කරන්නන් වාලේ නොකරන්න....

ආවාට ගියාට ගහක් සිටවලා වුණත් ප්‍රයෝජනයක් ලබන්න බෑ. ඒ නිසා භාවනාව සම්බන්ධයෙනුත් ආවාට ගියාට කරලා ප්‍රයෝජනයක් ලබන්න අමාරුයි. මේ නිසා, අපි භාවනා කරන්නේ මක්නිසාද, ඒකේ අවශ්‍යතාවය මොකක්ද, ඒකෙන් ලැබෙන ප්‍රතිලාභ මොනවාද, මෙය දියුණු කර ගැනීමෙන් ලැබෙන්නේ මොනවද? කියලා තේරුම් ගන්න වුවමනා වෙනවා.

ජීවිතයට ඉඩක්....

සාමාන්‍යයෙන් අපේ ජීවිතය සීමා වෙලා තියෙන්නේ

මේ පේන දේවල් වලටයි. ඒ නිසා බොහෝ දෙනෙක් හිතාගෙන ඉන්නේ 'අසනීප වලින් සුවපත් වෙන්න භාවනාව අවශ්‍යයි. ස්මරණය දියුණු වෙන්න භාවනාව අවශ්‍යයි, නීරෝගීකම ඇතිකර ගන්න භාවනාව අවශ්‍යයි. ක්‍රමානුකූල වැඩපිළිවෙලක් කරගන්න භාවනාව අවශ්‍යයි' කියලයි. නමුත් ඒ ඔක්කොම දෙවෙනි තැනට දාන්න. පළමු තැනට දාගන්න, 'ජීවිතය අවබෝධ කිරීමට භාවනාව අවශ්‍යයි' කියලා.

උතුම් අරමුණක්

ජීවිත අවබෝධය කරා යන කෙනාට අර සියලුම දේවල් ලැබෙනවා. ජීවිත අවබෝධය කරා යන කෙනා මානසික නීරෝගීකම අත් විඳින කෙනෙක් බවට පත්වෙනවා. ජීවිත අවබෝධය කරා යන කෙනා ස්මරණය දියුණු කරන කෙනෙක් බවට පත්වෙනවා. ජීවිත අවබෝධය කරා යන කෙනා අකම්පිත ජීවිතයකට හුරුවෙනවා.

එහෙම නම් ඔබ භාවනාවෙන් යම් යම් ලෞකික ප්‍රතිලාභ බලාපොරොත්තු වෙනවාද, ඒ සියල්ලම ජීවිතාවබෝධයේ පිරිවර හැටියට ඔබට ලැබෙනවා. ඒ නිසා ඔබ භාවනාවේ ඉලක්කය හැටියට තබාගත යුත්තේ ඔබට මතක තබාගැනීමට වුවමනයි කියන කාරණය නොවේ. ඔබට සෞඛ්‍ය සම්පන්න වීමට වුවමනයි කියන කාරණය නොවේ. ඔබට මානසිකව නිරෝගීකමෙන් හා සතුටින් ඉන්න ඕනෙ කියන කාරණය නොවේ. භාවනාවේ ඉලක්කය හැටියට මතක තබා ගත යුත්තේ ජීවිතය අවබෝධ කළ යුතුයි කියන කරුණයි. ඔබ ඔන්න ඔය අදහසට ආවොත් ඔබට අර සියලු දේවල් ලැබේවි. ඒ ජීවිතාවබෝධය නිසාමයි.

සම්මා සතියේ පිරිවර....

ඔබට මේ සියල්ලම සතර සතිපට්ඨානයෙන් කරගන්න පුළුවන්කම තියෙනවා. දැන් ඔබ දන්නවා, සතිපට්ඨානය තුළ සිහිය දියුණු කරනවා කියලා. ඒ වගේම අපි මීට පෙර කිව්වා, 'අපට සිහියක් තියෙනවා. නමුත් ඒ සිහිය සාමාන්‍ය එකක්. එය සම්මා සතිය නෙවෙයි" කියලා. ඔබේ මනසේ වේදනා නැතිකරන්න ඒ සිහියට පුළුවන්කමක් නෑ. ඒ වගේම ඒ සාමාන්‍ය සිහියට ඔබව අවබෝධයක් කරා ගෙනියන්නට පුළුවන් කමක් නෑ. දුක් විඳින ඔබේ දුක් කඳුළු පිස දමන්නට ඒ සිහියට බෑ. විසිරෙන සිත තැන්පත් කරලා දෙන්න ඒ සාමාන්‍ය සිහියට බෑ. ඒ ඔක්කොම කරලා දෙන්න පුළුවන් වෙන්නේ සම්මා සතියටයි. මේ සම්මා සතිය දියුණු වෙන්නේ සතිපට්ඨානය තුළයි.

ඔබටත් ඉලක්කයක්.....

බුදුරජාණන් වහන්සේ සතිපට්ඨානය දියුණු කරන ආකාර ක්‍රමවේද හතරක් වදාළා.

01. **කායානුපස්සනාව** (කය පිළිබඳව සිහිය පිහිටුවන ක්‍රම)

02. **වේදනානුපස්සනාව** (විඳීම පිළිබඳව සිහිය පිහිටුවන ක්‍රම)

03. **චිත්තානුපස්සනාව** (සිත ගැන සිහිය පිහිටුවීම)

04. **ධම්මානුපස්සනාව** (ජීවිතාවබෝධයට අදාළ කරුණු වල සිහිය පිහිටුවීම.)

සතිපට්ඨානයේ ඉලක්කය චතුරාර්ය සත්‍යාවබෝධයයි.

ඒ කිව්වේ ජීවිතාවබෝධය යි. එහෙම නම් ජීවිතාවබෝධයට ඉලක්ක කරපු සතර සතිපට්ඨානය ගැන අපි ඉදිරියට ඉගෙන ගනිමු.

නමෝ තස්ස භගවතෝ අරහතෝ සම්මාසම්බුද්ධස්ස
ඒ භාග්‍යවත් අරහත් සම්මා සම්බුදුරජාණන් වහන්සේට නමස්කාර වේවා!

02. සතර සතිපට්ඨානය තුළ ආනාපානසති භාවනාව

2.1. සුසුම් පොදින් නිවන් කරා

ඔබට මතක ඇති, අපි සතිපට්ඨානය ගැන ඉගෙන ගත්තා. සිහිය දියුණු කිරීමේදී එය සම්මා සතිය බවට පත්කර ගන්න පුළුවන් වෙන්නේ සම්මා දිට්ඨියෙන් යුක්තව සතිපට්ඨානය වැඩුවොත් පමණයි කියලා එහිදී අපි ඉගෙන ගත්තා. සම්මා දිට්ඨිය කියලා අපි ඉගෙන ගත්තේ චතුරාර්ය සත්‍යය පිළිබඳ අවබෝධය. එහෙම නම් ජීවිතාවබෝධය ඉලක්ක කරගෙන තමයි සතිපට්ඨානය වඩන්න තියෙන්නේ.

සිහියේ වටිනාකම....

බුදුරජාණන් වහන්සේ මහා කාරුණිකයි. උන්වහන්සේ සතිපට්ඨාන ධර්ම දේශනාව පවත්වා වදාළ

වෙලාවේ පැහැදිලිවම පෙන්වා දුන්නා, සත්වයාගේ සිත පිරිසිදු කිරීම පිණිසත්, වැළපීම්, දුක් දොම්නස් නැති කිරීම පිණිසත්, කායික මානසික දුක් බැහැර කිරීම පිණිසත්, ජීවිතාවබෝධය පිණිසත්, නිවන පිණිසත් මේ සතිපට්ඨාන ධර්මය හේතුවන බව.

මේ නිසා බුදුරජාණන් වහන්සේ සතිපට්ඨාන ධර්ම දේශනා කරන්න කලින්ම සතිපට්ඨානයේ ආනිසංස පැහැදිලිවම වදාළ නිසා අපි ඒ පිළිබඳව අමුතු සැක සංකා තබාගත යුතු නෑ. අපට ඉතාම පැහැදිලියි, මේ ධර්මය ප්‍රගුණ කරගත්තොත්, මේ සිහිය ප්‍රගුණ කරගත්තොත් අපේ ජීවිතවලට විශාල ප්‍රතිලාභ ලබන්න පුළුවන්කම තියෙනවා. සතිපට්ඨානය දියුණු කිරීමේදී අපට ඉස්සෙල්ලාම පුරුදු කරන්න පුළුවන් වෙන්නේ කායානුපස්සනාව.

සුන්දරම සුසුම් පොද....

කායානුපස්සනා භාවනාවේදී බුදුරජාණන් වහන්සේ වදාළ පළවෙනි භාවනාව තමයි, ආනාපානසතිය. ආනාපානසති කියලා කියන්නේ ආශ්වාස ප්‍රශ්වාස ගැන සිහිය පිහිටුවා ගැනීම. දැන් ඔබ දන්නවා ඔබ ඉපදුණු දවසේ ඉඳලා හුස්ම ගන්නවා. හෙළනවා. ඉපදුණු දවසේ ඉඳලා ඔබ හුස්ම ගත්තත් හෙලුවත්, මේ ගන්න හුස්ම, හෙළන හුස්ම මුල් කරගෙන සිහිය දියුණු කරලා සිත පිරිසිදු කරන්න පුළුවන් බව ඔබ දැනගෙන සිටියේ නැතුව ඇති.

නමුත් බුදුරජාණන් වහන්සේ මීට අවුරුදු දෙදහස් පන්සිය ගණනකට කලින් ඒ සුවිශේෂී ක්‍රමය ලෝකයට හෙළිදරව් කළා. කෝටි සංඛ්‍යාත බුද්ධිමත් දෙව් මිනිස් ප්‍රජාව ඒ ධර්මයෙන් ප්‍රයෝජන ගත්තා. ඵල නෙලාගත්තා. මේ නිසා බුදුරජාණන් වහන්සේ වදාළ ධර්මය කවුරුවත්

ප්‍රගුණ කරලා නැති, ප්‍රතිඵල ලබපු නැති දෙයක් නෙවෙයි. කෝටි සංඛ්‍යාත ජනකායක් මේ ධර්මය ප්‍රගුණ කරලා ප්‍රතිඵල ලබලා තියෙනවා.

නිවන ඇති බුදු සසුන....

බුදුරජාණන් වහන්සේගේ ශාසනය චතුරාර්ය සත්‍යයෙන් බැහැර වූ එකක් නෙවෙයි. අපි ඒක හොඳට මතක තියාගන්න ඕන. ඉතින් බුදුරජාණන් වහන්සේ වදාළේ මේ ආනාපානසති භාවනාවේදී ඉස්සෙල්ලාම අරණ්‍යයකට ගිහින්, එහෙම නැත්නම් රුක් සෙවණකට ගිහින්, එහෙම නැත්නම් හිස් තැනකට ගිහින් (මේකේ තේරුම හුදෙකලා වෙන්න කියන එක) හුදෙකලා වෙන්න කියලයි. ඔබට පුළුවනි, ඔබ සිටින කාමරයේම වුවත් හුදෙකලා වෙන්න.

අපි කියමු ඔබ සිටින කාමරයේ තුන් දෙනෙක් භාවනා කරනවා කියලා. එතකොට තුන් දෙනා තුන් තැනක වාඩිවෙලා ඇස් වහගෙන භාවනාවට සුදුසු විදිහට ඉරියව්ව සකස් කරගන්න කොට එයා හුදෙකලා වෙලා. මේ විදිහට හුදෙකලා භාවයක් ඇතිකරන්න පුළුවන්. එහෙම නැත්නම්, ඔබට බෝ මළුවක භාවනා කරන්න සුදුසු විදිහක් හරිගස්ස ගන්න පුළුවන්. ඒ වගේ නිදහස් තැනක් තෝරා ගැනීම ගොඩාක් උපකාරී වෙනවා.

පූර්ව කෘත්‍යයන්.....

ඊට පස්සේ බුදුරජාණන් වහන්සේ වදාළා, ඒ කෙනා **(නිසීදති පල්ලංකං ආභුජිත්වා)** පළඟක් බැඳගෙන වාඩි වෙනවා. පළඟක් බැඳගෙන වාඩිවෙනවා කියලා කියන්නේ කකුල් දෙක නවාගෙන බිම වාඩිවෙන එකයි. හැබැයි,

ඒකෙ තියෙනවා, (**උජුං කායං පණිධාය**) කියලා. පළඟක් බැඳගෙන වාඩි වුණාට පස්සේ කොන්ද කෙලින් කරගන්න ඕන. **උජුං කායං පණිධාය** කියලා කියන්නේ ඒකටයි.

බොහෝ දෙනෙකුට පළඟක් බැඳගෙන, ඒ කියන්නේ කකුල් දෙක නවාගෙන බිම වාඩිවෙන්න අමාරුයි. මෙය අපේ රටේ බොහෝ දෙනෙකුට තිබෙන ගැටලුවක්. සමහරු එහෙම පළඟක් බැඳගෙන බිම වාඩිවුණත් කොන්ද කෙලින් කරගන්න අමාරුයි. මේක අපි කොහොමද විසඳුමක් කරගන්නේ? මොකද, අපේ ඉලක්කය සිත දියුණු කර ගැනීම. සමාධිය දියුණු කරගැනීම, ප්‍රඥාව දියුණු කර ගැනීම. මේකට වුවමනා කරන ආකාරයට අපේ වාඩිවෙන ඉරියව්ව සකස් කරගන්නේ කොහොමද කියන එක. මේකෙදී ඔබට විශේෂයෙන්ම වාඩිවෙන ආසනය ගැන කල්පනාවෙන් සිටීම ප්‍රයෝජනවත් වේවි.

වාඩි වීම අපහසු නම්....

දැන් ඔබට පළඟක් බැඳගෙන වාඩිවීම තමයි ටිකක් අමාරු කාරණාව. මොකද අපේ රටේ බොහෝ දෙනෙකුට පළඟක් බැඳගෙන වාඩිවුණාට පස්සේ කොන්ද කෙලින් කරගන්න අමාරුයි. මේකට පොඩි උපක්‍රමයක් තියෙනවා. උපක්‍රමය තමයි, ඔබට පුළුවනි, අඟල් තුන හතරක් විතර උසට පුංචි මෙට්ටයක් (රබර් මෙට්ට නෙවෙයි, රබර් මෙට්ට අමාරුයි. කොහු මෙට්ටයක් වගේ පොඩි මෙට්ටයක්) හරිගස්ස ගන්න. එහෙම නැත්නම් ඔබට පුළුවනි, අඟල් තුන හතරක් උසට පුංචි බංකුවක් හරිගස්ස ගන්න.

ඊට පස්සේ ඒකේ වාඩිවෙලා කකුල් දෙක පහළට දාගෙන කොන්ද කෙළින් කරගන්න පුළුවන්. ඉතින් ඔබ ඒකෙදි සැලකිලිමත් වෙන්න අවධානය යොමු කරගන්න.

හේත්තු වෙන්න පුරුදු වෙන්න එපා. හේත්තු වෙන්න පුරුදු වෙන්නෙ නැතුව ආසනයේ වාඩිවෙලා කොන්ද කෙලින් කරගන්න පුරුදු වෙන්න. සමහරුන්ට බොහොම ලස්සනට බිම වාඩිවෙලා එරමිණිය ගොතාගෙන හොඳට කොන්ද කෙලින් කරගන්න පුළුවනි. ඔබට ඒ විදිහට බැරිවුණා කියලා පසුබට වෙන්න එපා. ඔබටත් ඒ විදිහට වාඩිවෙලා කොන්ද කෙළින් කරගන්න පුළුවන්කම තියෙනවා. එතකොට ඔබගේ මූලික කරුණ හරි.

භාවනාව පටන් ගන්න....

දැන් **(පරිමුඛං සතිං උපට්ඨපෙත්වා)** භාවනා කරන අරමුණේ සිහිය පිහිටුවගෙන භාවනා කරන්න. දැන් ඔබට නිමිත්තක් තියෙනවා. නිමිත්ත තමයි ආනාපානසතිය. ආනාපානසතිය හැර වෙන නිමිති හොයන්න යන්න එපා. මොකක්ද මේ ආනාපානසති නිමිත්ත? බුදුරජාණන් වහන්සේ වදාළා, **(සෝ සතෝව අස්සති)** එයා සිහියෙන්ම හුස්ම ගනියි. **(සතෝ පස්සති)** සිහියෙන්ම හුස්ම හෙලයි. ඕක තමයි ඔබටත් කරන්න තියෙන්නේ. සිහියෙන්ම හුස්ම ගන්නවා. සිහියෙන්ම හුස්ම හෙලනවා.

ඔබ මතක තියාගන්න, එතකොට අපි අවධානය යොමු කරගන්නේ හුස්ම ගැන. දැන් ඔබ සිහියෙන්ම හුස්ම ගන්නවා, සිහියෙන් හුස්ම හෙලනවා. ඔබ ඒ සඳහා මූලික සූදුසුකමක් හැටියට භාවනාවට වාඩි වෙලා කය ඍජු කරගෙන වාඩිවුණා.

ආනාපානසතියට පෙර....

හැබැයි, මේකෙදි ආරම්භයක් ලෙස ඔබ ටිකක් වෙලා බුදු ගුණ වඩන්න. ආනාපානසති භාවනාව වඩන්න

ඉස්සර වෙලා බුදුරජාණන් වහන්සේගේ ගුණ ගැන සිංහලෙන්, ඔබේ භාෂාවෙන් සිහිකරන්න. උන්වහන්සේට **අරහං** කියන්නේ මොකද? **සම්මා සම්බුද්ධ** කියන්නේ මොකද? **විජ්ජා චරණ සම්පන්න** කියන්නේ මොකද? **සුගත** ගුණය මොකක්ද? **ලෝකවිදූ, අනුත්තර පුරිසදම්ම සාරථී, සත්ථා දේවමනුස්සානං බුද්ධ, භගවා** කියන මේ බුදු ගුණ සිහි කරලා ඔබේ සිතේ ප්‍රසන්න පැහැදීමක් ඇතිකර ගන්න.

බුදුරජාණන් වහන්සේගේ ධර්මය සිහිකරද්දී, ඔබේ සිත බොර වූ වතුරක් තැන්පත් වෙනවා වගේ තැන්පත් වෙනවා. සැනසීමට ලක් වෙනවා. සතුටක් ඇතිවෙනවා. මෙන්න මේක ඔබට ආනාපානසති භාවනාව දියුණු කිරීමට ලොකු රුකුලක් වෙනවා. ඊළඟට ඔබ සිහියෙන් හුස්ම ගන්නවා, සිහියෙන් හුස්ම හෙලනවා. ඔබට මේ ආනාපානසති භාවනාවේ ආරම්භයේම කරන්න තියෙන්නේ ඔච්චරයි.

මේක අමාරු එකක් නෙවෙයි. බලන්න, කොච්චර සරල ප්‍රවේශයක්ද තියෙන්නේ කියලා. හැබැයි, මේකෙදි ඔබ සිහියෙන් හුස්ම ගන්න, සිහියෙන් හුස්ම හෙලන්න පටන් ගත්තට පස්සේ ඔබට තේරෙන්න ගනීවි, සාමාන්‍ය එදිනෙදා ජීවිතයේ පවත්වපු සිහිය කොච්චර හිතුවක්කාර එකක්ද කියලා. සිහිය ඔබට ඕන හැටියට පවත්වන්න බැරි බව ඔබටම අවබෝධ වෙන්න පටන් ගනීවි.

සාමාන්‍ය සිතේ ස්වභාවය....

ඔබට තේරේවි, ඔබ හුස්ම ගැන සිහිය පිහිටුවන්න යන විට ඔබේ සිත එක එක තැන්වල දුවනවා. එක එක අරමුණුවල දුවනවා. එක එක කල්පනාවල දුවනවා. අතීතයට දුවනවා. අනාගතය මවනවා. බාහිර ශබ්දවලට

යනවා. එතකොට ඔබට තේරේවි, මෙවැනි ආකාරයේ සිතකින් යුතු සිහියක්ද මං පැවැත්තුවේ කියලා. ඔබට ඔබේ සිහිය ගැන එහිදී හොඳ අවබෝධයක් ලබාගන්න පුළුවන්.

ඊට පස්සේ ඔබට කරන්නේ තියෙන්නේ හොඳින් වීරිය ඇතිකර ගැනීමයි. සිත විසිරෙන කොට නැවතත් ආනාපානසතියේ සිහිය පිහිටුවා ගන්න. මේකෙදී ඔබ විශේෂයෙන්ම මතක තියාගන්න ඕන කරුණක් තියෙනවා. ඒ තමයි බුදුරජාණන් වහන්සේ වදාළා, "සතිපට්ඨානය දියුණු කිරීමේදී ඇලීම් ගැටීම් දෙක ඉස්සෙල්ලාම ඔබ අත්හරින්න ඕන' කියලා.

ඇලීම් ගැටීම් දුරලමින්....

හිතට ඇලෙන අරමුණු එනවිට ඒක ගන්න එපා. ගැටෙන අරමුණු එන විට ඒකත් ගන්න එපා. ඔබ ඒ ඇලීම් ගැටීම් දෙක බැහැර කරන්න ඕන. ඔබ කුසලතා තුනක් ඔබ තුළ ඇතිකර ගන්න ඕන. ඒ තමයි, **(ආතාපී)** ඔබේ මානසිකව ගොඩනැගුණු දුර්වලතා බැහැර කරන්න පුළුවන් හැකියාව දියුණු කරන්න ඕන. **(සම්පජාන)** ඔබ සිහිනුවණින් හසුරුවන්න ඕන. **(සතිමා)** හොඳ කල්පනාවෙන් අවධානයෙන් සිටින්න ඕන.

සතිපට්ඨානය දියුණු කරගන්න තියෙන්නේ මෙන්න මේ කරුණු තුන පදනම් කරගෙන. ඒ තමයි **ආතාපී, සම්පජානෝ, සතිමා.** කෙලෙස් තවන වීර්යෙන් යුක්තව, මනා නුවණින් යුක්තව, සිහි ඇතුව.

සිහියේ වටිනාකම....

අන්න එතකොට දැන් ඔබ ආවාට ගියාට ආනාපානසතිය කරන කෙනෙක් නෙවෙයි. දැන් ඔබ

අවබෝධයෙන් යුක්තව ආනාපානසතිය කරන කෙනෙක්. ඔබ දන්නවා හිත යම් යම් කරුණුවලට ඇලිලා තියෙනවා නම්, කාම අරමුණුවල දුවනවා නම්, ඒ වෙලාවේ ඔබට ආනාපානසතිය කරන්න බැහැ. ඒ වගේම යම්කිසි ගැටීමක් ඇතිවෙලා තියෙනවා නම් ඒ වෙලාවෙදිත් ඔබට ආනාපානසතිය කරන්න බෑ.

එහෙනම් ඔබ මේ දෙකෙන් බැහැර වූ වෙලාව තමයි සිත සංසිඳවන්න පුළුවන් වෙලාව. අන්න ඒ වෙලාව තමයි නිශ්ශබ්ද පරිසරයක් තුළින් ඔබ හදාගන්නේ. ඊට පස්සේ ඔබට පුළුවනි, සිහියෙන් හුස්ම ගන්න. සිහියෙන් හුස්ම හෙලන්න. මේක තමයි ආනාපානසති භාවනාවේ තියෙන පළවෙනි අභ්‍යාසය. දැන් ඔබට මේක හොඳට පුරුදු කරන්න පුළුවන්.

මීළඟට ආනාපානසති භාවනාවම තවත් දියුණු කරන්න පුළුවන් ආකාරය අපි විස්තර කරලා දෙනවා. දැන් ඔබට තියෙන්නේ සිහියෙන් හුස්ම ගැනීම, සිහියෙන් හුස්ම හෙළීම දියුණු කරන්නයි. හැබැයි, ඔබ හිත විසිරෙන්නේ නැතුව පවත්වා ගන්න වුවමනයි.

මතක තියාගන්න, ඒකට වීරිය, නුවණ, සිහිය වුවමනයි. මේ වීරියත්, නුවණත්, සිහියත් පාවිච්චි කරලා ඔබ කරන්න ඕන, සිහියෙන් හුස්ම ගන්න එකත් සිහියෙන් හුස්ම හෙලන එකත්. හැබැයි, මේකට ඔබ පොඩ්ඩක්වත් මානසිකව දුක්වෙන්නේ නැති, පසුබහින්නේ නැති, පසුතැවෙන්නේ නැති පරිසරයක් හදාගන්න ඕන. හිතින් දුක් විඳින්න නම් එපා. ඔබ එසේ කරන විට සිත එකඟ වෙන්නේ නෑ කියලා තැවෙන්න එපා. ඔබ කළ යුත්තේ සිහිය පිහිටුවාගෙන හුස්ම ගැන, ඒ කියන්නේ ආනාපානසතිය ගැන, ඒ කියන්නේ ආශ්වාස ප්‍රශ්වාස ගැන

සිහිය පිහිටුවීමයි. එතකොට ඔබට මේ ආශ්වාස ප්‍රශ්වාස වල සිහිය පිහිටුවාගෙන ඔබේ සිත දියුණු කරගෙන උදාර මනුස්ස ජීවිතයක් ලබාගන්න පුළුවන් වෙනවා.

2.2. ආනාපානසති භාවනාව තුළ කායානුපස්සනා වඩන හැටි

ආනාපානසතිය තුළ ඉදිරියට...

දැන් ඔබ ආනාපානසති භාවනාව ටික ටික පුරුදු කරගනිමින් සිටින්නේ. මේ වන විට අපි ආනාපානසති භාවනාවට වාඩි විය යුතු ආකාරය, කොන්ද කෙලින් තබා ගත යුතු ආකාරය, ආශ්වාස ප්‍රශ්වාස පැවැත්වීමේ දී සිහිය පවත්වාගත යුතු ආකාරය ඔබට කියා දීලා තියෙනවා. ඒ වගේම අපි ඔබට තවදුරටත් කියා දෙන්නම්, සතර සතිපට්ඨානය දියුණු කිරීමේදී ඇලීමටත්, ගැටීමත් ඉඩ නොදී, කෙලෙස් තවන වීර්යයෙන් යුක්තව, නුවණින් යුක්තව, සිහිය පවත්වන්න පුරුදු වෙන්න ඕන හැටි.

සම්මා සතිය දියුණු කරගන්න....

අන්න එතකොට තමයි සම්මා සතිය ඔබ තුළ දියුණු කරගන්න පුළුවන්කම ලැබෙන්නේ. අපි ඔබට කියා දුන්නා, මේ සම්මා සතිය තමයි ජීවිතාවබෝධය කරා ඔබව සකස් කරවන්නේ කියලා. ඔබට සම්මා සතිය දියුණු කරගන්න බැරිවුණොත් ජීවිතාවබෝධය කරා ඔබ සකස් වෙන්නේ නෑ. එහෙමනම් සම්මා සතිය කියන්නේ ඔබේ ජීවිතයට අතිශයින්ම උපකාර වන දෙයක්.

ගුරුවරයා හඳුනාගන්න....

ඊළඟට ඔබට තව දෙයක් මතක් කළ යුතුව තියෙනවා. "භාවනා කිරීමේදී ඔබ විශේෂ ගුරුවරයෙක් ළඟට ගිහින් ඒ ගුරුවරයාට ඔබේ තොරතුරු කියලා, ඔබට අදාල කර්මස්ථානයක් ඉගෙන ගන්නට ඕන. එබඳු ගුරු උපදේශයකින් තොරව භාවනා කිරීම අනතුරුදායකයි" කියලා මේ වගේ අදහසක් (බුදුරජාණන් වහන්සේ නම් ඒ වගේ එකක් ප්‍රකාශ කරලා නැහැ) පසුකාලීනව පැතිරිලා තියෙනවා. නමුත් බුදුරජාණන් වහන්සේගේ ධර්මයේ තියෙන්නේ ගුරුවරයා හැටියට අපි තබාගත යුත්තේ පුද්ගලයෙක්ව නොවෙයි.

අපි ගුරුවරයා හැටියට තබාගත යුත්තේ බුදුරජාණන් වහන්සේ වදාළ ධර්මයත්, විනයත්. බුදුරජාණන් වහන්සේ පිරිනිවන් පාන්නට ආසන්න කාලයේදී, ආනන්ද ස්වාමීන් වහන්සේට පැහැදිලිව ප්‍රකාශ කළා, බුදුරජාණන් වහන්සේ පිරිනිවන් පෑවට පස්සේ ශාස්තෘන් වහන්සේ විදිහට බුදුරජාණන් වහන්සේ වදාළ ශ්‍රී සද්ධර්මයත්, පණවන ලද විනයත් ශාස්තෘත්වයේලා සලකන්න කියලා. මේ අනුව අපට ගුරුවරයෙකුගේ අර්බුදයක් මතුවෙන්නේ නෑ. පැහැදිලිවම ශාස්තෘ ශාසනය තියෙනවා.

සැබෑ ගුරුවරයා කවුද?

ගුරුවරයෙකුගේ වැදගත්කම තියෙන්නේ මෙන්න මෙතැනයි. ඒ ගුරුවරයා බුදුරජාණන් වහන්සේ වදාළ දේ කියන කෙනෙක්ද කියන එක බලන්න ඕන. ඒ කෙනා පවසන්නේ බුදුරජාණන් වහන්සේ වදාළ දේ නම්, අන්න එතැන පැහැදිලිවම බුදුරජාණන් වහන්සේගේ අදහස, ආකල්පය, ඉලක්කය මේ සෑම දෙයක්ම මතුවෙනවා. ඒකට

හේතුව, ඒ ධර්මය කියන කෙනා බුදුරජාණන් වහන්සේ වදාළ දේ ම කීමයි. මීට අමතරව පෞද්ගලිකව රහසේ කැඳවලා, රහසේ උපදෙස් දීලා, රහසේම පිටත් කරලා හරින ධර්ම ක්‍රමයක් නම් බුද්ධ ශාසනයේ නෑ.

සැක කළ යුතුම තැන....

එහෙම එකක් තියෙනවා නම් පැහැදිලිව සැක කරන්න. මොකද, බුදුරජාණන් වහන්සේගේ ධර්මයේ උන්වහන්සේ පැහැදිලිවම පෙන්වා දීලා තියෙනවා, "**(තථාගතප්පවේදිතෝ ධම්ම විනයෝ විවටෝ විරෝචති නෝ පටිච්ඡන්නෝ)** තථාගත බුදුරජාණන් වහන්සේ වදාළ ධර්ම විනය විවෘත වූ විට බබලනවා. සැඟවුණාම බබලන්නේ නෑ" කියලා.

රහස් බණක් නැත්තේ ම ය ඒහිපස්සිකයි සදහම්....

එතකොට එහෙම නම් ඔබට තවදුරටත් ප්‍රශ්නයක් මතුවේවි, 'භාවනා කරන කොට අපේ පුද්ගලික ආකල්ප, පුද්ගලික දියුණුව ප්‍රසිද්ධියේ හෙළිදරව් කරන්න ගියොත්, ඒක අනිත් අයට බාධාවක් වෙනවා නේද?' කියලා. ඉතින් ඒක එහෙම නම්, ඒක ඉස්සෙල්ලාම දේශනා කළ යුත්තේ බුදුරජාණන් වහන්සේමයි.

ධර්මය ගැන කතා කරද්දී බුදුරජාණන් වහන්සේ කාටවත් රහසේ භාවනා උපදෙස් දීලා, රහසේ පිටත් කරපු අවස්ථාවක් නෑ. ඒවා ඔක්කොම වාර්තාගත වෙලා තියෙනවා. ආනන්ද ස්වාමීන් වහන්සේට ප්‍රකාශ කරලා තියෙනවා. සියලු ස්වාමීන් වහන්සේලා දැනගෙන තියෙනවා. ඒ නිසා බුදුරජාණන් වහන්සේගේ ධර්මය

තුළ රහස් බණ නෑ. රහස් බණ නැතිකමට අපි කියනවා **(ඒහිපස්සික)** ඇවිත් බලන්න කියලා. ඇවිත් බලන්න කියලා ප්‍රකාශ කරන ධර්මයක රහස් උපදෙස් නෑ. යම් තැනක භාවනාව හැටියට රහස් උපදෙස් දෙනවා නම්, ඔබ සැක කළ යුතුමයි. එතැන පිරිසිදු බුදු දහම තියෙනවා කියලා ඔබ හිතන්න එපා. ඒක සැක කළ යුතුම තැනක්. බුදුරජාණන් වහන්සේගේ ධර්මයේ එහෙම රහස් නෑ. ඕනෑම දෙයක් එළිපිට කතා කරන්න පුළුවන් එකක්. අනිත් එක, බුදුරජාණන් වහන්සේගේ ධර්මය විවෘත වුණාම බබලන එකක්. සැඟවුණාම බබලන්නේ නැති එකක්. ඉතින් මේ ධර්ම මාර්ගය විවෘත කරන්න කරන්න තමයි මේක බබලන්න පටන් ගන්නේ. එතකොට ධර්මය අනිත් අය අතර ප්‍රචලිත වෙනවා. පුරුදු වෙනවා.

බුද්ධ ශාසනය බොහෝ කල් පවතින්න නම්

දවසක් බුදුරජාණන් වහන්සේගෙන් ආනන්ද ස්වාමීන් වහන්සේ ඇහුවා, 'මේ බුද්ධ ශාසනය දිගුකල් පවතින්න හේතු වෙන්නේ මොකක්ද?' කියලා. බුද්ධ ශාසනය බොහෝ කල් පවතින්න හේතුවෙනවා, සතර සතිපට්ඨානය බොහෝ කල් වැඩීම, සතර සතිපට්ඨානය ගැන කතා බස් කිරීම, සතර සතිපට්ඨානය අනුගමනය කිරීම. මේ කාරණා අනුගමනය නොකිරීමෙන් බුද්ධ ශාසනය අතුරුදහන් වෙනවා කියලා බුදුරජාණන් වහන්සේ වදාළා. එහෙම නම් අපට පැහැදිලිව පේනවා, දැන් අපි මේ කතා කරන්නේ සතර සතිපට්ඨානය ගැන.

අනාපානසතියේ පළමු පියවර...

ඉතින් අපි ඔබට ඉගැන්නුවේ ආනාපානසතියේදී හුස්ම ඉහල ගන්න හැටිත්, පහළ හෙලන හැටිත් ගැන

හොඳට සිහියෙන් ඉන්න කියලයි. ඊළඟට හුස්ම ඉහළ ගන්න හැටිත්, පහළට හෙලන හැටිත් හොඳට සිහියෙන් බලන්න පුරුදු වෙන කොට, ඔබේ සිහිය ටිකෙන් ටික ආශ්වාස ප්‍රශ්වාසවල රඳන්න පටන් ගන්නවා. ඒ කියන්නේ බාහිරට ඔබේ සිත විසිරෙන්නේ නැතුව, ඔබ ආශ්වාස කරන කොට ඒ ආශ්වාසය ගැන සිහිය පවත්වාගන්න පුළුවන් වෙනවා. හුස්ම හෙලන කොට ඒ හුස්ම හෙළීමටම සිහිය පවත්වා ගන්න පුළුවන් වෙනවා. ඒක තමයි, ආනාපානසති භාවනාවේ තියෙන පළවෙනි පියවර.

හුස්ම රැල්ලේ වෙනස්කම්...

ආනාපානසති භාවනාවේ ඊළඟ පියවර තමයි, දැන් ඔබ ඒ විදිහට හුස්ම ගන්න කොට, හෙලන කොට ඔබට මේ හුස්මවල තියෙන වෙනස්කම් දැනගන්න ලැබෙනවා. හිටපු ගමන් දිගට ආශ්වාසයක් දැනෙනවා. ඒ කියන්නේ ඔබ දිගට හුස්ම ගන්නවා. එතකොට ඔබ සිහියෙන් හිටපු නිසා, ඔබ තේරුම් ගන්නවා 'දිග හුස්මක් ගන්නවා' කියලා. ඊළඟට දිගට හුස්ම හෙලන අවස්ථා එනවා. ඔබ සිහියෙන් ඉන්න නිසා 'දැන් දිග හුස්මක් හෙලනවා' කියලා තේරුම් ගන්නවා. හිටපු ගමන් මේ ආශ්වාස ප්‍රශ්වාස කෙටි වෙනවා. දැන් ඔබ කෙටියෙන් හුස්ම ගන්න කොට ඔබ සිහියෙන් හිටපු නිසා, ඔබට තේරෙනවා 'දැන් ආශ්වාසයක් ඇතිවුණා කෙටියි.' ඔබ කෙටියෙන් හුස්ම හෙලන කොට ඔබ සිහියෙන් හිටපු නිසා, 'දැන් කෙටි ප්‍රාශ්වාසයක්' කියලා තේරුම් ගන්නවා.

යතු කැටයේ උපමාව...

පින්වතුනි, බුදුරජාණන් වහන්සේ මෙතැනදි ලස්සන උපමාවක් පෙන්වා දෙනවා. උපමාව තමයි, දක්ෂ යතු ගාන මනුස්සයෙක් ඉන්නවා. ඒ කෙනා යතු කැටය අතට

අරගෙන අත දිගෑරලා, දිගට යතු ගානවා. දිගට යතු ගාන කොට එයා දන්නවා දිගට යතු ගාන බව. සමහර අවස්ථාවලදී යතු කැටය අතට අරගෙන කෙටියෙන් යතු ගානවා. එතකොටත් ඒ යතු ගාන මනුස්සයා දන්නවා දැන් කෙටියෙන් යතු ගානවා කියලා. මෙන්න මේ වගේ කියනවා ආනාපානසති භාවනාවෙදිත්. අර යතු ගාන මනුස්සයා දිගට යතු ගාන කොට දැනගන්නවා වගේ දිගට ආශ්වාස කරන කොට දිග ආශ්වාසයක් කියලා දැනගන්නවා. ඒ වගේම යත්ත ආපහු ගන්න කොට දැනගන්නවා වගේ දිගට ප්‍රාශ්වාස කරන කොට දිග ප්‍රශ්වාසයක් කියලා දැනගන්නවා. කෙටියෙන් යතු ගාන කොට ඒක දැනගන්නවා වගේ, කෙටියෙන් ආශ්වාස කරන කොට, ප්‍රශ්වාස කරන කොට මේක දැනගන්නවා.

ඔබේ උත්සාහය, නුවණ මතමයි රඳාපවතින්නේ...

දැන් බලන්න පින්වතුනි, බුදුරජාණන් වහන්සේ මේක තේරුම් ගන්න කොච්චර ලස්සන උපමාවක්ද දේශනා කොට වදාළේ. මේ විදිහට ආශ්වාස ප්‍රාශ්වාස හොඳට දැනගන්න කොට භාවනාව සම්බන්ධයෙන් ඔබේ සිහිය ආශ්වාස ප්‍රශ්වාස තුළ පිහිටලා තියෙන්නේ. දැන් ඔබට බාහිරට සිත විසිරෙන්නේ නැතුව ආශ්වාස ප්‍රශ්වාසයේම රඳවාගන්න පුළුවන්කම තියෙනවා. හැබැයි ඒ වුණාට ඒක කරන්නේ ඔබේ උත්සාහය මත. ඔබේ නුවණ මත. ඔබේ සිහිය පැවැත්වීම මත.

ඒ කියන්නේ ඔබේ උත්සාහය අඩු කළාට පස්සේ, ඔබ ආයෙමත් කලින් හිටපු තත්වයට වැටෙනවා. දිගින් දිගටම ඒ ආශ්වාස ප්‍රශ්වාසයේම සිහිය රඳවාගෙන යන

එකයි කළ යුත්තේ. දැන් ඔබ ආශ්වාස ප්‍රශ්වාසයේ සිහිය රඳවාගෙන යනකොට දිගට හුස්ම ගන්න එක, දිගට හුස්ම හෙලන එක, කෙටියෙන් හුස්ම ගන්න එක, කෙටියෙන් හුස්ම හෙලන එක හොඳට තේරෙන්න පටන් ගන්නවා. එතකොට ඔබට සම්පූර්ණ ආශ්වාසය ගැන සිත යොමු කරගන්න, සම්පූර්ණ ආශ්වාසය තේරුම් ගන්න පුළුවන්කම ලැබෙනවා. ඒ කියන්නේ ආශ්වාසය ඇතුළු වීම, ආශ්වාසය ඇතුළු වෙලා ගමන් කරලා ඉවර වෙන කොට, ඔබ සම්පූර්ණ ආශ්වාසය ගැන දැනගන්නවා. එතකොට ප්‍රශ්වාසය ඉවරවෙන කොටත් ඔබ සම්පූර්ණයෙන්ම ප්‍රශ්වාසය ඉවරවුණා කියලා දැනගන්නවා.

ආශ්වාස ප්‍රශ්වාසය කියන්නෙත් කයක්....

ආශ්වාස ප්‍රශ්වාස එක්තරා කයක් හැටියට ධර්මයේ සඳහන් වෙනවා. ඒකයි **සබ්බකාය පටිසංවේදී** කියලා කියන්නේ. ඒකට හේතුව, ඒක කය හා බැඳී පවතින දෙයක්. ඒකට **'කාය සංඛාර'** කියලත් කියනවා. එතකොට මේ ආශ්වාස ප්‍රශ්වාසය කෙරෙහි සම්පූර්ණ අවධානය යොමු කරගෙන, ආශ්වාස කිරීමත් ප්‍රශ්වාස කිරීමත් තේරුම් අරගෙන, ආශ්වාස ප්‍රශ්වාසයේම සිහිය රඳවන්න පටන් ගන්න කොට **(පස්සංභයං කාය සංඛාරං)** ඔබේ හිත සමාධිමත් වෙන්න පටන් ගන්න කොට, මේ ආශ්වාස ප්‍රශ්වාස සැහැල්ලු වෙනවා. ආශ්වාස ප්‍රශ්වාස සැහැල්ලු වෙන කොට, ඒ ආශ්වාස ප්‍රශ්වාස තේරුම් ගනිමින්, ඔබ ඒ ආශ්වාස ප්‍රශ්වාසයේ සිත පිහිටුවා ගන්නවා. ඒ කියන්නේ ආශ්වාස කරන කොට ඒ ආශ්වාසය සැහැල්ලු වෙනවා. හුස්ම ගන්න කොට හුස්ම සැහැල්ලු වෙනවා. ඒක තේරුම් ගනිමින් ආශ්වාස කරනවා. හුස්ම හෙලන කොට හුස්ම හෙලන බව දැනගනිමින් ප්‍රශ්වාස කරනවා.

දැන් එතකොට ඔබ ආනාපානසතියේ හුස්ම ගන්න හැටි, හුස්ම හෙලන හැටි, දීර්ඝ වශයෙන් හුස්ම ගන්න හැටි, දීර්ඝ වශයෙන් හුස්ම හෙලන හැටි, සම්පූර්ණ හුස්ම සැහැල්ලු වෙන හැටි තේරුම් ගනිමින් ආනාපානසතිය දියුණු කරන්න දක්ෂ වෙනවා.

2.3. ආනාපානසති භාවනාව තුළ වේදනානුපස්සනාව සහ චිත්තානුපස්සනාව වඩන හැටි

තේරුම් ගනිමින් ආශ්වාස ප්‍රශ්වාස කරන්න...

තවදුරටත් ආනාපානසතිය දියුණු කරගන්න ඔබට අවස්ථාව තියෙනවා. ආශ්වාස ප්‍රශ්වාස සංසිඳී යන අවස්ථාව තෙක්ම දැන් ඔබ ඉගෙන ගෙන තියෙනවා. ආශ්වාස ප්‍රශ්වාස සංසිඳීගෙන යනකොට ඔබට ටික ටික ප්‍රීතිය දැනෙන්න පුළුවනි. ඒ විදිහට ප්‍රීතිය දැනෙන කොට ඔබ ඒ ප්‍රීතියට ආස කරලා, ආනාපානසති භාවනාව නවත්වලා, ප්‍රීතිය දිහා බලාගෙන ඉන්න එපා. එතකොට ඔබේ සමාධිය කැඩෙනවා. එතකොට ඔබට භාවනාව දියුණු කරගන්න තියෙන අවස්ථාව නැතිවෙලා යනවා. ඔබ කළ යුත්තේ ප්‍රීතිය තේරුම් ගනිමින් ආශ්වාස කිරීමයි, ප්‍රීතිය තේරුම් ගනිමින් ප්‍රශ්වාස කිරීමයි.

එතකොට ආශ්වාස ප්‍රශ්වාසයේ සිහිය පවත්වන එක ඔබ වෙනස් කරන්නේ නෑ. බොහෝ දෙනෙකුට සිද්ධවෙන මූලික ගැටලුවක් තමයි, භාවනාව සිදුකරගෙන යනකොට

සමාධියක් ඇතිවුණා කියමු. ඒ කෙනා හිතන්නේ මේ සමාධිය ඉබේ හටගත්ත එකක් කියලයි. සමාධිය ඇතිවුණේ සමාධිය ඇතිවෙන ආකාරයට හේතු සකස් වුණු නිසා. වීර්යය පිහිටපු නිසා. නුවණ පිහිටපු නිසා. හේතු නිසයි ඒ සමාධිය සකස් වුණේ. සමාධියෙන් නැගිටින කොට ඒ සමාධිය නැතිවෙලා යනවා. ඒක ගැන අවබෝධයක් නැති කෙනා හිතනවා 'ආනාපානසතිය පටන් ගන්න කොටම අර පරණ විදිහටම හිත සමාධිගත වෙන්න ඕනෙ' කියලා. හිතලා ආනාපානසතියට අඩු අවධානයක් යොමු කරලා, ඇති වූ සමාධිය ගැන හිතන්න පටන් ගන්නවා. එතකොට ආනාපානසතිය හරියට වැඩෙන්නේ නැති නිසා සමාධිය වැඩෙන්නේ නෑ.

සමාධිය නැති වුණා කියලා දුක් වෙන්න එපා..

ඊට පස්සේ සමාධිය නැතිවෙලා යනවා. ඊට පස්සේ එයාට දුකක් ඇතිවෙනවා, "අනේ මම ඉස්සර හොඳට සමාධිය වඩපු කෙනෙක්. ඉස්සර මට හොඳට සමාධියක් තිබුණා. දැන් මට සමාධිය දියුණු වෙන්නේ නෑ" කියලා මානසිකව දොම්නසක් ඇති කරගන්නවා. දොම්නසක් ඇති කරගත්ත ගමන්ම එයාට ප්‍රශ්නයක් තියෙනවා. දොම්නස කියලා කියන්නේ හිතේ ඇතිකර ගත්ත දුක. හිතේ මේ දුක හේතු කරගෙන හිත විසිරෙන්න පටන් ගන්නවා. හිත විසිරෙන කොට හිත සංසිඳෙන්නේ නෑ. හිත සංසිඳෙන්නේ නැතිවෙන කොට ආශ්වාස ප්‍රශ්වාස අරමුණේ සිහිය පිහිටුවා ගන්න බැරිවෙනවා. ආශ්වාස ප්‍රාශ්වාස අරමුණේ සිත පිහිටුවා ගන්න බැරි වෙන කොට, සිහිය පිහිටන්නේ නැතිවෙලා යනවා. සිහිය පිහිටන්නේ නැතිවෙන කොට

සිත එකඟ වෙන්නේ නැතිවෙලා යනවා. එකඟ වෙන්නේ නැති වෙනකොට සමාධිය තවදුරටත් නැතිවෙලා යනවා. එතකොට එයා තවදුරටත් අසහනයට පත්වෙනවා. ඒ නිසා ඒ ක්‍රමය අනුගමනය කළ යුතු ක්‍රමයක් නොවෙයි.

සමාධියක් ඇති වෙන්නෙ හේතු නිසයි...

භාවනාවේ දී ඔබ බොහෝ විට මතක තබා ගත යුතු එකක් තමයි, ඔබට සමාධියක් ඇතිවෙනවා නම් ඇතිවෙන්නේ හේතු සහිතව. ඒ හේතු නැතිවීමෙන් සමාධිය නැතිවෙලා යනවා. ඒ නිසා කෙනෙක් ආශ්වාස ප්‍රශ්වාසයේම හිත රඳවන්නට දක්ෂ වුණොත්, අන්න ඒ කෙනාට සමාධිය කැඩෙන්නේ නැතුව, බොහෝ වේලාවක් තමාගේ සන්තානයේ පවත්වා ගන්න පුළුවන් වෙනවා.

මේ විදිහට ආනාපානසති භාවනාව කරලා සිත එකඟ වෙන කොට, ඒ කෙනාට ප්‍රීතිය දැනෙන්න පටන් ගන්නවා. ඒ ප්‍රීතිය සාමාන්‍ය ප්‍රීතියක් නෙවෙයි. දැන් අපි දන්නවා, අපට සිංදුවක් අහලා, විනෝද ගමනක් ගිහිල්ලා, රසවත් කෑමක් කාලා, අපව තෘප්තිමත් කරන, සතුටු වෙන දෙයක් බලලා, ප්‍රීති වෙනවා. මේක හරිම ගොරෝසු එකක්. සමාධියේ ඇතිවෙන ප්‍රීතිය ඒ වගේ එකක් නෙවෙයි. හිත නිවුණ, සංසිඳුණ, සැහැල්ලු බවට පත් වූ සැනසිලිදායක ප්‍රීතියක්. මෙන්න මේ ප්‍රීතියට ඇලෙන්නේ නැතුව එයා ආශ්වාස කරනවා, ප්‍රාශ්වාස කරනවා.

දැන් සැපයත් තේරුම් ගන්න...

ඒ විදිහට ආශ්වාස, ප්‍රශ්වාසයේම සිහිය පිහිටුවා ගන්න කොට හිත උද්දාමයට පත්වෙන ප්‍රීතිමත් ස්වභාවය ටික ටික සංසිඳිලා සැපය දැනෙන්න පටන් ගන්නවා. සැපය දැනෙන කොට එයා කායිකවත් සැපයක් විඳිනවා,

මානසිකවත් සැපයක් විඳිනවා. දැන් ඔබ දන්නවා, ආශ්වාස ප්‍රශ්වාස සැහැල්ලුවට දැනෙනවා කියලා. මේකෙන් කියන්නේ නෑ, ආශ්වාස ප්‍රශ්වාස එකපාරටම නැතිවෙනවා කියලා. ආශ්වාස ප්‍රශ්වාස තේරුණේ නැත්නම් එයාට ආශ්වාස ප්‍රශ්වාසයේ සිහිය පිහිටුවා ගන්න බැරිව යනවා.

දිගටම සිහිය පවත්වාගන්න....

අපි දන්නවා සමහර පින්වතුන් ඉන්නවා, ආනාපානසති භාවනාව කරගෙන යනකොට, ටික ටික සමාධිය දියුණු වේගෙන යනකොට එයා ආශ්වාස ප්‍රශ්වාස සිහිකරන එක නතර කරනවා. අත්ඇරලා ආශ්වාස ප්‍රශ්වාස දිහා බලාගෙන ඉන්න පුරුදු වෙනවා. සමාධිය පුරුදු කරලා තියෙන නිසා ආශ්වාස ප්‍රශ්වාස නොදැනී යන මට්ටමට එන අය ඉන්නවා. ආශ්වාස ප්‍රශ්වාස නොදැනී ගියොත් එයාට 'තමන් කරන්න යන භාවනාව මොකක්ද? මම මොකක්ද කරන්නේ' කියන කල්පනාව එන්නේ නැතුව යනවා. මේ නිසා හොඳම දේ තමයි, ආශ්වාස ප්‍රශ්වාස නොදැනී යන්නේ නෑ කවදාවත්. පැය ගණනක් වුණත් ආශ්වාස ප්‍රශ්වාස සිහිකරන්න පුළුවන්. ඒකට අපි ආශ්වාසයක්.... ප්‍රශ්වාසයක්.... ආශ්වාසයක්.... ප්‍රශ්වාසයක්.... කියලා මනසිකාර කරන්න ඕන. අන්න එහෙම මනසිකාරයේ යෙදීමෙන් තමයි ආශ්වාස ප්‍රශ්වාස දියුණු කරන්න තියෙන්නේ. සමහර කෙනෙකුට ටික වෙලාවක් ආනාපානසති භාවනාව කරද්දි, ආශ්වාස ප්‍රශ්වාස නොදැනී යනවා. ඒ කෙනා භාවනාව කරන්න පටන් ගන්න කොටම හිතට අධිෂ්ඨානයක් ඇති කරගන්න ඕන, 'මම දිගටම ආශ්වාසයත් ප්‍රශ්වාසයත් මෙනෙහි කරනවා... මේක නොදැනී යන්න දෙන්නෙ නෑ...' කියලා. එතකොට ඒ විදිහට සකස් වෙන්නේ නැතුව ආශ්වාස

ප්‍රශ්වාස දිගටම පවත්වන්න පුළුවන්. ආශ්වාස ප්‍රශ්වාස එහෙම පවත්වද්දිත් නොදැනී ගියොත්, ඔබ හිතන්න 'මේ ආශ්වාස ප්‍රශ්වාස නොදැනී ගියාට, මේ ආශ්වාස ප්‍රාශ්වාස නිරුද්ධ වෙලා නොවෙයි. ආශ්වාස ප්‍රශ්වාස තියෙනවා. ඒ නිසා මම සිහියෙන් විමසනවා..' කියලා. ඒ විදිහට ආයෙමත් නුවණින් විමසන කොට හිමිහිට තේරුම් යනවා, ආශ්වාසයක්, ප්‍රශ්වාසයක්, හුස්ම ගැනීම හුස්ම හෙළීම ඔබ තුළ තියෙන බව. මේ විදිහට ආශ්වාස ප්‍රශ්වාස දෙක දිගටම පවත්වන්න තමයි ආනාපානසතියේදී පුරුදු වෙන්න තියෙන්නේ.

චිත්ත සංඛාරත් තේරුම් ගන්න...

ඒ විදිහට ආශ්වාස ප්‍රශ්වාස භාවනාව දිගටම පුරුදු කරගෙන යනකොට, සැප ලැබෙන කොට ආශ්වාසයත් ප්‍රශ්වාසයත් තුළ සැප විඳීම හොඳට තේරුම් යනවා. ආශ්වාස ප්‍රශ්වාස හොඳට හඳුනා ගන්නවා. ආශ්වාස කරන කොට 'මේක ආශ්වාසයක්' කියලා හොඳට හඳුනා ගන්නවා. ප්‍රශ්වාස කරන කොට 'මේක ප්‍රශ්වාසයක්' කියලා හොඳට හඳුනා ගන්නවා. මෙහෙම විඳිමින් හඳුනා ගනිමින් ආශ්වාස කරනවා, ප්‍රශ්වාස කරනවා. ඒකට කියනවා **චිත්ත සංඛාර** කියලා. චිත්ත සංඛාර කියලා කියන්නේ විඳීමටයි, හඳුනා ගැනීමටයි. චිත්ත සංඛාර කියන වචනය පාවිච්චි කරන්නේ සිත හා බැඳී තියෙන නිසා.

දැන ගැනීමයි - පුහුණු වීමයි...

මේ සිත හා බැඳී පවතින විඳීමත් හඳුනාගැනීමත් තේරුම් ගනිමින් ආශ්වාස කරන කොට, ප්‍රශ්වාස කරන කොට, මේ විඳින එකයි, හඳුනාගන්න එකයි පවා සැහැල්ලු වෙන්න පටන් ගන්නවා. සැහැල්ලු වෙද්දිත් ඒ සැහැල්ලු

වීමට නෙවෙයි අවධානය යොමු කළ යුත්තේ. ඒක හොඳට තේරුම් ගනිමින් ආශ්වාස කරනවා. ප්‍රශ්වාස කරනවා. බුදුරජාණන් වහන්සේගේ දේශනාවේ විශේෂත්වයක් තමයි, උන්වහන්සේ ආනාපානසතිය මුලින්ම පටන් ගන්න කොට උන්වහන්සේ දේශනා කරන්නේ **'පජානාති'** කියලයි. **'පජානාති'** කියන්නේ හොඳට තේරුම් ගන්නවා කියන එක. දීර්ඝ ආශ්වාස ප්‍රශ්වාස ගැනත් උන්වහන්සේ පාවිච්චි කරන්නේ **'පජානාති'** කියන වචනය. ඊළඟට පාවිච්චි කරන්නේ පජානාති කියලා නෙවෙයි, **'සික්ඛති'** කියලා. **'සික්ඛති'** කියන්නේ පුහුණු වෙනවා. පුහුණු වෙන්න නම් අර හිතට දැනෙන දේවල් පස්සේ යන්නේ නැතුව, ආශ්වාස ප්‍රශ්වාසයේම සිහිය පවත්වන්න දක්ෂ වෙන්න ඕන. අන්න ඒ දක්ෂතාවයෙන් තමයි ඒ පුහුණුව ලැබෙන්නේ. දැන් එතකොට ආශ්වාස ප්‍රශ්වාස දෙක සම්පූර්ණයෙන්ම දැනගනිමින් ආශ්වාස ප්‍රශ්වාස කරන්න පුහුණු වෙන්න ඕන. ආශ්වාස ප්‍රශ්වාසයේ සංසිඳීම දැනගනිමින් ආශ්වාස ප්‍රශ්වාසයේ සිහිය පවත්වන්නට පුහුණු වෙන්න ඕන.

චිත්ත සංඛාරත් සංසිඳෙනවා...

ඊළඟට ඒවා සම්පූර්ණයෙන්ම සංසිඳුණට පස්සේ ප්‍රීතියක් තියෙනවා. ප්‍රීතිය දැනගනිමින් ආශ්වාසයේ ප්‍රශ්වාසයේ සිහිය පිහිටුවන්නට පුහුණු වෙන්න ඕන. ඊළඟට කායික මානසික සැහැල්ලු බව (පස්සද්ධිය) ඇතිවෙනවා. එතකොට තමයි සැපය ඇතිවෙන්නේ. ඒ සැපය දැනගනිමින් ආශ්වාස ප්‍රශ්වාසයේ සිහිය පවත්වන්නට ඔබ පුහුණු වෙන්න ඕන. ඊළඟට මේ ආශ්වාස ප්‍රශ්වාස දෙකේ ඇතිවෙන විඳීමත්, හඳුනාගැනීමත් ආශ්වාසය තුළත්, ප්‍රශ්වාසය තුළත් සිහිය පවත්වන්නට ඔබ හොඳට පුරුදු වෙන්නට ඕන. ඊළඟට මේ ආශ්වාස ප්‍රශ්වාස තුළ

විඳීම, හඳුනාගැනීම සංසිඳෙනවා. ඒ සංසිඳීමත් තේරුම් ගනිමින් ආශ්වාසයේ, ප්‍රශ්වාසයේම සිහිය පවත්වන්නට පුරුදු වෙන්න ඕන. ඊළඟට සිත හොඳට තේරුම් ගන්නවා. කාය සංස්කාර සංසිඳිලා, චිත්ත සංස්කාර සංසිඳිලා ආශ්වාසයේත් ප්‍රශ්වාසයේත් සිහිය පිහිටුවා ගන්නට පුහුණු වෙනවා.

සිත ධ්‍යාන තත්වයට පත්වෙනවා...

දැන් ඔබේ හිත ප්‍රමුදිත භාවයට පත්වෙනවා. ප්‍රමුදිත භාවයට පත්වෙන කොටත් ආශ්වාසයේම සිහිය පිහිටුවා ගන්නට ඕන. ප්‍රශ්වාසයේම සිහිය පිහිටුවා ගන්නට ඕන. එතකොට සිත වඩ වඩාත් එකඟ වෙනවා. වඩ වඩාත් එකඟ වෙනකොටත් ආශ්වාසයේම සිහිය පවත්වා ගන්නට ඕන. ප්‍රශ්වාසයේම සිහිය පවත්වා ගන්නට ඕන. ඒ වෙනකොට ඔබේ සිතේ තියෙන පංච නීවරණ සම්පූර්ණයෙන්ම යටපත් වෙලා ඔබේ සිත ධ්‍යාන තත්වයට පත්වෙනවා. ආනාපානසතියෙන් බොහොම ලේසියෙන් කෙනෙකුට පළමුවෙනි ධ්‍යානය ඇතිකර ගන්න පුළුවන්. පළවෙනි ධ්‍යානය බොහෝ වෙලාවක් පුරුදු පුහුණු කරන්න පුළුවන් වූ කෙනෙකුට මනසිකාරයක් නැතුව සමාධියක් විතරක් පවත්වන්න පුළුවන්. එතකොට ඔබට පුළුවනි, දෙවෙනි ධ්‍යානයේ හිත පුහුණු කරන්න. දෙවෙනි ධ්‍යානයේ බොහෝ වෙලාවක් හිත දියුණු කරගත් කෙනෙකුට තුන්වෙනි ධ්‍යානය පුරුදු කරන්න පුළුවන්. තුන්වෙනි ධ්‍යානය බොහෝ වෙලාවක් පුරුදු කරගත් කෙනෙකුට හතරවෙනි ධ්‍යානය පුරුදු කරන්න පුළුවන්.

ගිහි ගෙදර අපටත් ධ්‍යාන....?

ධ්‍යාන කියන වචනය ඇහෙන කොට සමහර

විට තැති ගන්න පුළුවන්. භය වෙන්න පුළුවන්. 'අපි මේ ගිහි ගෙවල්වල ගතකරන අය. අපි කොහොමද මේ ධ්‍යාන වඩන්නේ?' කියලා. ඒක වෙන්නේ ඔබ වටපිටාවේ නියම ධර්මය කතා කරන පිරිසක් නැති නිසාත්, ධර්මය පිළිබඳ ඔබේ විශ්වාසය දුරු කරලා තියෙන නිසාත්, ධර්මය කෙරෙහි ඔබේ ශ්‍රද්ධාව නැති නිසාත්, ධර්මය ප්‍රායෝගිකව පුරුදු කරන ආකාරය ඔබ නොදන්නා නිසාත් මිසක ධර්මයේ ඇති දුර්වලකමක් නිසා නොවේ. ඊළඟට අපි හොඳටම දන්නවා මේ රටේ දහස් සංඛ්‍යාත පිරිසක් සමාධිය වඩනවා, ධ්‍යාන වඩනවා. ගිහි ගෙවල්වල ගත කරමින් කරනවා. ඒක මම හොඳටම ප්‍රායෝගිකව දන්න දෙයක්. ඒ නිසා ඔබ ඒ වගේ සැකයක් සංකාවක් ඇති කරගන්න එපා. විශ්වාස කළ යුත්තේ බුදුරජාණන් වහන්සේගේ ධර්මය ම යි. ඒ නිසා ඔබට සමාධියක් දියුණු කරගන්න පුළුවන් වෙන කොට ඒ සමාධිය ඔබ නිතර නිතර පවත්වන්න.

තවම අපි ඔබට මේ උගන්වන්නේ සමථ භාවනාව දියුණු කරගන්නා ආකාරය. මේ විදිහට ඔබ දියුණු කරගත්තොත් සමථය දියුණු කරගන්න පුළුවනි. හැබැයි මේකෙදි සමාධිය දියුණු වෙන්නේ නැතිවෙන කොට මේ රටේ විවිධ ක්‍රම තියෙනවා. ඔබ ඒවට අහුවෙන්න එපා. සමහරු කියන්න පුළුවනි, 'අයියෝ සුළු දෙයක්නේ ඕක. මගේ ළඟට එන්න මම විනාඩි දහයෙන් ධ්‍යානයට දාලා දෙන්නම්' කියලා. සමහරු කියන්න පුළුවන් ' ඔබට විනාඩි තිහක් සමාධියෙන් ඉන්න පුළුවන් නම් මම ඔබව පළවෙනි ධ්‍යානයට තල්ලු කරලා දාන්නම්' කියලා. මේවා කියන්නේ ඔබේ හදිස්සිය තේරුම් ගන්නයි. නමුත් ඒකෙන් ප්‍රකට වෙන්නේ ඒ කෙනාගේ නොදැනුවත්කමමයි. මේ

නිසා සමාධියේදී පංච නීවරණ යටපත් වෙන්න ඕන. පංච නීවරණ යටපත් වෙන තාක් සමාධිය දියුණු කරන්න බෑ. පංච නීවරණ යටපත් වෙනකොට සමාධිය ඇතිවෙනවා. සිහිය දියුණු වෙනවා.

2.4. ආනාපානසති භාවනාව තුළ ධම්මානුපස්සනාව වඩන හැටි

භාවනා නිමිත්ත කියන්නේ මොකක්ද?

දැන් ඔබ සතිපට්ඨාන භාවනාව ගැන ටිකෙන් ටික ඉගෙන ගනිමින් සිටිනවා. මේ වන විට ඔබ ආනාපානසති භාවනාව සම්පූර්ණයෙන්ම සමාධිය දක්වා දියුණු කරගන්න ඕනෙ හැටි ඉගෙන ගෙන තියෙනවා. දැන් ඔබ දන්නවා ආනාපානසති භාවනාවේදී සන්සුන්ව, නිදහස්ව, හුදෙකලා තැනක වාඩිවෙලා, එරමිණිය ගොතාගෙන, කොන්ද කෙලින් තියාගෙන, ආශ්වාස ප්‍රශ්වාස නැමැති භාවනා අරමුණේ සිහිය පිහිටුවා ගන්න හැටි. මේ ආශ්වාස ප්‍රශ්වාස තමයි භාවනා නිමිත්ත. භාවනා නිමිත්ත කියලා කියන්නේ සිහිය පිහිටුවා ගන්න මූලික කරුණ. එනම් ආශ්වාස ප්‍රශ්වාසයයි. දැන් ආශ්වාස ප්‍රශ්වාස තුළ තමයි ඔබ සම්පූර්ණයෙන්ම සිහිය දියුණු කරන්නේ. ඒක තමයි ඒකට භාවනා නිමිත්ත කියලා කියන්නේ. එහෙම නැතුව වෙන නිමිත්තක් ඔබ ආශ්වාස ප්‍රශ්වාස තුළින් අපේක්ෂා කරන්න එපා.

තවදුරටත් ඉගෙන ගන්න කැමති නම්...

ආනාපානසතිය තුළම, ඒ කිව්වේ හුස්ම ගැනීමත් හෙලීමත් තුළම, සිහිය පිහිටුවාගෙන පුරුදු කරන්න

ඕන. ඒ තුළින් ආශ්වාස ප්‍රශ්වාස තුළ සිහිය පවත්වන්න පුරුදු වුණහම සමාධිය දියුණු කරගන්න පුළුවන්කම ගැන අපි ඔබට දැන් පැහැදිලි කරලා දුන්න. සතිපට්ඨාන සූත්‍රයට අමතරව ආනාපානසතිය ගැන තවදුරටත් ඉගෙන ගන්න ඕන කරන කරුණු අංගුත්තර නිකායේ දහ වැනි නිපාතයේ තියෙන ගිරිමානන්ද සූත්‍රයේ තියෙනවා. එහි ආනාපානසතිය ගැන සම්පූර්ණ විස්තරයක් තියෙනවා. ඊට අමතරව සංයුත්ත නිකායේ පස්වෙනි කොටසේ සතිපට්ඨාන සංයුත්තයේ, ඒ වගේම ආනාපානසති සංයුත්තයේ සම්පූර්ණයෙන්ම ආනාපානසතිය ගැන ඉගෙන ගන්න පුළුවන්කම තියෙනවා. ඒවා කෙනෙකුගේ පෞද්ගලික අදහසක් නෙවෙයි. ඒක කෙලින්ම බුදුරජාණන් වහන්සේගේ අදහස.

බුදුරජාණන් වහන්සේ ගැන පැහැදිලි ශ්‍රද්ධාවක් තියෙන්න ඕනෙ...

ඒ වගේම තමයි, මේ භාවනාවලදී සම්පූර්ණයෙන්ම ඔබේ ශ්‍රද්ධාව තියෙන්න ඕන, බුදුරජාණන් වහන්සේ ගැන. මොකද හේතුව, ආනාපානසතිය භාවනාවක් වශයෙන් ප්‍රගුණ කරලා, අරහත්වය දක්වාම අත්දැකීම් පළමුවෙන්ම ලබාගත්තේ බුදුරජාණන් වහන්සේ විසින්. ඊට පස්සේ තමයි උන්වහන්සේ මේ ශ්‍රාවක ජනතාවට මේ ධර්මය පුරුදු කරන හැටි, ප්‍රගුණ කරන හැටි පෙන්වා වදාළේ. බුදුරජාණන් වහන්සේ, යම් කෙනෙකුට යම් ආකාරයකින් ධර්මය අවබෝධ කරගන්න පුළුවන් නම්, ඒ සෑම ආකාරයකින්ම පෙන්වා වදාළා. ඒ නිසා ඒ ධර්මය බැහැර කරලා වෙනත් කෙටි ක්‍රම, වෙනත් පහසු ක්‍රම සොයන්න

පිළිවෙලක් නෑ. මොකද, බුදුරජාණන් වහන්සේ තරම් මේ විෂය පිළිබඳ පරිපූර්ණ අවබෝධයක් තියෙන කවුරුවත් මේ ලෝකයේ නෑ. භාවනාව ගැන, භාවනාව කියන විෂය ගැන, සිත දියුණු කිරීම ගැන උන්වහන්සේ තරම් සම්පූර්ණ අවබෝධයක් තිබුණ වෙන කෙනෙක් ලෝකයේ නෑ. වෙන කෙනෙක්ව සොයනවා නම් ආයෙමත් බුදුරජාණන් වහන්සේ නමක්ම තමයි.

අතිරේක සංස්කරණ අවශ්‍ය නැහැ...

ඒ නිසා මෙවැනි භාවනාවකට අතිරේක සංස්කරණ අවශ්‍ය නෑ. 'මේක මේ විදිහටත් කරන්න පුළුවන්, මේ විදිහටත් කරන්න පුළුවන්' කිය කියා අපට අතින් දාලා දෙන්න අවශ්‍ය නෑ. එහෙම වුණොත් අපි ප්‍රකට කරන්නේ අපේ ශ්‍රද්ධාව නැති බව මිසක්, බුදුරජාණන් වහන්සේට ඉහළින් යන්න දඟලන දඟලිල්ලක් මිසක්, වෙන එකක් නෙවෙයි. ඒ නිසා මේ ධර්මයේදී එහෙම බෑ. මේකෙදී අපි ශ්‍රාවකයො හැටියට තමයි පුරුදු වෙන්නේ, පුහුණු කරන්නේ. මේ සතිපට්ඨාන සූත්‍රයේ දී බුදුරජාණන් වහන්සේ වදාළ කරුණු තුළ මම ඔබට කිව්වා මතක ඇති, බුදුරජාණන් වහන්සේගේ ධර්මයේ සමථ භාවනාව, විදර්ශනා භාවනාව කියලා කොටස් දෙකක් තියෙනවා කියලා. මේකෙත් මේ වෙන කොට අපි ඉගෙන ගෙන තියෙන්නේ සමථ භාවනාව. සමථ භාවනාව තව පළල් විදිහට දකින්න බුදුරජාණන් වහන්සේ වදාළා මෙහෙම.

අනුන් තුළත් මේ විදිහමයි...

(ඉති අජ්ඣත්තං වා කායෙ කායානුපස්සී විහරති) දැන් එයා තමා තුළ ආශ්වාස ප්‍රශ්වාසයේ සිහිය පිහිටුවාගෙන ඉන්නවා. දැන් එයා 'තමා තුළ ආශ්වාස

ප්‍රශ්වාසයේ ක්‍රියාවලිය මේ විදිහයි, මෙන්න මේ විදිහට සිහිය පිහිටුවා ගන්නට පුළුවන් කියලා තේරුම් ගන්නවා. **(බහිද්ධා වා කායේ කායානුපස්සී විහරති)** ඊළඟට තමන් තුළ යම් ආකාරයකට පිහිටුවා ගත්තාද බාහිර අයගේ ආශ්වාසය ප්‍රශ්වාසය තුළත් තියෙන්නේ ඔවැනි ස්වභාවයක් තමයි කියලා බාහිර අය කෙරෙහිත් සිහිය පිහිටනවා. ඒ කියන්නේ ඔබේ යම් ආකාරයක ස්වභාවයක් තියෙනවා ද මේ විදිහමයි බාහිර ඕනෑම රටක, ඕනෑම පළාතක සිටින හුස්ම ඉහළ පහළ ගන්න ඕනෑම මනුස්සයෙකුගේ ස්වභාවය කියලා තේරුම් ගන්නවා. ඒ කියන්නේ තමා තුළත් තමාගෙන් බාහිරත් මේ ආශ්වාස ප්‍රශ්වාස ගැනීමේ ස්වභාවය එකයි කියලා හොඳට තේරුම් ගන්නවා.

හටගැනීම ගැනයි නැතිවීම ගැනයි අවබෝධය තියෙන්නෙ මෙහෙමයි...

ඊළඟට බුදුරජාණන් වහන්සේ වදාළ, **(සමුදය ධම්මානුපස්සී වා කායස්මිං විහරති)** ඔන්න විදර්ශනාවට හැරෙන තැන. එතකොට බලන්න සතිපට්ඨානයේ එක විස්තරයක් කිරීමේදී සමථයත් විදර්ශනාවත් දෙකම විස්තර වන හැටියටයි බුදුරජාණන් වහන්සේ දේශනා කොට වදාළේ. ඉතින් උන්වහන්සේ ප්‍රකාශ කළා, ආශ්වාස ප්‍රශ්වාස ගැන සිහිය පිහිටුවීම කියන්නේ කායානුපස්සනාව නේ. කායානුපස්සනාව වඩද්දී **'සමුදය ධම්මානුපස්සී වා'** කියන්නේ මේ ආශ්වාස ප්‍රශ්වාස හටගන්නා හැටි දකිමින් වාසය කරනවා.

ආශ්වාස ප්‍රශ්වාස හටගන්නා හැටි දකිමින් කියන එකේ තේරුම තමයි, බුදුරජාණන් වහන්සේ වදාළා, ආහාර ප්‍රත්‍යයෙන් තමයි මේ කය හටගන්නේ. එතකොට

මේ කයට යම්කිසි පෝෂණ ක්‍රියාවලියක් අවශ්‍යයි. මුළු සංසාරයටම යම්කිසි පෝෂණ ක්‍රියාවලියක් තියෙනවා. මේ පෝෂණ ක්‍රියාවලිය සම්පූර්ණයෙන්ම නැතිවුණොත් එයා සංසාරෙන් නිදහස් වෙනවා. දැන් මෙතැන කියන්නේ කය ගැන. ආහාර නිසා කය සකස් වෙලා තියෙන්නේ. ඒ නිසා ආශ්වාස ප්‍රශ්වාස සකස් වෙලා තියෙන්නේ ආහාර ප්‍රත්‍යයෙන්. මේ ආශ්වාස ප්‍රශ්වාස නිත්‍ය දෙයක් නෙවෙයි. ආශ්වාස ප්‍රශ්වාස හේතු නිසා හටගන්න දෙයක්. ඒක තමයි **සමුදය ධම්මානුපස්සී** වා කියන්නේ. හේතු නිසා හටගන්න ස්වභාවයට අයිති එකක්. **(වයධම්මානුපස්සී වා කායස්මිං විහරති)** ඒ ආශ්වාස ප්‍රශ්වාසවල ස්වභාවය තමයි නැති වී යන ස්වභාවයට අයිති වීම. එතකොට ආශ්වාස ප්‍රශ්වාස තුළ හටගැනීමකුත් දකිනවා. ඒ ආශ්වාස ප්‍රශ්වාස තුළ නැතිවීමකුත් දකිනවා. **(සමුදය වය ධම්මානුපස්සී වා කායස්මිං විහරති)** මේ ආශ්වාස ප්‍රශ්වාස දෙකේ හටගැනීමයි, නැතිවීමයි මනාකොට දකිමින් එයා කායානුපස්සනා භාවනාවේ වාසය කරනවා. මේ වෙන කොට මේ කියන්නේ විදර්ශනාව. මේ විදර්ශනාව ඒ විදිහට පුරුදු වෙන්න නම්, ධර්ම ශ්‍රවණය තුළින් විදර්ශනාව මනාකොට ප්‍රගුණ කරලා තියෙන්න ඕන. විදර්ශනාව කියලා කියන්නේ අනිත්‍ය දේ අනිත්‍ය හැටියට, දුක් දේ දුක් හැටියට, අනාත්ම දේ අනාත්ම හැටියට දකින්න පුළුවන් හැකියාව.

ප්‍රඥාව ලැබෙන්නේ කොහොමද?

දැන් ඔබ දන්නවා, මම මුලින්ම කියා දුන්නා විදර්ශනාවෙන් වැඩෙන්නේ ප්‍රඥාව කියලා. ප්‍රඥාවට තමන්ට යමක් අවබෝධ කරන්න පුළුවන් හැකියාව දියුණු වෙනවා. ප්‍රඥාව කියන එක ඉබේ හටගන්න එකක් නෙවෙයි.

ප්‍රඥාව හටගන්න ආකාරය බුදුරජාණන් වහන්සේ පැහැදිලි කළා. දවසක් කෙනෙක් බුදුරජාණන් වහන්සේ ගෙන් ඇහුවා "**(කථංසු ලභතේ පඤ්ඤා?)** ප්‍රඥාව ලැබෙන්නේ කොහොමද?" කියලා. බුදුරජාණන් වහන්සේ වදාළේ "**(සද්ධානං අරහතෝ නිබ්බාණපත්තියා)** නිර්වාණයට පමුණුවන රහතුන්ගේ ධර්මය අදහාගෙන **(සුස්සූසා ලභතේ පඤ්ඤා අප්පමත්තා විපස්සනා)** මනාකොට ධර්ම ශ්‍රවණය කරලා, උත්සාහයෙන්, වීර්යයෙන් යුක්තව නුවණින් විමසන කෙනා තමයි, මේ ධර්මය අවබෝධ කරගන්නේ."

එතකොට අපට පැහැදිලිව පේනවා, ප්‍රඥාව ඇතිවීමට රහතුන්ගේ ධර්මය ශ්‍රවණය කිරීම වුවමනයි. ඒ තමයි බුදුරජාණන් වහන්සේ වදාළ ධර්මය. ඉබේ පහළ වෙන දේවල් තියෙනවා නම්, අපට ඕනතරම් ඉබේ පහළ වෙන්න පුළුවන්. කෙනෙක් ඔබට කියන්න පුළුවන් "නෑ... නෑ.... එහෙම එකක් නෑ. ඔබ භාවනා කරගෙන යන්න. ප්‍රඥාව එකපාරට ම පහළ වෙයි" කියලා. භාවනා කරගෙන යනකොට ප්‍රඥාව පහළ වෙනවා නම්, බුදුරජාණන් වහන්සේලා තවත් කෙනෙකුට ධර්මය කිව යුතු නෑ. ධර්මය දේශනා කළ යුතු නෑ.

බුදුරජාණන් වහන්සේ රහතන් වහන්සේලාට ප්‍රකාශ කොට වදාළේ, "එක මඟක දෙනමක් වඩින්න එපා. හමුවෙන සියලු දෙනාටම පැහැදිලිව මේ ධර්මය කියාගෙන යන්න. **(අස්සවන්තෝ ධම්මං පරිහායන්ති)** ධර්මය ශ්‍රවණය කරන්න බැරිවුණොත් පිරිහෙනවා. **(භවිස්සන්ති ධම්මස්ස අඤ්ඤාතාරෝ)** ධර්මය කිව්වොත් අවබෝධ කරගන්න අය ඇතිවෙනවා" කියලයි. එතකොට මේකෙන් අපට පැහැදිලිව පේනවා මේ ධර්මය අවබෝධ කරගන්න පුළුවන්කම තියෙනවා.

විදර්ශනාව හරියටම තේරුම් ගන්න ඕනෙ...

ඉතින් ඒ නිසා ඔබ මේක හොඳට තේරුම් ගන්න ඕන. ප්‍රඥාව දියුණු කරමින් අනිත්‍යය අනිත්‍යය හැටියටම විමසන්න පටන් ගන්න කොට, ඔන්න ඔබට දුක අවබෝධ වෙන්න පටන් ගන්නවා. දුක අවබෝධ වෙන්නේ අනිත්‍යය අවබෝධ වෙන කෙනාට මිසක් වෙනත් කෙනෙකුට නෙවෙයි. අනිත්‍යය ගැන නිකම් කියාගෙන ගියා කියලා ඒක අනිත්‍යය අවබෝධයට හේතු වෙන්නේ නෑ. ඒ සඳහා අපි සිහිය පිහිටුවාගෙන අනිත්‍යය ගැන මනසිකාර කරන්න ඕන. අන්න එතකොට තමයි ඔබට 'අනිත්‍ය දේ අනිත්‍යයි' කියලා සිහිය යොමු කරගන්න පුළුවන් වෙන්නේ. ආනාපානසතිය තුළ හොඳට අනිත්‍යය වඩන්න පුරුදු වුණු කෙනාට බුදුරජාණන් වහන්සේ වදාළේ **(න ච කිඤ්චි ලෝකේ උපාදියති)** එයා ලෝකයේ කිසිවකට බැඳෙන්නේ නෑ' කියලයි. ඒ කිව්වේ එයා ආශ්වාස ප්‍රශ්වාස මුල්කරගෙන 'මම, මගේ, මගේ ආත්මය' කියලා දෘෂ්ටියකට බැඳෙන්නේ නෑ. එබඳු අදහසකට බැඳෙන්නේ නෑ. එයා නිදහස් මනසකින් ඉන්නවා. එතකොට තමයි **(න ච කිඤ්චි ලෝකේ උපාදියති)** ලෝකයේ කිසිවකට බැඳෙන්නේ නෑ. ඒ නිසා ඒ කෙනාට තවදුරටත් ඤාණය වැඩීම පිණිසම, තවදුරටත් සිහිය දියුණු කරගැනීම පිණිසම ඒක හේතු වෙනවා. මෙන්න මේ විදිහට ආනාපානසති භාවනාව තුළින් බුදුරජාණන් වහන්සේ වදාළ පිළිවෙලට කරනවා නම්, එයාට සම්පූර්ණයෙන් ජීවිතාවබෝධයක් ලබා ගන්නට පුළුවනි.

පැහැදිලි ඉලක්කයක් තියාගන්න...

පින්වතුනි, ඔබ හොඳට මතක තියාගන්න බුදුරජාණන් වහන්සේ වදාළ ධර්මයේ ලාමක ඉලක්ක

නෑ. ලාමක ඉලක්ක නෑ කියන්නේ, අප මේ සෞඛ්‍යය, ස්මරණය ඒ වගේ දේවල් අපි කතා කරනවා තමයි. 'මතක හිටින්න මේක කරන්න. සෞඛ්‍යයට මේක කරන්න' කියලා. ඒක අපට බටහිරින් ආපු එකක්. මොකද, රහතන් වහන්සේලා පහළ වූ පරිසරයක් බටහිර ඉතිහාසයේම නෑ. බටහිර බුදුවරු පහළ වුණේ නෑ. මේක සම්පූර්ණයෙන්ම පෙරදිග සිදුවූ විප්ලවයක්. මේ තමයි මනුෂ්‍ය වර්ගයාගේ චින්තනීය විප්ලවය. ඒ නිසා බුදුරජාණන් වහන්සේගේ ධර්මය සම්බන්ධයෙන් උන්වහන්සේගේ ඉලක්කය ඔබ හඳුනා ගන්න ඕන. ඒකයි මම ඔබට කිව්වේ, මේ ධර්මය ශ්‍රවණය කිරීමේදී, භාවනා කිරීමේදී 'ජීවිතය අවබෝධ කරගත යුතුයි' කියන අදහසට පැමිණිලා තමයි මෙය කරන්න තියෙන්නේ කියලා. අන්න එතකොට තමයි ඔබ තුළ අවංක වීර්යයක්, හෘද සාක්ෂියට එකඟ වූ අවංක අවශ්‍යතාවයක්, ජීවිතය ගැන අවංක තේරුම් ගැනීමක් ඇතිවෙන්නේ.

දැන් අපි ආනාපානසති භාවනාව මුල්කරගෙන සමාධිය ඇතිකර ගන්නා ආකාරයත්, ආනාපානසති භාවනාව මුල්කරගෙන ප්‍රඥාව දියුණු කරගන්නා ආකාරයත් සුළු වශයෙන් විස්තර කළා. එතකොට ප්‍රඥාව ඇති කරගන්නා ආකාරය තේරුම් ගැනීමේදී ඔබ තේරුම් ගන්නට ඕන, මෙතැන තියෙන්නේ අනිත්‍ය මනසිකාරයක්. ආශ්වාස ප්‍රශ්වාසවල අනිත්‍යය තියෙනවා. එතකොට රූපය අනිත්‍යයි. එතකොට විඳිනවා. විඳීම අනිත්‍යයි. හඳුනා ගන්නවා. හඳුනා ගැනීම අනිත්‍යයි. ආශ්වාසයත් ප්‍රශ්වාසයත් තුළ චේතනාවක් පහළ කරලා සංස්කාරයක් උපද්දවනවා. මේකත් අනිත්‍යයි. මේ ආශ්වාස ප්‍රශ්වාස ඔබ දැනගන්නේ විඤ්ඤාණයෙන්. මේකත් අනිත්‍යයි. එතකොට

ඔබ අනිත්‍යය සිහිකරන කොට එතැන අනිත්‍යය ගැන සියලු දේම තියෙනවා. එතකොට ඔබ මේ විදිහට අනිත්‍යය නුවණින් විමසද්දි, විමසද්දි අනිත්‍ය දේ අනිත්‍ය හැටියටම ඔබට බලන්න පුළුවන් හැකියාව ඇතිවෙනවා.

නමෝ තස්ස භගවතෝ අරහතෝ සම්මාසම්බුද්ධස්ස
ඒ භාග්‍යවත් අරහත් සම්මා සම්බුදුරජාණන් වහන්සේට නමස්කාර වේවා!

03. සතර සතිපට්ඨානය තුළ සතිසම්පජඤ්ඤ භාවනාව

3.1. සිහි නුවණින් හැසිරීම

දැන් මේ වන විට ඔබ ආනාපානසති භාවනාව පිළිබඳ යම්කිසි දැනුමක් ලබාගෙන තියෙනවා. මේ දැනුම ලබා ගන්නේ බුදුරජාණන් වහන්සේගේ ධර්මයෙන්. එතකොට මා හිතන්නේ මේ භාවනාව ඔබ ප්‍රගුණ කරනවා නම් දැන් ඔබේ හදවතින් නිරායාසයෙන්ම බුදුරජාණන් වහන්සේ ගැන යම්කිසි ගෞරවයක් ඇතිවෙන්න පුළුවන්. ඒක තමයි ඔබට මේ ධර්මය දියුණු කරන්නට උපකාර වෙන්නේ.

දැන් ඔබ තවත් භාවනාවක් අලුතින් ඉගෙන ගන්නවා. මේ භාවනාවට කියන්නේ සතිසම්පජඤ්ඤය කියලා. **සම්පජානකාරී හෝති** කියලා වචනයක් බුදුරජාණන් වහන්සේ අපට හඳුන්වාදී වදාළා. **සම්පජානකාරී හෝති**

කියලා කියන්නේ හොඳ සිහි නුවණින් යුක්තව හොඳ සිහි කල්පනාවෙන් යුක්තව වාසය කිරීම.

අගේ ඇති සිහි නුවණ....

මොකටද සිහි නුවණින් යුක්තව වාසය කරන්නේ? අකුසල ධර්මයන් එන්න නොදී කුසලයේ සිත පිහිටුවා ගැනීමටයි. අකුසලය කියලා අපි සාමාන්‍යයෙන් මේකෙදි තේරුම් ගන්නේ පංච නීවරණ පිළිබඳවයි. (සාමාන්‍යයෙන් භාවනා කරන කෙනෙකුගේ ස්වභාවය ගත්තොත් එයා නරක කෙනෙක් නෙවෙයි. බොහෝ විට හොඳ කෙනෙක්) ඉතින් මේ කෙනා මානසිකව භාවනාව දියුණු කිරීමේදී, භාවනාවට තියෙන බාධක කරුණු හඳුනාගෙන තිබෙන්න ඕන.

හඳුනාගන්න නීවරණ....

අපි ඒකට පංච නීවරණ කියලා වචනයක් ඉගෙන ගත්තා. පළවෙනි නීවරණය තමයි **(කාමච්ඡන්ද)** රූප, ශබ්ද, ගන්ධ, රස, ස්පර්ශ කියන මේවාට ආසා කරලා සිත ඇදිලා යාම. ඊළඟට **(ව්‍යාපාද)** ගැටෙන අරමුණුවලට හිත ගැටි ගැටී පවතින එක. **(ථීනමිද්ධ)** කම්මැලිකම, අලසකම, නිදිමත, මනසින් පසුබාන ගතිය. **(උද්ධච්ච කුක්කුච්ච)** පසුතැවීම හා හිත විසිරීම **(විචිකිච්ඡා)** මේ වැඩපිළිවෙල ගැන තමන්ට විශ්වාසයක් නැතිවීම. එතකොට මේ වැඩපිළිවෙල දිගටම කරගෙන යන්න හිතෙන්නේ නෑ.

සිහිය උපදවා ගන්න...

මෙන්න මේවා හැම තිස්සේම අපේ සාමාන්‍ය ජීවිතය තුළ බල පවත්වනවා. නමුත් මේ භාවනාව දියුණු කරන්න කැමති කෙනා, සිහිය දියුණු කරන්න කැමති කෙනා

හොඳ නුවණින් ඉන්නට ඕන. ඒකට තමයි බුදුරජාණන් වහන්සේ වදාළේ, ඉදිරියට යන කොට, ආපසු එන කොට, සිහිනුවණින් යුක්තව නීවරණ ඇති නොවෙන ආකාරයට කරන්න ඕන. වටපිට බලද්දී හොඳ සිහිකල්පනාවෙන් ඉන්නවා. වටපිට බැලීම හේතු කරගෙන පංච නීවරණයන් හිතට ඇතුල් වෙන්න නොදී, කාමච්ඡන්දයට හිත යන්න නොදී, තරහවට හිත යන්න නොදී, පසුතැවිල්ලකට, සැකයකට හිත යන්න නොදී හොඳට සිත රැකගෙන තමයි එයා වටපිට බලන්නේ. ඒකට කියන්නේ **ආලෝකිතේ විලෝකිතේ සම්පජානකාරී හෝති** කියලයි.

එයා අත පය හසුරුවන කොට හොඳ සිහියෙන් ඉන්නවා. අත පය හැසිරවීම තුළ සිහියෙන් අත පය හකුලනවා. දිග හරිනවා. මේ ක්‍රියාවලිය තුළ නීවරණ ධර්මයන් එන්නේ නැතිවෙන්න කොහොමද කියලා හොඳ සිහියෙන් ඉන්නවා.

යමක් කරන්නේ නම් සිහියෙන් ම යි....

ඊළඟට වදාළා ඇඳුම් පැළඳුම් අඳින කොට, පළඳින කොට, (ඒකට ධර්මයේ කියෙන්නේ **සංඝාටිපත්ත චීවර ධාරණේ** කියලා) ඒ කිව්වේ, මේ සිවුරු ආදිය දැරීමේදී ඒක අර්ථය දැනගන්න ඕන. ඒක තමයි සිහියෙන් සිටීම කියන්නේ. දැන් ඇඳුමක් අඳින කොට ඒකේ අර්ථය තමයි, විළි වසා ගැනීම. මැසි මදුරුවන්ගෙන් වන පීඩාවලින් වැළකීම. ශීත උෂ්ණ දෙකෙන් වැළකීම, මේ වගේ මේ ශරීරයේ ස්වාභාවික රැකවරණයට රැකුල් දෙන දෙයක් මේ ඇඳුමෙන් සිදුවෙනවා. මේක තමයි ඇඳුමේ ආකල්පය. ඇඳුම අඳින වෙලාවට අන්න ඒකට සිහිය පිහිටුවා ගන්න ඕන.

කෑමට බීමට ඔබේ සිහිය....

ඊළඟ එක තමයි කන බොන වෙලාව. ආහාර පාන ගැනීම සම්බන්ධයෙන් බුදුරජාණන් වහන්සේ ඉතාම ලස්සනට විස්තරයක් අපට පෙන්වා දී තිබෙනවා. ඒකට අපි 'ප්‍රත්‍යවෙක්ෂාව' කියලා කියනවා. ප්‍රත්‍යවෙක්ෂාවේ යෙදෙනවා කියලා කියන්නේ යළි යළිත් යම්කිසි කාරණයක් පිළිබඳව සිහිකිරීම. බුදුරජාණන් වහන්සේ වදාළා, "මේ ධර්මය ප්‍රගුණ කරන කෙනා කෑම පස්සේ දුවන්නේ නෑ. එයා කෑම දාසයෙක් නෙවෙයි. එයා ජීවිතය අවබෝධ කර ගැනීම පිණිස පහසුවක් හැටියට විතරක් ආහාරය පාවිච්චි කරන කෙනෙක්." ඒකෙදි බුදුරජාණන් වහන්සේ ලස්සනට තෝරලා දෙනවා, "මේක ජවය ඇති කරගන්න නෙවෙයි, ශක්තිය ඇතිකරගන්න නෙවෙයි, ඇගේ අඩුතැන් පුරවන්න නෙවෙයි. ඇඟ සෝභාසම්පන්න කරගන්න නෙවෙයි. මේ ශරීරයට බඩගිනි වේදනා පීඩා ඇතිවෙනවා. මේ පීඩා නැති කරගන්නයි. ආයෙමත් පීඩාවක් ඇතිවෙන්නේ නැතුව සුවසේ බණ භාවනාව පවත්වා ගන්නයි. ඊළඟට මේ ජීවිත යාත්‍රාව පවත්වා ගෙන යන්නයි" මේ ආහාර පාන ගන්නේ කියලා සිහිකරන්න කියනවා.

ශරීර කෘත්‍යයේදී පවා ඔබේ සිහිය....

ඊළඟට බුදුරජාණන් වහන්සේ වදාළා වැසිකිළි කැසිකිළි කරද්දී පවා සිහියෙන් ඉන්න කියලා. එතකොට අපට පේනවා, ජීවිතය කියන්නේ ඒ ඒ ඉරියව්වවලට අදාළ එකක්. වැසිකිළි කැසිකිළි කරද්දී, පවා සිහියෙන් ඉන්න එකේ තේරුම තමයි එතැනදිත් අපේ මේ හිත නොමග යන්න ඉඩක් තිබීම නිසයි සිහියෙන් ඉන්න කිව්වේ.

නිදන වෙලාවට හෝ නොනිදන විට.....

බුදුරජාණන් වහන්සේ වදාළා, "ඇවිදින කොට, හිටගෙන ඉන්න කොට, ඉඳගෙන ඉන්න කොට ඇහැරගෙන ඉන්න වෙලාවට, (ජාගරිතේ) නොනිදා සිටින වෙලාවට හොඳ සිහියෙන් ඉන්න" කියලා. නොනිදා සිටින වෙලාවට හොඳ සිහියෙන් ඉන්න කියනවා. මේ කියන්නේ පංච නීවරණයන් හිතට ඇතුල් වෙන්න ඉඩ නොදී ඉන්න කියලයි. මේ විදිහට හොඳට සිහිය පිහිටුවා ගැනීම තුළ ඔබට හොඳ රැකවරණයක් ඔබේ ජීවිතය තුළදී ලැබෙනවා.

බුදු පියාණන් ඇසුරේ වසමු....

සිහිය ගැන බුදුරජාණන් වහන්සේ බොහොම ලස්සන උපමාවක් දේශනා කරලා තියෙනවා. ඒක තියෙන්නේ **'සකුණග්ගී'** කියන සූත්‍රයේ. ඒකේ සඳහන් වෙනවා, එක්තරා ගිජුලිහිණියෙක් ආකාසයේ පියාසර කර කර ඉන්දැද්දී චූටි කැට කිරිල්ලියෙකුත් ආකාසේ පියාසර කරනවා. මේ ගිජුලිහිණියා අර කැට කිරිල්ලිව අල්ලා ගත්තා. අල්ලා ගත්තම කැට කිරිල්ලී කෑ ගහන්න පටන් ගත්තා.

"අයියෝ! මං මේ ආකාසේ පියාඹන්න ගිහිල්ලයි මේක සිද්ධ වුණේ. මට පිය උරුමයෙන් ආපු තැනක් තියෙනවා. මම එතැන හිටියා නම් උඹට මාව කවදාවත් අල්ලගන්න බෑ" කියලා කෑ ගහන්න පටන් ගත්තා. එතකොට ගිජුලිහිණියා කල්පනා කළා 'මොකක්ද මේ කැට කිරිල්ලි කියන කතාවේ තේරුම?' "මොකක්ද උඹට පිය උරුමයෙන් ආපු තැන?"

අපේ පිය උරුමය....

ඉතින් අර කැට කිරිල්ලී කිව්වා "මගේ පිය උරුමයෙන් ආපු තැන තමයි, කුඹුරේ පස් පෙරලන කොට පස් පිඩැල්ල යට කොටසේ ඇති චූටි ගුහාව වගේ තැන. එතැන තමයි මට පිය උරුමයෙන් ආපු තැන."

ඉතින් මේක අර ගිජුලිහිණියාට මහ සිනහා උපදවන කතාවක්. ගිජුලිහිණියා මේක ගණන් ගත්තේ නැහැ. ගිජු ලිහිණියා කැට කිරිල්ලිට කිව්වා "එම්බා කැට කිරිල්ල, මං නුඹව අත්හරිනවා. දැන් නුඹ ඔච්චර අභිමානවත්ව කියනවා නම් මේක පිය උරුමයෙන් ආපු තැනක් ය කියලා, නුඹ ගිහිල්ලා පුළුවන් නම් ඔය පස් පිඩැල්ල යට හැංගියන්. මම නුඹව අල්ල ගන්නවා" කියලා.

දැන් මේ කැට කිරිල්ලි කෙළින්ම කුඹුරට ගිහිල්ලා පස් පිඩැල්ල උඩ හිටගෙන කෑ ගහලා, "ගිජුලිහිණිය, දැන් වර" කියලා කිව්වා.

ගිජුලිහිණියා ගානට තටු දෙක හදාගෙන හිමීට පාත්වෙලා වේගයෙන් ඊතලයක් වගේ පල්ලෙහාට ආවා. කැට කිරිල්ලි එකපාරට පස්කණ්ඩිය යටට රිංගුවා. රිංගන කොට ගිජුලිහිණියාගේ පපුව පස් කණ්ඩියේ වැදුණා.

ඒක බුදුරජාණන් වහන්සේගේ උපමාවක්. ඒකෙන් උන්වහන්සේ පෙන්වා වදාළේ, "සිහිය නැති ජීවිතය බාහිර අරමුණුවලට හසුවෙනවා. විනාශ වෙනවා. සිහිය තිබීම තමයි පිය උරුමයෙන් ලැබෙන දේ" කියලයි. බුදුරජාණන් වහන්සේ වදාළා, "පින්වත් මහණෙනි, තථාගතයන් වහන්සේ තමයි ඔබේ පියාණන්. තථාගතයන් වහන්සේගේ උරුමය තමයි සතර සතිපට්ඨානය තුළ සිහිය පිහිටුවා ගැනීම."

ස්වාක්ඛාත ධර්මයේ නැත වඳ බැසීම්....

බුදුරජාණන් වහන්සේ අපට දේශනා කළ යුතු සියල්ල දේශනා කරලයි තියෙන්නේ. අනික් එක මේ ධර්මය අනුගමනය නොකිරීම නිසා ප්‍රතිඵල නැතුවා මිසක් මෙතැන වඳ බැහැපු ධර්මයක් නැහැ. වඳ බහිනවා කියන්නේ ප්‍රතිඵල නැති කියන එකනේ. නමුත් මේ ධර්මය ප්‍රතිඵල නැති දහමක් නෙවෙයි. අපි මේ අනුගමනය කරන ධර්මය හොඳට ප්‍රතිඵල ලැබෙන ධර්මයක්. අනුගමනය කිරීමෙන් ප්‍රතිඵල ලැබෙන එකක්.

නිතර සිහියෙන්ම ඉන්න නම්....

ඉතින් ඒ නිසා සතිසම්පජඤ්ඤයේදී අර විදිහටම මනාකොට සිහිය පිහිටුවා ගෙන ඉන්න කොට එයා වටපිට බලද්දී, අතපය හසුරුවද්දී, යද්දී එද්දී, වස්ත්‍ර අදිද්දී, ආහාර ගනිද්දී මේ හැම තිස්සේම නීවරණ ධර්මයන් හිතට එන්නේ නැති විදිහට සිහියෙන් ඉන්නවා. සිහියෙන් ඉන්න නම් මේ කෙනාට යම්කිසි සිහිය පවත්වන්න පුළුවන් දෙයක් අවශ්‍යයි. අන්න ඒක තමයි, ඒ ඉරියව් පැවැත්වීමේදී අනිත්‍යය හොඳට සිහිකරන්න පුළුවන් හැකියාව.

අමුතු භාවනා..... අමුතු සිහිය පිහිටුවීම්....

සමහරු හිතාගෙන ඉන්නවා, "මේකෙදි වැඩක් පලක් කරන කොට ඒ වැඩපල කරන එක ගැන හිතන්න කියලා. එහෙම එකක් බුද්ධ දේශනාවල නැහැ. අපි ගත්තොත් කෙනෙක් දූන් මැල්ලුමක් කපනවා. ඒ කෙනෙකුට හිතුණොත් එහෙම "ආ.... මැල්ලුමක්.... මැල්ලුමක්.... මැල්ලුමක්... කපනවා.... කපනවා..... කපනවා...." කියලා, ඒක එයාගේ ජීවිතේ ප්‍රඥාව වැඩෙන්න අදාල කාරණයක්

නෙවෙයි. අපි හිතමු කෙනෙක් "හාල් ගරනවා..... ගරනවා..... ගරනවා....." කියලා හිතාගෙන හිටියා එයාගේ ජීවිතේට ප්‍රඥාව වැඩෙන්න හෝ සිහිය පිහිටුවන්න ඒක කාරණයක් වෙන්නේ නැහැ.

නුවණමයි පිටුවහල....

මේ කියන්නේ එහෙම නෙවෙයි. එයා හොඳට අනිත්‍යය මනසිකාරයේ යෙදිලා හොඳ සිහියෙන් යුක්තව නීවරණ ධර්මයන් හිතට ඇතුලු වෙන්න නොදී සිටීම. අන්න එයා තුළ නුවණක් තියෙනවා. මේ විදිහට එයාට නුවණයි, සිහියයි, කෙලෙස් තවන වීර්යයයි හැම දෙයක්ම උපදවා ගැනීමේ අවස්ථාව තියෙනවා.

නමෝ තස්ස භගවතෝ අරහතෝ සම්මාසම්බුද්ධස්ස
ඒ භාග්‍යවත් අරහත් සම්මා සම්බුදුරජාණන් වහන්සේට නමස්කාර වේවා!

04.

සතර සතිපට්ඨානය තුළ ඉරියාපථ භාවනාව

4.1. සක්මන් භාවනාව

අනිවාර්යයෙන්ම ඉගෙන ගත යුතු භාවනාවක්....

දැන් ඔබ මේ වෙන කොට ආනාපානසති භාවනාව පිළිබඳවත්, හොඳ සිහි නුවණින් යුක්තව සෑම කටයුත්තක්ම කිරීම ගැනත් ඉගෙන ගෙන තියෙනවා. ඊළඟට අපි ඉගෙන ගන්නේ සක්මන් භාවනාව ගැන. සක්මන් භාවනාව විශේෂයෙන්ම ඔබ දැනගත යුතු එකක්. සක්මන් භාවනාව කියන්නේ ජීවිතයේ සිත දියුණු කිරීමට අතිශයින්ම වැදගත් වන එකක්. සමහර කෙනෙකුට සක්මනේදී තමයි ධර්ම කාරණා ගොඩක් අවබෝධ වෙන්නේ. සමහර විට සක්මන් කිරීමේදී අපට නීවරණ ධර්ම ඇතිවුණොත්, ඔබ ඒකට

පසුබට වෙන්නේ නැතුව, දිගටම සක්මන් කරන්න පුරුදු වෙන්න ඕන.

නොපසුබස්නා වීර්යයක් තියෙන්න ඕනෙ...

බුදුරජාණන් වහන්සේගේ කාලේ හොඳ සිදුවීමක් සිදුවුණා. එක ස්වාමීන් වහන්සේ නමක් භාවනා කළා. භාවනා කරද්දී උන්වහන්සේට හරි නිදිමතයි. නිදිමත තිබුණා කියලා උත්සාහය අත්හැරියේ නෑ. දැන් අපට නම් බොහෝ විට සිද්ධ වෙන්නේ නිදිමත හැදුණාම භාවනාව කල් දාන එකනේ. 'දැන් බෑ, පස්සේ කරනවා' කියලා අපි ඒක අත්හරිනවා. නමුත් මේ ස්වාමීන් වහන්සේ නිදිමත තියෙද්දි, අමාරුවෙන් අමාරුවෙන් සක්මන් කරන්න සක්මන් මළුවට ගොඩවුණා. සක්මන් භාවනාව කරගෙන යන කොට කොච්චර නිදිමතද කියන්නේ, එහෙම්මම මේ ස්වාමීන් වහන්සේ සක්මන් මළුවේ වැටුණා. සාමාන්‍ය කෙනෙකුට එහෙම වුණා නම්, එයා එක්කෝ එතැනම නිදාගන්නවා. එක්කෝ ආපහු නැගිටලා "මට නම් මේක කරන්න බෑ" කියලා කුටියට ගිහින් නිදාගන්නවා. අන්න බලන්න මේ වීරියක තියෙන වටිනාකම. මේ ස්වාමීන් වහන්සේ නැගිට්ටා. අතේ තිබුණු වැලි පිසදැම්මා. හිතට ධෛර්ය ගත්තා. හොඳට සක්මන් කළා. ඉතින් උන්වහන්සේට ඊළඟ මොහොතේ හිත එකඟ කරන්න පුළුවන් වුණා.

හිත වේගයෙන් වෙනස් වෙනවා...

එතකොට බලන්න, හිතේ ස්වභාවය මොකක්ද කියලා. එක වෙලාවක නිදිමතෙන්, අලස බවෙන්, හිතෙන් පීඩා විඳපු හිතේ ස්වභාවය තමන් විසින් උපදවා ගත් වීරියෙන්, සිහියෙන් නැතිකරලා දැම්මා. ඊට පස්සේ හොඳට

සිත සකස් වුණා. මේකෙන් අපට පේනවා, මේ හිතේ ස්වභාවය අපි හිතන ආකාරයට, ක්‍රියා කරන ආකාරයට හැදෙනවා. එහෙම නම් සක්මන් කිරීමේදීත් මේ ස්වභාවය එහෙම්මයි.

අපි කියමු සක්මනේදී සිහියෙන් භාවනා කර කර හිටියා. දැන් ඔබ හොඳ සිහිකල්පනාවෙන් නැගිට්ටා. නැගිටලා ඔබ සක්මන් කරලා හිටගෙන 'වම දකුණ' කිය කියා යන්න ඕන නෑ. සමහරු කකුල ඔසවන කොට තබන කොට 'වම.... දකුණ.... වම..... දකුණ....' කියමින් යනවා. එහෙම නැත්නම් සමහරු 'ඔසවනවා.... ගෙනියනවා.... තබනවා....' කිය කියා යනවා. නමුත් එබඳු ආකාරයකට සිහි කරන්න කියලා බුද්ධ දේශනාවක නෑ.

සක්මන් භාවනාව නිවැරදිව සිදුකරන හැටි...

බුදුරජාණන් වහන්සේ වදාළේ එහෙම නෙවෙයි. **(ගච්ඡන්තෝ වා ගච්ඡාමීති පජානාති)** ගමන් කරද්දී ගමන් කරනවා කියලා හොඳට සිහිය උපද්දවා ගන්නවා. ඊළඟට වාඩිවෙලා ඉන්දැද්දී වාඩිවෙලා ඉන්නවා කියලා දැනගන්නවා. හිටගෙන ඉන්දැද්දි හිටගෙන ඉන්නවා කියලා දැනගන්නවා. හාන්සි වෙලා ඉන්දැද්දි හාන්සිවෙලා ඉන්නවා කියලා දැනගන්නවා. මේ සෑම ඉරියව්වක්ම මනා කොට දැනගන්නවා. මේ මනා කොට දැනගන්න එක එහෙම නම් සක්මනට විතරක් අදාල එකක් නෙවෙයි.

ඊළඟ එක තමයි යම් කිසි විදිහකට 'වම... දකුණ...' කියලා සිහිකරගෙන ගියොත්, බාහිර අරමුණක් එන්න නොදී සිහිය පිහිටුවා ගන්න පුළුවන්කමක් නම් තියෙනවා තමයි. ඒ වුණාට අපට අදාළ වෙන්නේ අපේ ශාස්තෘන්

වහන්සේ වදාළ දේ. බුදුරජාණන් වහන්සේ පැහැදිලිව පෙන්වා වදාළා, මේ කයේ සිහිය පිහිටුවා ගැනීම සඳහා තමන් ගමන් කරන බව මනාකොට සිහිකරගන්ට ඕන. ගමන් කරන බව මනාකොට සිහිකරගෙන ගමන් කරන්න ඕන. එතකොට පය ඔසවද්දි, පය ගෙනියද්දි, පය තබද්දි 'ඔසවනවා... ගෙනියනවා.... තබනවා' කියලා සිහි කළ යුතු නෑ. තමන් සිහියෙන් ඉන්න ඕන, 'තමන්ගේ ශරීර ඉරියව්ව මේ විදිහට පවත්වනවා' කියලයි. අන්න ඒකයි වැදගත් වෙන්නේ.

ඉරියව් ශාන්ත භාවයට පත්වෙනවා...

එක තැනකදි පාරාසරිය කියන රහතන් වහන්සේ වදාළා, "මේ විදිහට ඉරියව් පවත්වන කොට සතිපට්ඨානයේ මනාකොට සිහිය පිහිටියාට පස්සේ, ඉරියව් හරි ලස්සනයි. හරියට සිනිඳු තෙල් දහරාවක් වගේ" කියලා. ඒ කියන්නේ බොහෝම ශාන්ත, සංයමයට පත් වූ කායික ඉරියව් සමූහයක් එයාගේ ජීවිතය තුළ සකස් වෙනවා. ඒකයි සිනිඳු තෙල් දහරාවක් වගේ කියලා පෙන්වා තියෙන්නේ.

සක්මන් භාවනාවේදී අපි හිතමු ඔන්න එයා දැන් 'මම අතනට යන කම් හොඳ සිහියෙන් යනවා' කියලා තීරණය කරගෙන යම්කිසි තැනක හිටගත්තා. දැන් එයා හිටගෙන මුළු ශරීරයටම සිහිය යොමු කරගෙන, පාදය ඔසවන කොට හොඳට සිහියෙන් ඔසවලා, හොඳට සිහියෙන් තබනවා. වම් පාදයත් එහෙම තබනවා, දකුණු පාදයත් එහෙම තබනවා. හැබැයි එයා සිහිකරන්නේ 'වම.. දකුණ..' කියලා නෙවෙයි. 'ඔසවනවා.. තබනවා..' කියලත් නෙවෙයි. මේකට වචන සිහිකරන්න ඕනෙම නෑ. සිහියෙන් කරන්න පුළුවනි.

එදිනෙදා ජීවිතයට සක්මන් භාවනාව...

දැන් අපි කියමු ඔබ ගමනක් ගිහින් ගෙදර එනවා. ඔබ පයින් ඇවිදගෙන එනවා නම් ඔබට පුළුවනි, මේක සක්මන් භාවනාව බවට පත්කරන්න. එතකොට ඔබ ඒ වෙලාවට අකුසල් සිතන්නේ නෑ. ඔබ හොඳට සිහිය පිහිටුවා ගෙනයි ඉන්නේ. ඔබේ සිහිය කොයිතරම් හොඳට පිහිටනවාද කියන්නේ, එතකොට ඔබ ඒ තුළ සිහිය පිහිටුවාගෙන වඩන්න පටන් ගන්නවා. ඒ නිසා මේ භාවනාව තුළ හොඳට සිහිය පිහිටුවන්න පුළුවන්කම තියෙනවා.

දැන් සක්මන් භාවනාවේදී, ඒ විදිහට සක්මන් කරලා එක තැනකදී නවතිනවා. නැවතුණාට පස්සේ අන්න එතැනදි ඔබ දැනගන්නවා නැවතුන බව. දැනගෙන ඔබ ආපසු හැරෙනවා. හැරිලා ආපහු එනවා. එනකොට ඔබ ආයෙමත් සක්මනේ තමයි පැමිණෙන්නේ. පැමිණිලා ආයේ නවතිනවා. නවතින කොට ඔබ ආයේ දන්නවා නැවතුණු බව. දැන් ඊළඟට ඔබ ආපහු හැරෙනවා. හැරිලා ආපහු සක්මනේ ගමන් කරනවා.

බොහෝ වේලාවක් පැවැත්විය හැකි සමාධියක්

බුදුරජාණන් වහන්සේ වදාළා, "කෙනෙක් සක්මන් භාවනාවේදී සිත එකඟ කරගන්ට දක්ෂ වුණොත්, සක්මන් භාවනාවේදී සිත එකඟ කරගැනීම නිසා ඒ සමාධිය (සක්මනේදි ඇතිකරගන්න සමාධිය) බොහෝ වේලාවක් පවත්වන්න පුළුවන්" කියලා. එහෙම නම් අපට පේනවා, යම්කිසි කෙනෙකුට සමාධිය වඩන්න දුෂ්කරතාවයක් තියෙනවා නම්, සමාධිය දියුණු කරගන්න යම්කිසි ප්‍රමාදයක් තියෙනවා නම්, අන්න ඒ කෙනා තවදුරටත් එයාගේ භාවනාවට සක්මන් භාවනාව තෝර ගන්නට ඕන.

ඔබේ නිවසටත් සක්මන් මළුවක්....

නිවසක නම් ඔබට පුළුවනි, මේ සඳහා ඉඩකඩ තියෙන තැනක් තෝරගන්න. ඔබ කැමති නම් තමන් ගේම නිවසේ සක්මන් මළුවක් හදාගන්න පුළුවනි. අඩි දෙකහමාරක් තුනක් විතර පළලට, අඩි තිහක් තිස්පහක් දිගට හොඳට සිනිඳු වැලි දාලා, සක්මන් මළුවක් හදාගන්න පුළුවනි. මම හිතනවා ඒක සෑම බෞද්ධ නිවසකටම ලස්සන දෙයක්. සක්මන් මළුවක් හදාගත්තොත් දවල් කාලේ ලස්සනට සක්මන් කරන්න පුළුවන්කම තියෙනවා. එහෙම නැත්නම් වැස්ස පින්න නැති කාලෙට. එහෙම නැත්නම් තමන්ගේ නිවසේම ඉඩක් තෝරාගෙන 'මෙන්න මේ කොටසේ මම සක්මන් කරනවා' කියලා සක්මන් භාවනාවට පිළිවෙලක් හරිගස්ස ගන්න පුළුවන්. අන්න එතකොට ඔබට පුළුවනි තමන්ගේ ජීවිතයේදී ඉරියව්වලට හොඳට සිහිය පිහිටුවා ගැනීමේ හැකියාව ඇතිකර ගන්න.

සිහිය පවත්වන නිසා අකුසල් නැහැ....

මේ විදිහට ඔබ සක්මන් භාවනාව පුරුදු කිරීමේ වාසි ගොඩක් තියෙනවා. ඔබ දන්නේ නැතිවුණාට ඔබ ගමන් කරන කොට, ඔබ සිහියෙන් තොරව යන නිසා ඔබේ සිතට බොහෝ අකුසල් ඇතිවෙනවා. ඔබ සිහියෙන් තොරව ගමන් බිමන් කරන නිසා ඔබේ සිත ගොඩක් නොමග යනවා. ඔබ සිහියෙන් තොරව වාඩිවෙලා ඉන්න නිසා, සිහියෙන් තොරව නිදාගන්න නිසා, සිහියෙන් තොරව ඉරියව් පවත්වන නිසා ඔබේ හිත බොහොම නොමඟ යනවා. නමුත් සිත නොමඟ ගිය බව ඔබ දන්නේ නෑ. ඒ ඔබ සිහිය පවත්වන්නෙ නැති නිසයි. නමුත් ඔබ

සිහිය පවත්වන්න පුරුදු වුණාම ඔබට සෑම ඉරියව්වකම ඒක කරන්න පුළුවන් වෙන්න ඕන. බලන්න මේ සක්මනේ තියෙන වටිනාකම.

ආනන්ද ස්වාමීන් වහන්සේ අරහත් වුණ හැටි

ඔබට මතක ඇති අපගේ බුදුරජාණන් වහන්සේට උපස්ථාන කරපු ශ්‍රාවකයන් වහන්සේ. අපේ ආනන්ද ස්වාමීන් වහන්සේ. ඉතින් ආනන්ද ස්වාමීන් වහන්සේ බුදුරජාණන් වහන්සේට උපස්ථාන කරන කොට සෝතාපන්න වෙලයි හිටියේ. ඉතින් බුදුරජාණන් වහන්සේ පිරිනිවන් පෑවට පස්සේ පැවති ධර්ම සංගායනාවට ආනන්ද ස්වාමීන් වහන්සේට රහතන් වහන්සේ නමක් හැටියටයි සහභාගී වෙන්න තිබුණේ.

ඉතින් ආනන්ද ස්වාමීන් වහන්සේ සක්මනේ කායානුපස්සනා භාවනාවේ යෙදුණා. ඒ විදිහට සක්මන් භාවනාවේ යෙදිලා ඒ සක්මන් භාවනාව තුළම, සක්මනේම වැඩම කරලා සැතපෙන්න හිතාගෙන උන්වහන්සේ වැඩසිටි ඇඳේ වාඩිවෙලා, කකුල් දෙක ඇඳෙන් උඩට ඔසවලා තබන කොටම තමන්ගේ හිස කොට්ටයේ තබලා නැතුව තිබියදී උන්වහන්සේගේ හිත නිකෙලෙස් වුණා කියලා ධර්මයේ සඳහන් වෙනවා. ඒ කියන්නේ එක ඉරියව්වකිනුත් තොරව. නමුත් ඒ ඉරියව්වලින් තොර වුණාට උන්වහන්සේ හිටියේ භාවනාවේ. එතකොට බලන්න සක්මන් භාවනාවේ යෙදීමේ දියුණුව කොච්චර ප්‍රයෝජනවත් වුණාද? මේ නිසා ඔබට පුළුවනි, සක්මන් භාවනාව හොඳට දියුණු කරගන්න. ඒ නිසා ඒ විදිහට සක්මන් භාවනාව දියුණු කරගෙන ඔබේ ජීවිතයට ආලෝකය උදාකර ගන්න අවස්ථාව තියෙනවා.

නමෝ තස්ස භගවතෝ අරහතෝ සම්මාසම්බුද්ධස්ස
ඒ භාග්‍යවත් අරහත් සම්මා සම්බුදුරජාණන් වහන්සේට නමස්කාර වේවා!

05. සතර සතිපට්ඨානය තුළ අසුභ භාවනාව

5.1. අසුභ භාවනාව වඩන හැටි

දැන් ඔබ ටිකෙන් ටික ජීවිතයට වුවමනා කරන මූලික දේවල් ලබා ගන්නවා. ඒ තමයි සිහිය දියුණු කරන ආකාරය, වීරිය දියුණු කරන ආකාරය, නුවණ දියුණු කරන ආකාරය. ඔබ මේ දේවල් ලබාගන්නේ බුදුරජාණන් වහන්සේගේ ධර්මය තුළින්. එහෙම නම් මා ඔබට මේ කියා දෙන්නේ මා සොයාගත් දෙයක් නෙවෙයි. බුදුරජාණන් වහන්සේ සොයාගත් දෙයක්. එතකොට මම බුදුරජාණන් වහන්සේගේ ශ්‍රාවකයෙක් හැටියට ඉඳගෙනයි ඔබට මේ කියාදෙන්නේ. එහෙම නම් මේ ධර්මයේ ගෞරවය සම්පූර්ණයෙන්ම හිමි වන්නේ බුදුරජාණන් වහන්සේටයි.

ධාන්‍ය ගොඩෙන් ගත් ධාන්‍ය ටික....

දවසක් උත්තර කියන රහතන් වහන්සේගෙන්

කෙනෙක් ඇවිල්ල ඇහුවා, "ඔබවහන්සේ ලස්සනට ධර්මය දේශනා කරනවා, මේ ධර්මය ඔබවහන්සේ තුළ ඇතිවුණ එකක්ද? එහෙම නැත්නම් ඔබවහන්සේ කාගෙන්වත් අහලද මේවා කියන්නේ?" කියලා. ඉතින් උත්තර කියන රහතන් වහන්සේ ප්‍රකාශ කළා, "පින්වත, මේ ලෝකයේ සුභාෂිත වූ යමක් ඇද්ද, ඒ සියල්ල භාග්‍යවත් බුදුරජාණන් වහන්සේගේ වචන. අප කරන්නේ ඒවා උපුටා දක්වලා කතාබස් කරන එකයි." ඉතින් බුදුරජාණන් වහන්සේගේ ධර්මය අවබෝධ කරන්න උපමාවක් කිව්වා, "ධාන්‍ය ගොඩක් තියෙනවා. මේ ධාන්‍ය ගොඩෙන් ඕනෙ කෙනෙකුට ඕනෙ ප්‍රමාණයක් අරගෙන යන්න පුළුවන්. ඉතින් එක එක්කෙනා තම තමන්ගේ භාජනවල ප්‍රමාණයට ඒ ධාන්‍ය අරගෙන යනවා. ඒ වගේ තමයි තම තමන්ගේ හැකියාව මත, දක්ෂතාවය මත ඒ ධර්මය ඉගෙන ගන්නවා.

ගිහි අයට අසුභය අකැපද?

ඉතින් ඒ වගේ තමයි මේ වෙලාවේ මේ ඉගෙන ගන්න ධර්මය ඔබේ හැකියාව මත තමයි අල්ලගන්නේ. දැන් අපි ඔබට උගන්වන්නේ සමහර විට ඔබ අකමැති එකක්. මේකට කියන්නේ '**අසුභ භාවනාව**' කියලා. ඔබ අකමැති වුණාට කරන්න දෙයක් නෑ. ඔබ මේ ගැන පොඩ්ඩක් හිතුවොත් ඔබට ලොකු දියුණුවක් ලබා ගන්න පුළුවන්. අසුභ භාවනාව කරන්න ඉස්සෙල්ලා අපි කාරණා කිහිපයක් දැන ගත යුතුයි. මේ රටේ අසුභ භාවනාව ගැන ආකල්ප ටිකක් තියෙනවා. ඒවා තමයි මේ "අසුභ භාවනාව ගිහි අය කළ යුතු නෑ. ගිහි අය ඒ විදිහට කල්පනා කළ යුතු නෑ. අසුභ භාවනාව ගිහි අයට අදාල නෑ. ඒකෙන් ගිහි ජීවිතය කඩාකප්පල් වෙනවා" කියලා කියනවා. මේක සත්‍යයක් නම්, ඔබ චුට්ටක් හිතලා බලන්න වෛද්‍යවරු,

හෙද හෙදියන් කොයිතරම් මේ රෝගීන් අතපත ගානවද? කොයිතරම් අසුභ දර්ශන දකින්න ලැබෙනවද? ඒ වගේ ම කොයි තරම් ජීවමාන මිනිස්සුන්ගේ අත පය කපලා, කොයි තරම් අසුභ කොටස් දකිනවද? ඊළඟට මිනී කපන මිනිස්සු කොච්චර මේවා දකිනවාද? එහෙම නම් ඒ සියලු දෙනාගේ ජීවිත කඩාකප්පල් විය යුතුයි. එහෙම නම් ඒ සියලු දෙනාගේ ජීවිත අසාර්ථක විය යුතුයි. ඒක නෙමෙයි හේතුව. කාමයට වසඟ වූ සිත් ඇති, කාමයෙන් උන්මාදයට පත් වූ උදවිය අසුභ කියන වචනයට තරහයි. බුදුරජාණන් වහන්සේගේ ධර්මයට ද්වේෂ කරනවා. **(ධම්මදෙස්සී පරාභවෝ)** ධර්මයට ද්වේෂ කරන කෙනා තමයි පිරිහෙන්නේ. කවදාවත් ධර්මයට කැමති කෙනා පිරිහෙන්නේ නෑ. **(ධම්මකාමෝ භවං හෝති)**

අසුභ භාවනාවට ප්‍රවේශ වෙන්නේ මෙහෙමයි

මේ නිසා අසුභ භාවනාවෙදිත් එක එක්කෙනා එක එක දේවල් කියයි. අපට වැදගත් වෙන්නේ ඒක නෙමෙයි. වැදගත් වෙන්නේ ඔබ මේ ජීවිතයේ තියෙන ඇත්ත දකින්න, ඇත්ත අවබෝධ කරන්න සූදානම්ද කියන එකයි. හැබැයි මේකෙදි මේ භාවනාවට ප්‍රවේශ වෙන්න ඔබ මේ පිළිබඳව යම්කිසි දැනුමක් ලබාගන්න ඕන. අසුභ භාවනාව කියන්නේ කුණප කොටස් ගැන ඒ විදිහටම බැලීම. උදාහරණයක් විදිහට අපි ගනිමු කොණ්ඩය. දැන් කොණ්ඩෙ දිග කෙනෙක් ඉන්නවා. මෙයා මේ කොණ්ඩෙට ආදරෙයි. මෙයා මේ කොණ්ඩෙ අතට අරගෙන අතගානවා. කොණ්ඩෙ පීරනකොට කෙස් ගහක් ගැලවිලා ආවොත්, ඒ කෙස් ගහ ගලවලා අරන් තියනවා. අපි ගමු නියපොතු. නියපොතුවලට කෙනෙක් කැමතියි. නියපොත්ත වැවෙන්න ඇරලා ලස්සනට හැඩේට

නියපොත්ත කපනවා. නියපොත්තට පාට ගානවා. ගාලා එයා සතුටක් ලබනවා. අපි ගමු දත්. දත් නිරන්තරයෙන්ම මැදලා මැදලා, පිරිසිදු කරලා කණ්ණාඩිය ළඟට ගිහිල්ලා හිනාවෙලා, දත් දිහා බලලා සතුටක් ලබනවා. අපි ගමු සම. එයා හමේ සුන්දරත්වය දිහා බල බල සතුටක් ලබනවා. එබඳු ජීවිතයක් ගෙවන කෙනෙකුට මේ කුණප කොටස් බලනවා කිව්වම ඒක අමුතු එකක් තමයි.

හැමදාම ලස්සනට ඉන්නට පුළුවන්ද?

නමුත් අපට අදාල වෙන්නේ ඒක නෙවෙයි. බුදුරජාණන් වහන්සේ මක් නිසාද මේක වදාළේ කියන එකයි. මේක අපි පැටළුණු තැනක්. අපට හැමදාම ලස්සන කොණ්ඩයක් තියා ගන්න පුළුවන් නම්, අපට හැමදාම ලස්සන නියපොතු තියාගන්න පුළුවන් නම්, අපට හැමදාම පුළුවන් නම් ලස්සනට මේ ජීවිතය පවත්වන්න ප්‍රශ්නයක් නෑ. නමුත් පින්වතුනි, අපි ජරා ජීර්ණ වෙන කාලයක් එනවා. අන්න එතකොට මේ ජීවිතය පිළිබඳ අවබෝධය අවශ්‍යයි. ඒ අවබෝධය මේ දැන් අපි මේ ජීවිතය තුළ ලබාගෙන තියෙන්න ඕන. මේ නිසා අසුභ භාවනාවේදී අන්න ඒක උපකාර වෙනවා.

කුකුල් පිහාටුව පිච්චුවා වගේ...

බුදුරජාණන් වහන්සේ වදාළා, "නියම විදිහට අසුභ භාවනාව වැඩුවා නම්, කුකුල් පිහාටුව පිච්චුවා වගේ" කියලා. කුකුල් පිහාටුවක් අරගෙන ඉටිපන්දමකට ඇල්លුවොත්, ඒ කුකුල් පිහාටුව ඇකිලිලා ඇකිලිලා පිච්චිලා යනවා. ඊට පස්සේ ඒක පරණ විදිහට දිගඅරින්න බෑ. බුදුරජාණන් වහන්සේ වදාළා, අසුභ භාවනාව නියම විදිහට වැඩුවොත්, එයා සම්පූර්ණයෙන්ම නිෂ්කාමී හිතක් ඇති

කරගන්නවා. එහෙම නැත්නම් එයා හොඳ උපේක්ෂාවක් දියුණු කරගන්නවා.

සුභ සඤ්ඤාවෙන් අසුභය වැඩුවොත්....

මේ භාවනාව සමාධියක් වඩන්න ගොඩක් ප්‍රයෝජනවත් වෙන එකක්. ඒ නිසා අසුභ භාවනාවෙදිත් 'ඒක අවශ්‍ය දෙයක්' කියලා ඒ ගැන හොඳ කල්පනාවෙන් සිටින්නට ඕන. හැබැයි අසුභ භාවනාව වඩාගෙන යද්දි ඔබට අප්පිරියාවක් ඇතිවුණොත්, ඇත්තෙන්ම ඔබ අසුභය වඩලා නෑ. ඔබ වඩලා තියෙන්නේ සුභ සඤ්ඤාවක්මයි. ඒ නිසා අසුභයේදී ඔබට කරන්න තියෙන්නේ මෙහෙමයි.

බුදුරජාණන් වහන්සේ ඒ සඳහා උපමාවක් පෙන්නුවා. ඔන්න දෙපැත්ත කට තියෙන ධාන්‍ය තියෙන මල්ලක් තියෙනවා. එහි එක එක ධාන්‍ය වර්ග තියෙනවා. ඉතින් ඇස් පේන කෙනෙක් මේ මල්ල අරගෙන මේ ධාන්‍ය මල්ල ලිහනවා. ලිහලා මේ ධාන්‍ය ටික සේරම හලලා, ගොඩගහනවා. 'මේවා හාල්, මේවා කඩල, මේවා මෑ, මේවා මුං ඇට, මේවා කව්පි..' ආදී වශයෙන් ගොඩ ගහනවා. මෙන්න මේ විදිහට යටි පතුලෙන් උඩ, කෙස් රොදෙන් යට, හමකින් ආවරණය වූ නොයෙක් ආකාරයේ කුණප කොටස් පිරුණ මේ කය දිහා අර ධාන්‍ය මල්ල ලෙහල වෙන් කර කර බලනවා වගේ නුවණැති කෙනා බලන්න පටන් ගන්නවා.

කයේ තියෙන ඇත්ත ගැනම - පවතීවා නිතර සිහිය...

එයා නිශ්ශබ්දව, ශාන්ත තැනකට වෙලා හිතනවා 'මේ කයේ තියෙන කෙස් කුණප කොටසක්. මේ කයේ

තියෙනවා ලොම්...' මේ ආදී වශයෙන් වෙන් වශයෙන් බලනවා. බලන්නේ එකට නෙවෙයි. ඊළඟට එයා බලනවා 'මේ කයේ තියෙනවා නියපොතු. මේ කයේ තියෙනවා දත්. මේ කයේ තියෙනවා සම. මේ කයේ තියෙනවා මස්. මේ කයේ තියෙනවා නහර වැල්. මේ කයේ තියෙනවා ඇට. මේ කයේ තියෙනවා ඇට මිදුළු. මේ කයේ තියෙනවා වකුගඩු. මේ කයේ තියෙනවා හදවත. මේ කයේ තියෙනවා දලඹුව. මේ කයේ තියෙනවා පෙණහළු. මේ කයේ තියෙනවා අක්මාව. මේ කයේ තියෙනවා කුඩා බඩවැල්. මේ කයේ තියෙනවා මහා බඩවැල. මේ කයේ තියෙනවා අසූචි.' ඔන්න ඔය විදිහට තමන්ගේ ශරීරයේ කොටස් බලනවා.

එහෙම තවත් කොටස් බලනවා. මේ කයේ තියෙනවා පිත. ඒ වගේම මේ ශරීරයේ තියෙනවා සෙම. මේ ශරීරයේ හටගන්නවා සැරව. මේ කයේ තියෙනවා ලේ. මේ කයේ තියෙනවා දහඩිය. මේ ශරීරයේ දහඩියත් එක්කම ගලන ගතියක් තියෙනවා (තෙල් ගතියක් තියෙනවා) ඒකට කියන්නේ තෙල්මන්ද. ඒ වගේම මේ කයේ තියෙනවා කඳුළු. මේ කයේ තියෙනවා වුරුණු තෙල්. ඒ වගේම මේ කයේ තියෙනවා කෙළ. ඒ වගේම මේ කයේ තියෙනවා සොටු. ඒ වගේම මේ කයේ තියෙනවා සඳමිදුළු. මේ කයේ තියෙනවා මුත්‍ර. මේවා සම්පූර්ණයෙන්ම වෙන් කර කර වෙන් කර කර බලනවා. බලන්නේ දෙපැත්තේ කට තියෙන ධාන්‍ය මල්ලක් ලිහලා බලනවා වගේ.

ජීවිතය සුන්දර කරගන්න නම් අසුභය වඩන්න...

දැන් ඔබට මේකෙන් තේරුම් ගන්න පුළුවනි,

බුදුරජාණන් වහන්සේ නිකෙලෙස් භාවයට පත්වුණේ කොයි විදිහට ජීවිතය දිහා බලලද කියලා. අන්න එහෙම නම් ඔබටත් ඔබේ ජීවිතයේ නිදහස් භාවයක් ඇති බව අත්දකින්නට නම්, ජීවිතය බලන විදිහ තමයි ඒක. මොකද, ජීවිතයේ සුන්දරත්වයට පත්වෙන්නේ බැඳීමකින් නෙවෙයි. බැඳීම් වලින් නිදහස් වීමෙන්මයි ජීවිතය සුන්දරත්වයට පත්වෙන්නේ. එහෙම නම් ජීවිතය සුන්දරත්වයට පත්වෙන්න උපකාරවන ධර්මයක් තමයි මේ කුණප කොටස් බලන එක. ඉතින් මේ විදිහට කුණප කොටස් බැලීමේදී ඔබ තනිකරම මනසින් මවාගෙන මේක කරන්නේ. මනසින් මවාගත්තා කියලා ඔබේ ජීවිතය කඩාකප්පල් වෙන්නේ නෑ. එහෙම නම් ඔබේ ජීවිතයේ ඔබ වැසිකිලි ගිය වෙලාවට, ඔබ කැසිකිලි ගිය වෙලාවට, ඔබ මළපහකරපු වෙලාවට, ඔබේ ජීවිතය කඩාකප්පල් වෙන්න ඕන. ඔබේ ජීවිතය එහෙම කඩාකප්පල් වෙන්නේ නෑ.

ආනාපානසතියට පෙර....

හැමදේකම තියෙන ස්වාභාවික දේ මේ ශරීරය තුළත් තියෙනවා කියලා ඔබ අවබෝධ කරගන්නවා. ඔබ දැකගන්නවා. ඔබ තේරුම් ගන්නවා. ඒ නිසා මේක ඔබ මනාකොට තේරුම් ගන්නට ඕන. ඒ නිසා අසුභ භාවනාව ටිකෙන් ටික ඔබේ ජීවිතයට පුරුදු කරගන්න. පුරුදු කරලා, සාමාන්‍යයෙන් භාවනාව වැඩෙන්නේ නැති කෙනෙකුට වුනත්, අසුභ භාවනාව කිරීම තුළ ආනාපානසතිය කරන්න සුදුසුකම් ලැබෙනවා. ආනාපානසතිය සියලු දෙනාටම කරන්න කියලා බුදුරජාණන් වහන්සේ දේශනා කරලා නෑ. සමහර අය ඉන්නවා ස්වාභාවිකවම හොඳට සිහිය පිහිටන අය. අන්න ඒ කෙනා ආනාපානසතිය කරන්න ඕන. එහෙම නැත්නම් ඒකට ප්‍රවේශ වෙන්නට ඉස්සෙල්ල වුණත් අසුභ

භාවනාව බොහොම හොඳයි. අඩුගානෙ විනාඩි විස්සක් තිහක් කෙනෙකුට කරන්න පුළුවන් නම්, එයාට ජීවිතයේ ලොකු දියුණුවක් ලබාගන්නට පුළුවන්.

- අසුභ භාවනාව -

1. මේ කයේ තිබෙන්නා වූ 'කෙස්' කුණු වී යන හෙයින්ද, දුගඳ හමන හෙයින් ද, පිළිකුල් ශරීරයක පිහිටි හෙයින් ද, දිරා යන හෙයින් ද, දැකීම් වශයෙන් ද, ස්පර්ශ කිරීම් වශයෙන් ද, පිළිකුලයි..... පිළිකුලයි..... පිළිකුලයි.....

2. ලොම්

3. නිය

4. දත්

5. සම

6. මස්

7. නහර

8. ඇට

9. ඇටමිදුළු

10. වකුගඩු

11. හදවත

12. අක්මාව

13. දළබුව

14. බඩදිව

15. පෙනහළු
16. කුඩා බඩවැල
17. මහා බඩවැල
18. නොදිරූ ආහාර
19. අසූචි
20. හිස්මොළ
21. පිත
22. සෙම
23. සැරව
24. ලේ
25. දහදිය
26. තෙල්මන්දය
27. කඳුළු
28. වුරුණු තෙල්
29. කෙළ
30. සොටු
31. සඳමිදුළු
32. මුත්‍ර

නමෝ තස්ස භගවතෝ අරහතෝ සම්මාසම්බුද්ධස්ස
ඒ භාග්‍යවත් අරහත් සම්මා සම්බුදුරජාණන් වහන්සේට නමස්කාර වේවා!

06.

සතර සතිපට්ඨානය තුළ ධාතු මනසිකාර භාවනාව

6.1. ධාතු මනසිකාර භාවනාව වඩන හැටි

දැන් ඔබ බුදුරජාණන් වහන්සේ වදාළ සතිපට්ඨාන භාවනාව ගැන සෑහෙන්න ඉගෙන ගනිමින් සිටිනවා. දැන් ඔබ මේ වෙන කොට භාවනා ක්‍රම කීපයක් ඉගෙන ගෙන තියෙනවා. ඒ තමයි ආනාපානසති භාවනාව කරන හැටි. සක්මන් භාවනාව කරන හැටි. ඒ වගේම සති සම්පජඤ්ඤ භාවනාව කරන හැටි. අසුභ භාවනාව කරන හැටි දැන් ඔබ ඉගෙන ගෙන තියෙනවා. ඒ වගේම සතිපට්ඨානය තුළ තවත් භාවනාවක් තියෙනවා. ඒ භාවනාවට බුදුරජාණන් වහන්සේ වදාළේ 'ධාතු මනසිකාර භාවනාව' කියලා.

ආනාපානසතිය පුරුදු කරන්න අපහසු නම්

ආනාපානසති භාවනාව වගේ එකක් ප්‍රගුණ වෙන්නේ නැති කෙනෙකුට ධාතු මනසිකාරය හොඳ භාවනාවක්. ඒ වගේම අසුභ භාවනාවත් හොඳයි. මෛත්‍රී භාවනාව වගේ ඒවා ඔබ කොහොමත් පුරුදු කරලා තිබිය යුතුයි.

දවසක් පුංචි රාහුල ස්වාමීන් වහන්සේට සාරිපුත්ත මහරහතන් වහන්සේ වදාළා, "රාහුලය, ආනාපානසති භාවනාව වඩන්න." එතකොට රාහුල ස්වාමීන් වහන්සේ ආනාපානසතිය දන්නේ නෑ. ඉතින් රාහුල ස්වාමීන් වහන්සේ බුදුරජාණන් වහන්සේ ළඟට ගිහින් වන්දනා කරල බුදුරජාණන් වහන්සේගෙන් ඇහුවා,

"ස්වාමීනී, භාග්‍යවතුන් වහන්ස, ආනාපානසතිය වඩන්නේ කොහොමද?"

අන්න ඒ මොහොතේ බුදුරජාණන් වහන්සේ වදාළේ ආනාපානසතියට ඉස්සර වෙලා ධාතු මනසිකාරය ගැනයි.

ධාතු මනසිකාරය කියන්නෙ මේකටයි...

ධාතු මනසිකාරය කියලා කියන්නේ ජීවිතය බොහොම වේගයෙන් අවබෝධයක් කරා ගෙනියන භාවනාවක්. 'ධාතු' කියලා කියන්නේ ස්වභාවයට. ධාතු මනසිකාරය කියලා කියන්නේ, '**පඨවි**' ධාතුව, '**ආපෝ**' ධාතුව, '**වායෝ**' ධාතුව, '**තේජෝ**' ධාතුව කියන මේ සතර මහා ධාතූන් පිළිබඳව නුවණින් විමසීම. පඨවි ධාතුව ගැන බුදුරජාණන් වහන්සේ වදාළේ පොළොව වගේ වඩන්න කියලයි. පොළොව හා සමකොට පඨවි ධාතුව දකින්න කිව්වා. එතකොට අපි තේරුම් ගන්න ඕන, මේ කියන්නේ

බාහිර ලෝකයේ තියෙන ධාතු කොටස් බැලීම නෙවෙයි, ශරීරය ගැන බලන්න කියලයි. ඉතින් ඊළඟට බුදුරජාණන් වහන්සේ වදාළා, ආපෝ ධාතුව ජලය හා සමාන කරලා දකින්න කියලා. තේජෝ ධාතුව ගින්දර හා සමාන කරලා දකින්න කිව්වා. වායෝ ධාතුව දකින්න කිව්වේ සුළඟ හා සමාන කරලයි. මේ සෑම දේකින්ම බුදුරජාණන් වහන්සේ අපේක්ෂා කළේ ජීවිතාවබෝධයක් ලබාදීම මිසක් ඔබව රැවටීම හෝ ඔබව තාවකාලික සුන්දරත්වයක් තුළ මංමුලා කිරීම හෝ නොවෙයි. ජීවිතය අවබෝධය කරා රැගෙන යාම ම යි.

හරකද? මස්ද?

බුදුරජාණන් වහන්සේ ධාතු මනසිකාරය සඳහා උපමාවක් වදාළා. ඔන්න හරක් මරණ මනුස්සයෙක් ඉන්නවා. මේ හරක් මරණ මනුස්සයා හරකෙක් මරලා, මේ හරකාගේ මස් ටික වෙන් කරලා, හතරමං හන්දියක විකුණන්න තියාගෙන ඉන්නවා. එතකොට ඒ හරක් මස් විකුණන පුද්ගලයා තුළ හරකා විකුණනවා කියන අදහසක් නෑ. එතකොට මස් ගන්න මිනිස්සු යනවා. ඒ මිනිස්සු තුළත් හරකා ගන්නවා කියන අදහසක් නෑ. එතකොට 'හරකා' කියන සම්මුතිය ඉක්මවා ගිහිල්ලා, 'මස්' කියලා වෙන ව්‍යවහාරයකට ඇවිල්ලා. මෙන්න මේ වගේ කියනවා ධාතු මනසිකාරය වඩන්න ඕන. ඒකට පඨවි, ආපෝ, තේජෝ, වායෝ කියන ධාතු හතර ගැන තේරෙන විදිහකට තේරුම් ගන්න ඕන.

පොළොවට පස්වෙලා යන ස්වභාවයට අයිති දේ පඨවි ධාතුවයි. වැගිරී යන ස්වභාවයට අයිති දේ ආපෝ ධාතුවයි. උණුසුම් ස්වභාවයට අයිති දේ තේජෝ ධාතුවයි.

හමා යන සුළඟට අයිති දේ වායෝ ධාතුවයි. මෙන්න මේ පස්වෙලා යන ස්වභාවයට අයිති දේ ඔබ තුළ තියෙනවා. වැගිරිලා යන ස්වභාවයට අයිති දේත් ඔබ තුළ තියෙනවා. උණුසුම් ස්වභාවයට අයිති දේත් ඔබ තුළ තියෙනවා. හමා යන සුළඟට අයිති දේත් ඔබ තුළ තියෙනවා. අර හරක් මරණ මනුස්සයා හරකා මරලා, මස් ටික වෙන්කරලා තැබුවා වගේ ඔබ මේවා වෙන් වෙන් වශයෙන් බලන්න කියලා බුදුරජාණන් වහන්සේ වදාළා.

පොළොවට පස් වෙලා යන දේ...

'පස් වෙලා යන කොටස් මේවා... දිය වෙලා යන කොටස් මේවා... උණුසුම් කොටස් මේවා... ඒ වගේම හුළඟේ හමාගෙන යන කොටස් මේවා..' කියලා වෙන් වෙන් වශයෙන් බලන්න කිව්වා. එතකොට ඔබ මෙන්න මේ විදිහටයි මේක බලන්නේ. බුදුරජාණන් වහන්සේ වදාළා, ඔන්න තැන්පත් වෙලා, හුදෙකලා වෙලා, ඔන්න පස්වෙලා යන කොටස් ටික වෙන් කරගන්නවා. මේ ශරීරයේ තියෙනවා පඨවි ධාතුව. මොනවද මේ ශරීරයේ තියෙන පඨවි ධාතුව? මොනවද පස්වෙලා යන දේ?

ලස්සනට තිබුණු කොණ්ඩෙට මොකද වුණේ?

බුදුරජාණන් වහන්සේ වදාළා, කෙස් පස් වෙලා යන දෙයක්. දැන් ඔබට පුළුවන් කෙස් දිහා හොඳට සිහිය පිහිටුවාගෙන බලන්න. මේ කෙස්වල අවසාන දේ පස්වෙලා යෑමයි. දැන් ඔබ මොහොතක් හිතන්න, දැන් ඔබට කොණ්ඩෙ තියෙනවා. ඔබ කොණ්ඩෙ කපනවා. දැන් ඒ කපපු කොණ්ඩෙ කෝ? මේ වෙන කොට පස්වෙලා ගිහිල්ලා. ඔබ ජීවත් වෙලා ඉන්දද්දිම ඔබේ ජීවිතයේ කොටසක් පස් වෙලා යනවා. අන්න කෙස් පස් වෙලා

යන දෙයක් හැටියට බලන්න කිව්වා. ඊළඟට නියපොතු පස් වෙලා යන දෙයක් විදිහට බලන්න කිව්වා. දැන් ඔබ නියපොතු කපලා තියෙනවා. කැපුව නියපොතු කෝ? දැන් ඒවා මහපොළොවට එකතු වෙලා ඉවරයි. අන්න පස් වෙලා යන දෙයක් විදිහට නියපොතු බලන්න කිව්වා.

මුතු ඇට වන් දත් දෙපළක්....

ඊළඟට දත්. සමහර විට මේක කියවන ඔබේ කටේ එක දතක් වත් නැතිවෙන්න ඇති. ඒ දත් ඔක්කොම සමහර විට මේ වෙන කොටත් පස් වෙලා ගිහිල්ල ඇති. අන්න දත් පස්වෙලා යන දෙයක් හැටියට බලන්න කිව්වා. කෙස්, ලොම්, නියපොතු, දත් පස් වෙලා යන දෙයක් හැටියට බලන්න කිව්වා. සම පස් වෙලා යන දෙයක් හැටියට බලන්න කිව්වා. මස්, මස් පිඬු පස් වෙලා යන දෙයක් හැටියට බලන්න කිව්වා. නහර වැල් පස් වෙලා යන දෙයක් හැටියට බලන්න කිව්වා. ඇට පස් වෙලා යන ස්වභාවයට අයිති දෙයක් හැටියට බලන්න කිව්වා.

මේ ඇට ඇතුළේ තියෙනවා ඇට මිදුළු කියලා දෙයක්. මස් ජාතියක්. අන්න ඒක පස් වෙලා යන දෙයක් හැටියට බලන්න කිව්වා. ඒ වගේම වකුගඩු පස් වෙලා යන ස්වභාවයට අයිති දෙයක්. හෘද මාංසය පස් වෙලා යන ස්වභාවයට අයිති දෙයක්. පෙණහලු පස් වෙලා යන ස්වභාවයට අයිති දෙයක්. ඒ වගේම කුඩා බඩවැල පස් වෙලා යන ස්වභාවයට අයිති දෙයක්. අක්මාව පස් වෙලා යන ස්වභාවයට අයිති දෙයක්. මහ බඩවැල පස් වෙලා යන ස්වභාවයට අයිති දෙයක්. අසූචි පස් වෙලා යන ස්වභාවයට අයිති දෙයක්. අන්න ඒවාට කියනවා පඨවි ධාතුව.

ධාතු මනසිකාරය වඩන්නේ ජීවිතාවබෝධයටමයි...

එතකොට බලන්න පින්වතුනි, බුදුරජාණන් වහන්සේ මේ ධාතු මනසිකාරය වඩන්න කියලා වදාළේ, මේ මහපොළොවේ, වෙනත් ලෝකවල තොරතුරු හොයන්න නෙවෙයි. අභ්‍යන්තරික වශයෙන් අපි දුක් විඳිනවා. අභ්‍යන්තරික වශයෙන් අපි දුක් විඳිනවා කායිකවත්, මානසිකවත්. මේ කායිකව, මානසිකව දුක් විඳින්නේ අපි සැප පත පතා. සැප හොය හොයා. සැපම පරීක්ෂා කර කර. නමුත් දුකමයි විඳින්නේ. මෙන්න මේ නිසා බුදුරජාණන් වහන්සේ වදාළා "සදාකාලික සැපක් ඕන නම්, දුකෙන් නිදහස් වෙන්නට ඕන නම් දුක හැදුණු තැන බලන්න" කියලා. අන්න ඒක තමයි මේ ධාතු මනසිකාරයෙන් කරන්නේ.

ගුණධර්ම දියුණු වෙනවා...

මෙන්න මේ විදිහට පස් වෙලා යන දේවල් දිහා බලන කොට ඔබේ ජීවිතය තුළ මනුෂ්‍ය ධර්ම දියුණු වෙනවා. ඔබ දන්නවා, මීට කලින් රජවරු හිටියා. සිටුවරු හිටියා. රජකම ගන්න මිනිස්සු මැරුවා. පාලනය කරන්න මිනිස්සු මැරුවා. නොයෙක් හානි කරන්න මිනිස්සු මැරුවා. නමුත් සියලු දෙනා පස් වෙලා ගියා. අන්න එතකොට අපට පේනවා මේ ලෝකය බදාගෙන ඉන්න දෙයක් නෙවෙයි. අපට තියෙන්නේ පස් වෙලා යන දේවල්. මේ අවබෝධයට එන කෙනා නිදහස් සිතකින්, ලෝභ නැති සිතකින්, කරුණාවන්ත සිතකින්, මෛත්‍රී සහගත සිතකින් ජීවත් වෙනවා. අන්න එයා ඊර්ෂ්‍යා කරන්නේ නෑ. පළිගන්න යන්නේ නෑ. එකට එක කරන්න යන්නේ

නෑ. මොකද, එයා දන්නවා මේ ජීවිතය තුළ තියෙන්නේ පස් වෙලා යන දේවල් කියලා. දූන් බලන්න අපි මේක පුරුදු කරගත්තොත් මේ ධාතු මනසිකාරය අපේ ජීවිතවලට කොයිතරම් වටිනවාද?

මෙන්න දිය වෙලා යන දේ...

ඊළඟට බුදුරජාණන් වහන්සේ වදාළා, දිය වෙලා යන දේවල්, වැගිරිලා යන දේවල් ගැන. ඒ තමයි පිත. පිත කියන්නේ වැගිරිලා යන, දියවෙලා යන ජාතියක්. ඒක වතුරේ දිය වෙලා යන ජාතියක්. ඒක ආපෝ ධාතුව. පිත ආපෝ ධාතුව. මේ ශරීරයේ හැදෙනවා සෙම. පෙණ සහිත දියරයක්. ඒකත් ආපෝ ධාතුව. වැගිරිලා යනවා. මේ ශරීරයේ හැදෙනවා සැරව. ඒ කියන්නේ ලේ නරක් වුණාම හැදෙනවා සැරව. ඒක ආපෝ ධාතුව. වතුරෙන් හෝදලා දාන්න පුළුවන්. දිය වෙලා යන දෙයක්. මේ ශරීරයේ හැදෙනවා ලේ. ලේ ආපෝ ධාතුව. ඒ වගේම මේ ශරීරයේ හැදෙනවා දහඩිය. දහඩිය වැක්කෙරෙනවා. ඒක වතුරෙත් දියවෙලා යන දෙයක්.

ඒ වගේම ඔබට දූනිලා ඇති මේ දහඩියත් එක්කම ඇලෙන ගතියක් මේ ශරීරයේ තියෙනවා. ඇලෙන ගතිය හැදෙන්නේ තෙල්මන්ද වලින්. තෙල්මන්ද රත්වීමෙන් තමයි ඇලෙන ගතිය එන්නේ. ඒක වතුරෙ දියවෙලා යනවා. ඒ වගේම මේ ශරීරයේ හැදෙනවා කඳුලු කියලා ජාතියක්. ඒක වතුරේ දියවෙලා යනවා. ඒ වගේම මේ ශරීරයේ හැදෙනවා සොටු කියලා ජාතියක්. ඒවා වතුරේ දියවෙලා යනවා. කෙළ හැදෙනවා. දිය වෙලා යනවා. ඒ වගේම මේ අත පය නැවෙන තැන්වල හැදෙනවා ඉස්ම ජාතියක්. ඒවට කියන්නේ සඳමිදුළු කියලා. ඒව දියවෙලා

යනවා. මේ ශරීරයේ හැදෙනවා මුත්‍රා කියලා ජාතියක්. ඒවාත් ජලයේ දියවෙලා යනවා. ඒ ඔක්කොම ආපෝ ධාතු.

උණුසුමට අයිති දේ....

ඒ වගේම පින්වතුනි, මේ ශරීරයේ තියෙනවා උණුසුම් ජාති. ඒ තමයි මේ ශරීරයේ තියෙනවා ස්වාභාවික උණුසුමක්. මේ ස්වාභාවික උණුසුම හැදිලා තියෙන්නේ තේජෝ ධාතුවෙන්. ඒ වගේම මේ ශරීරයේ තියෙනවා මේ ස්වාභාවික උණුසුම කිපෙන ගතියක්. ඒ වගේම මේ ශරීරයේ උණුසුමක්, දැවිල්ලක්, දාහයක්, උණ ගතියක් හටගන්නවා. ඒක හැදෙන්නෙ තේජෝ ධාතුවෙන්. ඊළඟට ඔබ කන බොන දේවල්, රස විඳින දේවල්, ඔබ අනුභව කරන දේවල්, මේ ශරීරයට ලැබුණට පස්සේ ශරීරය ඇතුළේ ජීර්ණත්වයට පත්වෙනවා. අන්න ඒක වෙන්නෙත් තේජෝ ධාතුවෙන්. ඊළඟට ඔබ දිර දිරා යන්නෙත් තේජෝ ධාතුවෙන්. මේ දිහා බලන්න කියලා බුදුරජාණන් වහන්සේ වදාළා.

හමාගෙන යන දේ....

ඊළඟට මේ ශරීරයේ තියෙනවා හුළඟට අයිති දේවල්. ඒකට කියන්නේ වායෝ ධාතු කියලා. දැන් මේ ශරීරය ඇතුළේ හැදෙනවා වාතය. උගුරෙන් උඩට එනවා. ඒකට කියනවා උඩට එන වාතය කියලා. මේ බඩවැල් ඇතුළේ හැදෙනවා වාතය. ඒක පසුපසින් පිටවෙනවා. ඒකට කියනවා අධෝගමනීය වාතය කියලා. ඊළඟට මේ කුස ඇතුළේ වාතය පිරෙනවා. ඒකට කියනවා කුස ඇතුළේ තියෙන වාතය කියලා. මේ ශරීරය පුරා සැරිසරන වාතයක් තියෙනවා. ඒකට කියනවා අංගමංගානුසාරී වාතය කියලා. ඒ වගේම මේ හමා යන වාතය තමයි අපි

ආශ්වාස කරන්නේ, ප්‍රශ්වාස කරන්නේ. ඒක වායෝ ධාතුව. එතකොට හමා ගෙන යන ස්වභාවය තියෙනවා.

එතකොට මෙන්න මේ කොටස ඔබ පුරුදු කළොත්, ඔබ වයසින් මුහුකුරා යන විට කොයිතරම් ජීවිතය අවබෝධ කරගත්ත කෙනෙක් වේවිද? ඉතින් මේ දෙය ඔබට ලබා දෙන්නේ බුදුරජාණන් වහන්සේගේ ධර්මය. ඒ නිසා මේ ධාතු මනසිකාරය හොඳට පුරුදු කරන්න. කිසිම බයක් වෙන්න එපා. ජීවිතය අවබෝධයක් කරාමයි යන්නේ.

- ධාතු මනසිකාර භාවනාව -

හොඳට අවධානය යොමු කරන්න තමන්ගේ ශරීරය ගැන. මේ ශරීරයේ ඔලුවේ තියෙන්නේ කෙස්. මේ කෙස් ඔක්කොම ගස්වල කොළ වගේ. ඉදුණාම ගැලවෙනවා. ඉදිලා තිබිල වැටිලා යනවා. ඉතින් මේ කෙස් ටික ඔක්කොම ගැලවුණොත් පොළොවට වැටෙනවා. අපි කියමු මේ කෙස් ඔක්කොම ගැලවිලා තමන්ගේ අතට ආවා කියල. අපි ළඟ තියාගන්නෙ නෑ. වීසි කරනවා. වීසි කළාට පස්සේ ඒ කෙස් පොළොවට වැටිලා පොළොවේම පරණ වෙලා ගිහිල්ලා දිරලා.... දිරල.... ගිහිල්ල පස්වෙනවා. එහෙනම් කෙස් කිව්වෙ පස්වෙලා යන ස්වභාවයට අයිති දෙයක්. පඨවි ධාතුව.

ලොම්, මේ ශරීරයේ තියෙන ලොම් කෙස් වගේම තමයි. ඉදිලා ගැලවිලා යනවා. ඒ ලොම් ඔක්කොම ගැලවිලා ගිහිල්ලා පොළොවට වැටුණට පස්සේ ඒ වැටිච්ච ලොම් අර ගස්වල කොළ වැටිලා පොළොවට එහෙම්මම එකතු වෙලා දිරල යනවා වගේ පොළොවත් එක්ක එකතු වෙලා දිරල.... දිරල.... පස්වෙලා යනවා.

ඊළඟට මේ ශරීරයේ තියෙන නියපොතු දිගට වැවෙද්දී... වැවෙද්දී.... කැපුවා. වීසි කළා. පොළොවට වැටිච්ච වැටිච්ච තැන්වල පස් වෙලා ගියා දන්නෙම නැතුව. ඒ වගේ මේ ඇඟිලිවල තියෙන නියපොතු ඔක්කොම පොළොවට පස් වෙලා නැත්තටම නැතිවෙලා යනව.

ඊළඟට දත්, දත් කියන්නේ පොළොවට පස් වෙලා යන දෙයක්. මේ කට ඇතුළේ තියෙද්දිම මේ දත් දිරනවා නෙව. මේ දත් කුණු වෙනවා. දත් දිරලා ගිහින් ගිහින් කුඩුවෙලා යනවා. දත් ගැලවුණාට පස්සේ ඒවා පොළොවට වැටුණාට පස්සේ ඔක්කොම පස්වෙලා යනවා. කී කෝටියකගේ දත් මේ පොළොවේ පස් බවට පත්වුණාද? දත් කියලා කියන්නේ පස්වෙලා යන ස්වභාවයට අයිති එකක්.

මේ සම. සමත් එහෙමයි. මේ සම සීරෙනවා, තුවාල හැදෙනවා, හොරි හැදෙනවා, දද හැදෙනවා, මේ වයසට යන්න යන්න මේ හම ඇකිලෙනවා. පතුරු යනවා. මේ හම කවදාහරි පොළොවට වැටුණාට පස්සේ පස් එක්ක එකතු වෙලා පස් බවට පත්වෙලා අවසන් වෙලා යනවා.

ඊළඟට නහර වැල්. නහර වැලුත් එහෙමයි. දැන් මේ නහර වැල් තිබ්බට මේවා ඔක්කොම කුණු වෙලා ගිහිල්ලා පොළොවට පස් වෙලා නැත්තටම නැතිවෙලා යන ජාතියක්.

ඊළඟට මේ ශරීරයේ තියෙන ඇට. අපි හැම එක්කෙනෙක් ළඟම මේ ඇටසැකිල්ලක් තියෙනවා. මේ වගේ ඇටසැකිලි කී කෝටියක් අපට තියෙන්න ඇද්ද? ඉපදිච්ච ඉපදිච්ච ජීවිතේදී මේ ජාතියෙ ඇටසැකිලි අපි

මගේ කියල හිතාගෙන හිටියනෙ. මේ ජීවිතේ දිත් ඔන්න අපට හම්බවෙලා ආයෙමත් ඇටසැකිල්ලක්. මේ ඔළුවෙ අස්සෙ හිස් කබල. බෙල්ල අස්සෙ බෙල්ලෙ ඇට. උරහිස් ඇට. අත් අස්සෙ අත් ඇට. වැල මිට. මැණික් කටු තියෙනවා. අල්ලෙ ඇට, ඇඟිලිවල ඇට. පපුව අස්සෙ ඉල ඇට. පිට කොන්දෙ කොඳු ඇට. උකුල් ඇට. කළවා ඇට, දණිස් ඇට, කෙණ්ඩා ඇට. කොච්චර නම් ඇට තොගයක්ද මේ ශරීරයේ තියෙන්නේ. මේ ඇට ඔක්කොම යම් දවසක දිරලා ගිහිල්ලා, පොළොවට වැටිලා, පොළොවේ දිරල දිරල ගිහිල්ල සම්පූර්ණයෙන්ම පස්වෙලා නොපෙනී යන දවසක් එනවනෙ.

ඊළඟට මේ ශරීරයේ ඇට අස්සේ තියෙනවා මස්. ඒවාට කියන්නේ ඇට ලොඳ. ඇට මිදුලු කියල. ඇටත් එක්කල ඒවා ඔක්කොම දිරලා දිරලා ගිහිල්ලා පස්වෙලා යනවා.

ඊළඟට මේ ශරීරයේ තියෙන වකුගඩු. නරක් වෙලා පොළොවට වැටුණට පස්සේ කුණු වෙලා ගිහින් පස්වෙලා යනවා.

හෘද මාංසය. හදවත. ඒකත් ඒ විදිහටම කුණුවෙලා ගිහිල්ලා පස් වෙලා යනවා.

අක්මාව. පීකුදුව කියන්නේ. අන්න ඒකත් පොළොවට වැටිලා පස්වෙලා යනවා.

පෙණහළු දෙක. හුස්ම ගන්න කොට ඒ පෙණහළු පිම්බෙනවා. හුස්ම හෙළන කොට ඒවා ඇකිලෙනවා. අන්න ඒවා ඔක්කොම මහ පොළොවට වැටිලා කුණු වෙලා අවසන් වෙනවා.

ඊළඟට මේ ශරීරයේ තියෙනවා. කුඩා බඩවැලක්.

ලොකු කඹයක් ගුලි කරලා ඔතලා තියෙනවා වගේ. දිග බඩවැලක් තියෙනවා. එව්වා ඔක්කොම කුණු වෙලා ගිහිල්ලා පොළොවේ පස් එක්ක එකතු වෙලා ගිහිල්ල පස් බවට පත්වෙනවා.

කාපු බීපු දේවල් දිරවලා මේ ශරීරයේ අන්තිමට ඉතුරු වෙනවා අසූචි හැටියට. ඒවාත් ඔක්කොම පොළොවට පස්වෙලා යනවා.

එහෙම නම් හැම එකකම තිබුණේ පස් වෙලා යන ස්වභාවය. පඨවි ධාතුව. ඒ වගේම මේ ශරීරයේ තියෙනවා දියවෙලා යන ජාති. එව්වා දියවෙලා යනවා.

මේ ශරීරයේ තියෙනවා පිත කියල ජාතියක්. අන්න ඒවා වතුරේ දියවෙලා, නැතිවෙලා යන ජාතියක්. ආපෝ ධාතුව.

මේ ශරීරයේ තියෙනවා සෙම කියල ජාතියක්. පෙණ සහිත දියරයක්. ඒවත් වතුරේ දියවෙලා යනවා. දියවෙලා ගිහිල්ල නොපෙනී යනවා. ආපෝ ධාතුව.

මේ ශරීරයේ හැදෙනවා සැරව කියල ජාතියක්. ලේ නරක් වුණාට පස්සේ කහපාට වතුරක්. ඒ සැරවත් වතුරේ දියවෙලා නොපෙනී යනවා. ඒ සැරවත් ආපෝ ධාතුව.

මේ ශරීරයේ තියෙනවා ලේ කියලා ජාතියක්. ඒවත් වතුරේ දියවෙලා ගිහින් නොපෙනී යන ජාතියක්. ලේ. ආපෝ ධාතුව.

මේ ශරීරයේ හිස් මුදුනේ ඉඳලා යටි පතුලට යනකම්ම ගලන ජාතියක් තියෙනවා. ඒවාට කියන්නේ ඩහදිය. අන්න ඒවත් දියවෙලා යනවා. වතුරේ දියවෙලා යන ජාතියක්. ආපෝ ධාතුව.

මේ ඩහදියත් එක්කම තියෙනවා ඇලෙන ගතියක්. ඒ තෙල්මන්ද නිසා. දියවෙලා යන තෙල් ගතියක්. වතුරේ දියවෙලා යනවා.

ඊළඟට මේ ශරීරයේ තියෙනවා කඳුළු. ඇස් වලින් ගලන්නේ ඒවා. ඒවාත් ඔක්කොම වතුරේ දියවෙලා යනවා. කඳුළු කියන ජාතිය.

මේ ශරීරයේ ඒ වගේම ගලනවා සොටු. දූන් හිටපු ගමන් සොටු ගලනවා, බිංදු බිංදු වැක්කෙරෙනවා. ඒ ගලන්නා වූ සොටු දියවෙලා යනවා.

ඒ වගේම මේ ශරීරයේ ගලනවා කෙළ. දූන් අපි කට වහගෙන ඉන්න නිසා ගලන්නා වූ කෙළ ගිලින නිසා තමයි මේ කටින් වැක්කෙරෙන්නෙ නැත්තේ. ගලන කෙළ ගිල්ලෙ නැත්නම් මේ කටින් වැක්කෙරෙනවා. එක්කො පිහදාන්න ඕනෙ. එක්කො හෝදන්න ඕනෙ. ගලනවා කෙළ.

ඒ වගේම මේ ශරීරයේ තියෙනවා මුත්‍රා. ඒවාත් වතුරේ දියවෙලා නොපෙනී යනවා. ආපෝ ධාතු.

ආපෝ ධාතු - ශරීරයේ තියෙන දියවෙලා යන දේ අපි ඔය කිව්වෙ. එව්වා ඔක්කොම මේ ශරීරයේ තියෙනවා.

ඒ වගේම මේ ශරීරයේ තියෙනවා උෂ්ණුසුම් දේවල්. ඒ රස්නෙ ගතියත් එක්ක තමයි මේ ශරීරය හැදිලා තියෙන්නේ.

ඒ වගේම මේ රස්නෙ වැඩිවුණාම දාහය ඇතිවෙනවා. උණ ගන්නවා.

ඒ වගේම මේ අනුභව කරන දේවල්, ඒ කියන්නේ කන බොන දේවල් ශරීරය ඇතුළට ගියාට පස්සේ ඇගේ

රස්නෙන් ඒවා තැම්බි තැම්බි ඕජාව උරා ගන්නවා. අන්න ඒක වෙන්නෙ තේජෝ ධාතුවෙන්.

ඊළඟට මේ ශරීරය ජීර්ණ වෙනවා. මේ ශරීරය වර්ධනය වෙලා නැසිලා යන්නත් හේතු වෙන්නේ තේජෝ ධාතුවෙන් තමයි. ශරීරය දිරවලා දිරවලා යන්නේ. ඒවා ඔක්කොම අනිත්‍ය දේවල්.

ඊළඟට මේ ශරීරයේ තියෙනවා හුළඟේ ගහගෙන යන දේවල්. උගුරට එනවා වාතය. ඒක හුළඟෙ ගහගෙන යනවා.

පසුපසින් පිටවෙනවා වාතය. ඒකත් හුළඟෙ ගහගෙන යනවා.

ඊළඟට හුළඟෙ ගහගෙන යන දෙයක් තමයි ආශ්වාස කරන්නේ. ඒකත් වාතය. ඊට පස්සේ පිට කරනවා. ප්‍රශ්වාස කරනවා නාසයෙන්. ඒත් වාතය හුළඟෙ ගහගෙන යනවා.

මේ ශරීරයේ ඇතුලෙ තියෙනවා එහා මෙහාට යන වාතය. මෙන්න මේවා වායෝ ධාතු.

ඉතින් මේ ශරීරයේ තියෙන්නේ ඔච්චරනෙ. පස්වෙලා යන දේවල් පඨවි ධාතුව. දියවෙලා යන ජාති ආපෝ ධාතුව. රස්නෙ ජාති තේජෝ ධාතුව. හමාගෙන යන ජාති වායෝ ධාතු. ඕවා තමයි තියෙන්නේ. ඉතින් මේ ආකාරයේ දෙයක් මේ ශරීරයේ තියෙනවා කියල විමසලා බලන්න කිව්වා හොඳට. මස් විකුණන ළමයෙක් හරකෙක් මරලා හිට හන්දියක තියාගෙන කෑලි කෑලි විකුණනවා වගේ හොඳට බලන්න කිව්වා. අන්න එහෙම බලන කොට තමයි මේකෙ ඇත්ත පේන්නෙ. එතකොට මේ හිතේ තියෙන බැඳීම මධ්‍යස්ථ වෙනවා.

නමෝ තස්ස භගවතෝ අරහතෝ සම්මාසම්බුද්ධස්ස
ඒ භාග්‍යවත් අරහත් සම්මා සම්බුදුරජාණන් වහන්සේට නමස්කාර වේවා!

07.

නව සීවථික භාවනාව

7.1. මළ සිරුරකට වන දේ

ධාතු මනසිකාරය ගැන තවදුරටත්....

කලින් ඔබ ඉගෙන ගත්තේ ධාතු මනසිකාර භාවනාව ගැන. ඉතින් ධාතු මනසිකාර භාවනාවෙදි අපි ඔබට කියලා දුන්නා, පොළොවේ පස් වෙලා යන ස්වභාවයට අයිති දේවල් ගැන. ඒ කිව්වේ පඨවි ධාතුව ගැන. දිය වෙලා යන දේවල් ගැන. ඒ කිව්වෙ ආපෝ ධාතුව ගැන. උණුසුම් දේවල් ගැන. ඒ කිව්වෙ තේජෝ ධාතුව ගැන. හමාගෙන යන දේවල් ගැන. ඒ කිව්වෙ වායෝ ධාතුව ගැන. මේ සතර මහා ධාතූන් ගැන ධාතු මනසිකාර භාවනාවේ යෙදීමටත්, ඉතාම හොඳයි ඔබ හුදෙකලා තැනකට වෙලා, දෑස පියාගෙන භාවනා ඉරියව්වෙන් වාඩිවෙලා, දූන්

මේ කෙස් පස්වෙලා යනවා..... පස්වෙලා යනවා..... මේ ශරීරයේ ලොම් පස්වෙලා යනවා..... පස්වෙලා යනවා..... මේ ශරීරයේ නියපොතු පස්වෙලා යනවා.... පස්වෙලා යනවා.... කියල පස්වෙලා යන දේවල් පස්වෙලා යන දේවල් හැටියට දකින්නට ඔබ උත්සාහ කරන්නට ඕන.

සැබෑ ස්වභාවයම දකින්න මහන්සි ගන්න...

ඒ වගේම දියවෙලා යන දේවල් දියවෙලා යන දේවල් හැටියට දකින්නට ඔබ උත්සාහ කරන්නට ඕන. ඒ වගේම උණුසුම් දේවල් උණුසුම් දේවල් හැටියට දකින්නට ඔබ උත්සාහ කරන්නට ඕන. ඒ වගේම හමාගෙන යන දේවල් වායෝ ධාතුව හැටියට දකින්නට උත්සාහ කරන්නට ඕන. මේ විදිහට සතර මහා ධාතු පිළිබඳව මනසිකාරයේ යෙදෙන කොට යෙදෙන කොට, ඔබේ සිහි නුවණ වැඩෙන්න පටන් ගන්නවා, ඔබේ අවබෝධය දියුණු වෙන්න පටන් ගන්නවා. ඒ වගේම සමථ විදර්ශනා තුළින් අවබෝධය දකින විදිහට ඔබේ ජීවිතය සකස් වෙනවා.

සම්මතය ඉක්මවා ගොස්....

ඊළඟට දැන් අපි අලුත් භාවනාවක් ඉදිරිපත් කරන්නට කැමතියි. මේ භාවනාවට බුදුරජාණන් වහන්සේ වදාළේ නව සීවථිකය කියලා. දැන් මේ නව සීවථිකය කියන්නෙත්, මේ රටේ සම්මත කරගෙන ඉන්න එකට වඩා (මනුස්සයන් හැම තිස්සෙම සම්මත කරගෙන ඉන්නෙ සතුටු කරවන දේ) යථාර්ථයක් දකින දෙයක් හැටියට පුරුදු කරන එක. යථාර්ථය කටුක වෙන්නට පුළුවනි. නමුත් ඒක තමයි දැක්ක යුතු දේ. ඉතින් මේ නව සීවථිකය තුළත් අන්න ඒ වගේ දෙයක් තමයි අපට දකින්නට තියෙන්නේ.

අමුසොහොනක නව ආකාරයකට....

බුදුරජාණන් වහන්සේගේ කාලේ කෙනෙක් මැරුණට පස්සේ අමු සොහොනට ගිහින් දානවා. දැම්මට පස්සේ කවුරුත් අමුසොහොනට යන්නේ නෑ. අමුසොහොනෙදි ඒ මරණයට පත්වූ ශරීරය, මළකුණ ඉදිමිලා ඉදිමිලා යද්දි, සත්තු විසින් කනවා. ඊට පස්සේ විනාශ වෙලා යනවා. මෙන්න මේ කාරණය තමන්ගේ ජීවිතයත් එක්ක ගලපා බලන්න කියලා බුදුරජාණන් වහන්සේ අපට පෙන්වා වදාළා. ඒකට තමයි නවසීවථිකය කියලා කියන්නේ. නව සීවථිකය කියන්නේ ආකාර නවයකින් (නැතුව අලුත් කියන එක නෙමෙයි) මළකුණක් පොළොවට පස්වෙලා යන තුරා, නුවණින් විමස විමස තමන්ගේ ජීවිතයට ගලපා බැලීම.

පළමු සීවථිකය....

එතකොට නවසීවථිකයේ පළවෙනි භාවනාව හැටියට බුදුරජාණන් වහන්සේ පෙන්වා වදාළේ, ඔන්න කෙනෙක් මැරුණට පස්සේ අමුසොහොනට ගිහින් දානවා. දැම්මට පස්සේ එයාගේ මළකුණ ඉදිමෙනවා. මළකුණ ඉදිමිලා, පාට වෙනස් වෙලා නිල්වෙනවා. නිල්වුණාට පස්සේ ඒ මළකුණින් ඉස්ම ගලන්න පටන් ගන්නවා. මෙන්න මේ විදිහේ මළකුණක් සිතින් සිහිකරගෙන, මෙවැනි ස්වභාවයට තමන්ගේ මේ ශරීරයත් අයිති වෙනවා, මේ ස්වභාවය ඉක්මවා ගිහිල්ල නෑ කියලා තමන්ගේ ජීවිතයට ගලපා බැලීම තමයි නව සීවථිකයේ පළමුවෙනි භාවනාව.

ඉතින් ඒ විදිහට කෙනෙක් කරන්නට පටන් ගන්න කොට එයාගේ හිත නිෂ්කාමී, නිදහස්, ශාන්ත සිතක් බවට පත්වෙනවා. විශේෂයෙන් සමාධියක් වඩන කෙනෙකුට

ඉක්මනින් සිත එකඟකරන්න මේ නවසීවථික භාවනාව වඩන එක හේතුවෙනවා.

දෙවන සීවථිකය....

ඊළඟට බුදුරජාණන් වහන්සේ මේ නව සීවථික භාවනාවේ වදාළා දෙවැනි පියවර. දෙවැනි පියවර තමයි මළකුණක් අමුසොහොනට ගිහින් දැම්මට පස්සේ, මළකුණ ඉදිමෙනකොට මේ මළකුණට ඉව අල්ලගෙන සත්තු එනවා. කාක්කෝ එනවා, උකුස්සෝ එනවා, සුනඛයෝ එනවා, හිවල්ලු එනවා. ඇවිදින් මේ මළකුණේ අතපය අදිමින් මස් කඩාගෙන කන්න පටන් ගන්නවා. එතකොට මළකුණ පිළිවෙලකට නෑ, එහාට මෙහාට හැරෙනවා. මස් කඩාගෙන කන්න පටන් ගන්නවා. ඒ කියන්නේ සත්තුන්ට ආහාර බවට පත්වෙනවා. මෙන්න මේක සිහිකරන්න කියනවා. මේ මළකුණ සත්තුන්ට ආහාර බවට පත්වෙනවද, මේ ඉරණමට මේ ශරීරය අයිති වෙලා තියෙන්නේ. මේ ඉරණමින් නිදහස් වෙලා නෑ. මේ ශරීරය මැරුණට පස්සේ අමුසොහොනකට දැම්මට පස්සේ, මේ ශරීරයටත් මේ සිදුවීමම සිදුවෙනවා කියල නුවණින් බලන්න කියල කියනවා.

ජීවිතය ගැන නොදුටු පැත්තක්...

දැන් බලන්න, අපි කවුරුත් ජීවිතය ගැන හිතපු නැති පැත්තක්, අපි කවුරුවත් ජීවිතය ගැන කල්පනා නොකළ පැත්තක්, අපි කවුරුත් ජීවිතේ ගැන සිහිනෙන් වත් සිතන්න අකමැති පැත්තක් තමයි අපට මේ මනසිකාර කරන්න කියලා බුදුරජාණන් වහන්සේ පෙන්වා දෙන්නේ. සමහර විට මේක ඔබට අමාරුයි වගේ පේන්න පුළුවනි. ඔබට මේක අසාධාරණ දෙයක් වගේ හිතෙන්න පුළුවනි.

"ඇයි අපට මේ වගේ ඒවා බලන්න කියන්නේ, ඇයි මේ විදිහටම කරන්න කියන්නේ?" කියලා. අපි අර ලස්සන විදිහටම බැලුවා කියලා අපේ ජීවිතයේ යථාර්ථය අවබෝධ වෙන්නේ නෑ. අපේ ජීවිතය තුළ ගොඩනැගුණු ඉරිසියාව, තරහා, බද්ධ වෛරය ආදී අකුසල ධර්මයන් ප්‍රහාණය වුණේ නෑ. එහෙම නම් අපට පේනවා, ජීවිතය තුළ මවාගත් ලස්සනක් තුළ හිටිය කියලා, අපේ අභ්‍යන්තර ජීවිතය පිරිසිදු වුණේ නෑ. එහෙම නම් බුදුරජාණන් වහන්සේ මේ දේශනා කරන ධර්මයේ සත්‍යයක් තියෙන්නට ඕනෙමයි. ඒ තමයි, මේ ජීවිතය අවබෝධ කරවන්නට, ජීවිතය යථාර්ථයක් කරා රැගෙන යන්නට මේ ධර්මයට පුළුවන්කමක් තියෙන බව.

ගුණධර්ම දියුණු වෙනවා

අවබෝධයක් කරා ජීවිතය සකස් වෙද්දි, ඒකේ සිදුවෙන අනිවාර්ය දේ තමයි, එයා ගුණවන්ත කෙනෙක් බවට පත්වෙන එක. එයා ඉවසිලිවන්ත කෙනෙක් බවට පත්වෙන එක. එයා ඉරිසියා කරන්නේ නැති, ක්‍රෝධ කරන්නේ නැති, පළිගන්නේ නැති, නිදහස් කෙනෙක් බවට පත්වෙන එක. මේක තමයි ගුණවන්ත ජීවිතයක ලක්ෂණය. මෙන්න මේවා ඔබ තුළ දියුණු වෙන්න පටන් ගන්නවා මේ නවසීවථික භාවනාව පුරුදු කිරීමෙන්.

නෙවන සීවථිකය....

ඉතින් මේ සත්තු මළකුණ කන්න පටන් ගත්තට පස්සේ මේ මළකුණ වෙනස් වෙනවා. විශාල විකෘතියකට භාජනය වෙනවා. ඔන්න ටික ටික ඇට පෑදෙන්න පටන් ගන්නවා. මළකුණ සත්තු කන නිසා මළකුණේ ලේ වැගිරිලා තියෙනවා. තැනින් තැන මස් තියෙනවා. දැන්

ඔන්න ඔය කොටස දිහා බලාගෙන ඉන්න ඕනෙ හිතෙන්. ඊට පස්සෙ තමන්ගේ ජීවිතයට ගලපන්න ඕනෙ, 'අනේ මේ ශරීරයත් මැරුණට පස්සේ අමුසොහොනට දැම්මොත්, මේ විදිහට සත්තු කාලා ගියාට පස්සේ මේ ස්වභාවයට පත්වෙනවා නේද? මේ ස්වභාවය ඉක්මවා යන්න බෑ නේද? මේ ඉරණමටම මේ මෘත ශරීරයත් ගොදුරු වෙනවා නේද?' කියලා අන්න නුවණින් විමසලා බලන්න පටන් ගන්නවා.

කෙමෙන් කෙමෙන් ජීවිතාවබෝධය කරා...

අන්න ඒ විදිහට නුවණින් විමසලා බලන කොට, බලන කොට තමන්ගේ ජීවිතයේ ටික ටික ජීවිතාවබෝධය ඇතිවෙන විදිහට හිත සකස් වෙනවා. අමුසොහොනේ මළකුණක් දැමීම පිළිබඳ භාවනාව හුරුකර ගැනීමේදී විශේෂයෙන්ම අපට වුවමනායි සිහිය, නුවණ පිහිටුවා ගැනීම. ඔබ දන්නවා අපේ මනුෂ්‍ය ස්වභාවය හරිම තැති ගන්නා සුළුයි. අපේ මනුෂ්‍ය ස්වභාවය හරි බොළඳයි. ළාමකයි. බැරිවෙලාවත් සිහිනෙන් වත් මළකුණක් දැක්කොත් අපට ඇහැරෙනවා. අපි භයවෙනවා. අපි තැති ගන්නවා. ඉතින් සිහිනෙන්වත් දකින්න අකමැති දෙයක් අපි ජීවිතයට පුරුදු කරගන්නෙ කොහොමද? කියලා ඔබ ගැටලු ඇති කරගන්න එපා. ඔබට වුවමනා මේක යථාර්ථයක් කියලා තේරුම් ගැනීමයි. යථාර්ථය අපි සිහිනෙන් වත් දකින්නට අකමැති වෙන්න පුළුවනි. නමුත් අපි ඒක පුරුදු කරගත්තොත් මේ ජීවිතයේ අපට ඕනෙම විදිහකට මුහුණ දෙන්න ශක්තිය ලැබෙනවා.

අට ලෝ දහමට කම්පා නොවන්න...

දැන් අපි ගත්තොත් මේ ජීවිතය අවබෝධ කරපු

රහතන් වහන්සේලාට කියන නමක් තියෙනවා, 'තාදී' කියලා. තාදී කියන්නේ ලාභ, අලාභ, අයස, යස, නින්දා, ප්‍රශංසා, සැප, දුක කියන අෂ්ට ලෝක ධර්මයට කම්පා වෙන්නේ නැති විදිහට ජීවත් වෙන කෙනා. එතකොට මේ අෂ්ට ලෝක ධර්මයට කම්පා වෙන්නේ නැති විදිහට ජීවත් වෙන්නේ රහතන් වහන්සේ. එතකොට රහතන් වහන්සේ තුළ තියෙන ඔය තාදී ගුණ දියුණු වෙලා තියෙන්නේ මේ භාවනා ක්‍රම දියුණු කිරීම නිසා. වෙන දෙයක් නිසා නොවේ. ජීවිතය පිළිබඳව ඔය විදිහට දැකල දැකල අවබෝධ කරගෙන.

හතරවෙනි සීවථිකය...

ඒ නිසා මේ විදිහට නව සීවථික භාවනාව, ඒ කියන්නේ මළකුණ අමුසොහොනේ ආකාර නවයකට වෙනස් වෙලා යන ආකාරය බලන භාවනාව කරගෙන යද්දි එයා තවදුරටත් බලනවා. තවදුරටත් බලන කොට එයාට පේන්න පටන් ගන්නවා 'මේ මළකුණේ මස් නෑ. ඒ වගේම ලේ යන්තම් තැවරිලා තියෙන්නේ. එතකොට ඒ මළකුණේ මස් නැත්නම්, ලේ යන්තම් නම් තැවරිලා තියෙන්නේ මැස්සෝ වහන්නේ නෑ. පණුවෝ නෑ. සත්තු කන්න එන්නේ නෑ. දැන් මස් නැති ඇටසැකිල්ල විතරක් ටික ටික දකින්න ලැබෙනවා.'

අකුසලයෙන් හිත නිදහස් වෙනවා...

මේ තත්වය පේන්න පටන් ගන්න කොට එයා නුවණින් කල්පනා කරනවා, 'මේ ශරීරයටත් මේ ටික වෙනවනේ. මේ ශරීරයේ දැන් තිබුණ මූලික ස්වභාවය සම්පූර්ණයෙන්ම වෙනස් වෙලා, ඉදිමිලා ගිහින්, සත්තුන්ට ආහාර බවට පත්වෙලා, ලේ මස් ඔක්කොම නැතිවෙලා

ඇටසැකිල්ලක් බවට පත්වෙන ස්වභාවයට මේ ශරීරයත් පත්වෙයි නේද?' කියලා තමන්ගේ ජීවිතය මළකුණත් එක්ක ගලපා බලන්න පටන් ගන්නවා. මේ විදිහට ගලපා බලන කොට බලන කොට තමන්ගේ ජීවිතයට හොඳට සිහිය පිහිටනවා. මේකේ තියෙන වාසිය ඒකයි. අකුසල ධර්මයන්ට හිත රැඳෙන්නේ නෑ. අකුසල ධර්මයන්ට හිත රැඳෙන්නේ නැති වෙන්න හිත සකස් වෙනවා.

ඉතින් කායානුපස්සනා සතිපට්ඨානයේදී මළසිරුරකට අමු සොහොනේදි සිදුවෙන දේ ගැන තවදුරටත් නුවණින් විමසා බලන්නට පුරුදු වෙනවා. බුදුරජාණන් වහන්සේ වදාළා, ඊට පස්සේ තවදුරටත් මේ විදහට බලන්න කියලා. දැන් ඔන්න මළකුණ ඉදිමිලා, ඒක සත්තු කාලා, ඒකේ මස් ලේ නැතුව, නහර වැල් විතරක් ඉතිරි වූ මළකුණ ගැන අපි දැන් සිහි කළා.

මළ සිරුර ගැන තවදුරටත් විමසමු...

දැන් ඒකේ ලේත් නැතුව ගිහිල්ලා, මසුත් නැතුව ගිහිල්ලා, එහෙන් මෙහෙන් නහර වැල් විතරක් ඉතිරිවෙන, ඒ කියන්නේ දිරාගිය, වේලුණු නහර වැල් විතරක් තියෙන ඇටසැකිල්ල පෑදෙනවා. මෙන්න මේ ඇට සැකිල්ල දිහා එයා නුවණින් බලලා, එයා තමන්ගේ ජීවිතයට ගලපා ගන්නවා. 'මේ ශරීරය තුළත් තියෙන්නේ මේ ස්වභාවයම නේ. මේ ශරීරය මේ ස්වභාවය ඉක්මවා ගිහින් නෑ නේ. මේක නේද මේ ජීවිතයේ යථාර්ථය?' කියලා තමන්ගේ ජීවිතය තුළින් ගලපා බලන්න පටන් ගන්නවා. මේ විදිහට ගලපා බලන්න පටන් ගන්න කොට මෙයාගේ සිහිය තවදුරටත් දියුණු වෙනවා. නුවණ තවදුරටත් දියුණු වෙනවා.

ඇටසැකිල්ලක් බවට පත් වී....

දැන් මළ සිරුර ඇටසැකිල්ලක් බවට පත්වෙලා, දැන් ඇට සැකිල්ලට සිදුවෙන දේ එයා නුවණින් කල්පනා කරලා බලනවා. ඒක බලන්නෙ මේ විදිහටයි. දැන් ඔන්න ඇට සැකිල්ලක් තියෙනවා. ඇට සැකිල්ල එක විදිහට තියෙන්නේ නෑනේ. මේ ඇට සැකිල්ලේ හිස් කබල එක පැත්තක. ඒ වගේම ඉල ඇට තව පැත්තක. උරහිස් ඇට තව පැත්තක. අත්වල ඇට තව පැත්තක. ඇඟිලිවල ඇට තව පැත්තක. උකුල් ඇට තව පැත්තක. කලවා ඇට තව පැත්තක. කෙණ්ඩා ඇට තව පැත්තක. ඊළඟට පා ඇඟිලි ඇට තව පැත්තක. මේ වගේ සී සී කඩ ගිය ඇට කෑලි ඔන්න දකින්න ලැබෙනවා. මේ වෙන කොට විසිරුණු ඇට කෑලි ටිකක් බවට පමණයි ඒ ශරීරය පත්වෙලා තියෙන්නේ. මෙන්න මේක නුවණින් දැකලා, නුවණින් කල්පනා කරලා, සිහිය පිහිටුවාගෙන, තමන්ගේ ජීවිතයට ගලපා බලනවා 'මේ ශරීරයත් ඒ ස්වභාවයටම පත්වෙනවා නේද?'

මළකුණක් අමු සොහොනට දැම්මට පස්සේ ඒ මළකුණ ඇටසැකිල්ල දක්වා කොයිතරම් පරිණාමයකට පත්වුණාද? කොයිතරම් වෙනසකට පත්වුණාද? කොයි තරම් පරිවර්තනයකට ලක්වුණාද? එහෙම නම් මේ ඉරණම මේ ශරීරය පුරාම තියෙනවා. මේ ඉරණමට මේ ශරීරය ගොදුරු වෙලා තියෙන්නේ. මේ ඉරණම ඉක්මවා ගිහින් නෑ කියලා ඔන්න ඒක ගලපා බලනවා.

විසුරුණු ඇට සැකිල්ල....

ඊට පස්සේ එයා තවදුරටත් නුවණින් විමසද්දි, විමසද්දි ඔන්න මෙයාට මේ ඇටසැකිල්ල පාට වෙනස් වෙනවා පේනවා. බුදුරජාණන් වහන්සේ වදාළා මේක

හක්ගෙඩියේ පැහැයට පත්වෙනවා කියලා. ඔබ දැකලා ඇති හක්ගෙඩිය සුදුපාටයිනේ. සුදු පාට වගේ ගතියක් තමයි හක්ගෙඩියේ තියෙන්නේ. ඇට සැකිල්ල මෙන්න මේ හක්ගෙඩියේ පැහැයට හැරෙනවා. හක් ගෙඩියේ පැහැයට හැරෙන විසිරුණු ඇටසැකිල්ල දිහා බලලා එයා කල්පනා කරනවා 'දැන් මේ ඇට සැකිල්ල හක් ගෙඩියේ පාට ඇතිවුණා. මේ ඇට සැකිල්ල හක්ගෙඩියේ වර්ණයෙන් යුක්ත වුණා. එහෙනම් මේ ඇට සැකිල්ල යම් ස්වභාවයකට පත්වුණාද, මේ ස්වභාවයම මේ ශරීරයේත් තියෙනවා නේද?' කියලා අන්න නුවණින් විමසන්න පටන් ගන්නවා.

හිත කෙමෙන් කෙමෙන් වීතරාගී වෙනවා....

ඉතින් ඒ විදිහට තමන්ගේ ජීවිතයට හොඳට ගලපන්න පටන් ගන්නවා. මේ ඇට සැකිල්ල මේ හක් ගෙඩියේ පැහැයට හැරෙනවා. ඉතින් එහෙම නම් මේ ශරීරය තුළ තියෙන ඇටසැකිල්ලත් හක්ගෙඩියේ පැහැයට හැරිලා තිමා වන දෙයක් නේද? එහෙනම් මෙබඳු ජීවිතයක්ද 'මම' කිය කියා, 'මගේ' කිය කියා, 'මගේ ආත්මය' කිය කියා බැඳිලා ඉන්නේ?' අන්න නුවණින් හිතන්න පටන් ගන්න කොට එයාගේ හිත විරාගී වෙන්න පටන් ගන්නවා. එයාගේ හිත සංසුන් වෙන්න පටන් ගන්නවා. ශාන්ත වෙන්න පටන් ගන්නවා. ජීවිතාවබෝධය පිණිස සකස් වෙන්න පටන් ගන්නවා. මේක ජීවිතයට තියෙන ලොකු දෙයක්.

ඊළඟට බුදුරජාණන් වහන්සේ වදාළා මේ ඇට සැකිල්ල දිහා බලාගෙන ඉන්න කොට එයා තවදුරටත් නුවණින් සිහිකරනවා. මේ ඇට සැකිල්ල අවුරුදු ගාණක් පරණ වෙලා. සමහර විට ඔබ දැකලත් ඇති සොහොන්වල

අවුරුදු ගාණක් පරණ ඇට සැකිලි ගැන. පරණ වුණාට පස්සේ මේ ඇට සැකිලි ගැන නුවණින් බලන එයා සිහිකරනවා, 'මේ ඇට සැකිල්ල අවුරුදු ගාණක් පරණ වෙලා ගියා. එහෙනම් මගේ මේ ශරීරයත් මේ විදිහට පරණ වෙනවා නේද? ඇට සැකිල්ල පරණ වෙලා යනවා නේද?' කියලා.

ඇටසැකිලි ගොඩගැහුවොත්....

පින්වතුනි, එක තැනකදි බුදුරජාණන් වහන්සේ වදාළා, "එක කල්පයක එක් කෙනෙක් මැරෙන වාර ගණන අනුව, එයාගේ ඇටසැකිල්ල පොළොවට පස් වෙන්නේ නැත්නම්, ඒ ඇටසැකිළි එකතු කරල විශාල කන්දක් හදන්න පුළුවන්" කියලා. මේකෙන් අපට පේනවා, අපි ආපු ගමන කොයිතරම් දුරද කියලා. නමුත් බලන්න, මේ අවිද්‍යා සහගත කල්පනාවේ හැටි. අපට හිතෙන්නේ අපි මේ අලුතින් පටන්ගන්නවා කියලයි. මේ අවුරුදු පනහ හැට අපි ගෙවන ජීවිතය අපට මහා ලොකු දෙයක් වගේ. අපට මීට වඩා දෙයක් නෑ වගේ. අපි මේ සුළු කාල පරිච්ඡේදයේ විශාල දඟලිල්ලක් දඟලනවා මේක පවත්වන්න. අවබෝධයකින් තොරව.

මේ නිසා නුවණ තියෙන කෙනා හිතනවා අවබෝධයකින් යුක්තව මේ ජීවිතය පවත්වන්න. ඊට පස්සේ බුදුරජාණන් වහන්සේගේ ශ්‍රාවකයා දැන් ඒ ඇට සැකිල්ල අවුරුදු ගාණක් පරණ වෙලා යන ආකාරය දකින කොට දැන් ඇටසැකිල්ලක් නෙවෙයි තියෙන්නේ. දැන් තියෙන්නේ පුපුරල පුපුරල ගිහිල්ල, කෑලි වලට කැඩිල කුඩු බවට පත්වෙලා පස් වෙලා යන ස්වභාවයට පත් වීම.

මළ සිරුරේ අවසානය...

දැන් එතකොට බලන්න අර ඉදිමුණ මළකුණ අමු සොහොනේ දාලා තිබිලා ඇට සැකිල්ලක් බවට පත් වෙලා, ඒ ඇට සැකිල්ලත් පස් වෙලා යනකම්ම ජීවිතය දිහා බලන විදිහ තමයි මේ නව ආකාරයකින් සීවථිකය කෙරෙහි, ඒ කියන්නේ අමු සොහොනෙ මළ සිරුරකට වන දේ දිහා බලන්න කියලා බුදුරජාණන් වහන්සේ වදාළේ. කායානුපස්සනා භාවනාව ඔපමණකින් සම්පූර්ණ වෙනවා.

භාවනා ක්‍රම දහ හතරක්....

එතකොට දැන් කායානුපස්සනා භාවනාවේ තියෙනවා භාවනා ක්‍රම දහ හතරක්. පළවෙනි එක ආනාපානසති භාවනාව. ඊළඟට අපි ඉගෙන ගත්තේ ඉරියව් භාවනාව. ඊළඟට සති සම්පජඤ්ඤ භාවනාව. ඒ වගේම හතරවෙනි එක අසුභ භාවනාව. පස්වෙනි එක ධාතු මනසිකාර භාවනාව. ඊළඟට අමුසොහොනේ මළ සිරුරකට වන දේ ආකාර නවයක් බැලුවා. එතැන භාවනා ක්‍රම නවයක් තියෙනවා. එතකොට කායානුපස්සනා භාවනාව ආකාර දහ හතරකින් දියුණු කිරීම ගැන බුදුරජාණන් වහන්සේ වදාළ දේශනාව තමයි සතිපට්ඨාන සූත්‍රයේ තියෙන කායානුපස්සනාව. මේ කායානුපස්සනාවට කියන තව නමක් තියෙනවා '**කායගතාසති**' කියා. කායගතාසති කියන්නේ කය අනුව දියුණු කරන සිහිය.

අපි ඉස්සෙල්ලම පටන් ගත්තේ ආශ්වාස ප්‍රශ්වාස වලින්. ආශ්වාස ප්‍රශ්වාස කියන්නේ කය හා බැඳුණු දෙයක්. කය හා බැඳුණු ආශ්වාස ප්‍රශ්වාස වලින්, ආනාපානසතියෙන් පටන් අරගෙන මේ භාවනාව අවසන් වුණේ කොයිතරම් පළල් දැක්මක් ජීවිතයේ ඇති කරගෙනද?

ප්‍රාර්ථනාවකින් කරන්න බැහැ...

මේ තුළින් ඔබට තේරුම් ගන්නට පුළුවනි ධර්මාවබෝධ කරනවා කියන එක, නිවන් අවබෝධ කරනවා කියන එක ප්‍රාර්ථනාවකින් ලබන්න පුළුවන් එකක් නෙවෙයි. ඔබ මුළු ජීවිතයේම ප්‍රාර්ථනා කළත් ලබන්නට බැහැ. අභ්‍යන්තර පිරිසිදු බව කියන එක ප්‍රාර්ථනා කරලා ලබන්න බැහැ. මුළු ජීවිත කාලයම පැතුවත් ලබන්න බැහැ. දුක් දොම්නස් නැති ජීවිතයක් කවදාවත් ප්‍රාර්ථනා කරලා ලබන්න බැහැ. ජරා මරණ නැති ජීවිතයක් කවදාවත් ප්‍රාර්ථනා කරලා ලබන්න බැහැ. ලැබෙන්නෙත් නෑ.

දුක් දොම්නස් නැති ජීවිතයක්....

එහෙම නම් අපේ ජීවිතවල තියෙනවා, අපට මගහැරලා යන්න බැරි, මුහුණ දෙන්නම වෙන යථාර්ථයක්. අන්න ඒ යථාර්ථය දැකීමට තමයි බුදුරජාණන් වහන්සේගේ ධර්මයේ පුරුදු කරන්නේ. අන්න ඒ යථාර්ථය දකින විදිහට ජීවිතය දකින කෙනා දුක් දොම්නස් නැති, ශෝක පීඩා නැති, තැවුල් නැති අවබෝධයක් ඇති ජීවිතයක් ගොඩ නගා ගන්නවා. අන්න ඒකට තමයි මේ කායානුපස්සනාව උපකාරී වෙන්නේ.

ක්‍රමානුකූල වැඩපිළිවෙලක හික්මෙමු...

දැන් බලන්න මේ හිත වීතරාගී විදිහට සකස් වෙන්න හිත ක්‍රියා කරවන ආකාරය. එතකොට අපට පැහැදිලිව පේනවා, මාර්ගයක්, ප්‍රතිපදාවක්, වැඩපිළිවෙලක්, ක්‍රියාකාරකමක් තුළින් තමයි අභ්‍යන්තර ජීවිතයක් පිරිසිදු වෙන්නේ. අභ්‍යන්තර ජීවිතය සම්පූර්ණයෙන්ම පිරිසිදු වෙන්නේ. ඒ වගේම යම්කිසි ක්‍රියාකාරකමකින්,

වැඩපිළිවෙලකින් තමයි අභ්‍යන්තර ජීවිතය අපිරිසිදු වෙන්නෙත්. මේ සතිපට්ඨානය තුළින් අභ්‍යන්තර ජීවිතය පිරිසිදු වෙන ආකාරයට සම්පූර්ණයෙන්ම සකස් කරනු ලබනවා.

මේ ධර්මය මටත් හොඳයි....

ඇත්ත වශයෙන්ම බුදුරජාණන් වහන්සේගේ ධර්මය කොයිතරම් ප්‍රායෝගිකව දකින එකක්ද? ජීවිතයට කොයිතරම් උපකාර වන දෙයක්ද කියලා තේරෙන්නේ උන්වහන්සේගේ ධර්මය අපට තේරෙන භාෂාවෙන් ඉගෙන ගන්න කොටයි. බුදුරජාණන් වහන්සේගේ ධර්මය තුළ තියෙන අකාලික බව, ඒ කියන්නේ ඕනෑම කාලයක අවබෝධ කරන්න තියෙන හැකියාව තියෙන බව හොඳට ප්‍රත්‍යක්ෂ වෙන්නේ ටිකෙන් ටික ඒ ධර්මය ප්‍රගුණ කරන්න අවංකවම මහන්සි ගන්න කොටයි. ඉතින් ඒ නිසා මේ දුර්ලභ අවස්ථාව ඔබට දැන් තියෙනවා. ඉතින් දැන් ඔබ මේ ඉගෙන ගන්න ධර්මය අහක දාන්න එපා. ඔබ ශක්ති පමණින් මේ ධර්මය පුරුදු කරන්න. මේ ධර්මය පුරුදු කරගෙන යද්දි ඔබේ ජීවිතයේ සිදුවන දියුණුව ඔබටම අත්දකින්න පුළුවන් වෙනවා.

හඳුනාගනිමු සදහම් ගුණ....

අන්න එතකොට ඔබ තේරුම් ගනීවි, බුදුරජාණන් වහන්සේ මේ ධර්මය මනාකොට දේශනා කරලා තියෙනවා. මේ ධර්මය මනා කොට දේශනා කරලා තියෙනවා කියන එක තමයි **ස්වාක්ඛාතයි** කියන්නේ. බුදුරජාණන් වහන්සේ වදාළ ධර්මය මේ ජීවිතයේ දකින එකක්. ඒකට තමයි **සන්දිට්ඨිකයි** කියන්නේ. බුදුරජාණන් වහන්සේ වදාළ ධර්මය ඕනෑම කාලයක අවබෝධ කරන්න පුළුවන්

එකක්. ඒකට කියන්නේ **අකාලිකයි** කියලයි. බුදුරජාණන් වහන්සේ වදාළ ධර්මයේ රහස් බණ නෑ. එළිපිට කතා කරන්න පුළුවන් එකක්. 'ඇවිත් බලන්න' කියලා බුද්ධිමත් අයට ආරාධනා කරන්න පුළුවන් එකක්. ඒකට කියන්නේ **ඒහිපස්සිකයි** කියලා. හැබැයි, බුදුරජාණන් වහන්සේ වදාළ ධර්මය බලන්නට තියෙන්නේ තමා තුළට පමුණුවාගෙන මිසක් අනුන් තුළින් නෙවෙයි. ඒකට කියනවා **ඕපනයිකයි** කියලා. බුදුරජාණන් වහන්සේ වදාළ ධර්මය බුද්ධිමත් අය තම තම නැණ පමණින් අවබෝධ කරගන්නවා. ඒකට කියනවා **පච්චත්තං වේදිතබ්බ විඤ්ඤූහි** කියලා.

කායානුපස්සනා සතිපට්ඨානය....

මේ කියන ලක්ෂණ අපි මේ කතා කරන දේ තුළ තියෙනවා. ආනාපානසතිය කතා කළා. සති සම්පජඤ්ඤය කතා කළා. ඉරියාපථය කතා කළා. අසුභ භාවනාව කතා කළා. ධාතු මනසිකාරය කතා කළා. දැන් මේ අමු සොහොනෙදි මළකුණක් වෙනස් වෙන ආකාරය කතා කළා. මේ ඔක්කොම කායානුපස්සනාව. මේ ඔක්කොම කය අනුව බලන දේ.

මේකේ වේදනානුපස්සනාව, චිත්තානුපස්සනාව, ධම්මානුපස්සනාව කියලා තවත් භාවනා ක්‍රම තියෙනවා. අපි ටිකෙන් ටික ඒ භාවනා ක්‍රමත් ඉගෙන ගන්නට ඕනෙ. දැන් කායානුපස්සනා භාවනාව කරන වෙලාවෙ ඔබට ඉතාම හොඳයි කායානුපස්සනාව විතරක් දිගටම පුරුදු කරන එක. කායානුපස්සනාව තුළ සෑහෙන දුරට සිහිය, නුවණ, වීර්යය දියුණු කරගන්න ඔබට පුළුවන්.

- නව සීවථික භාවනාව -

නව සීවථික භාවනාව වැඩීම පිණිස පළමුව මරණයට පත් වූ අයෙකුගේ මළ සිරුරක් සිහියට නගා ගන්න. සිතින් ඒ මළ සිරුරේ හිස සිට දෙපා දක්වා කිහිප විටක් හොඳින් බලන්න. දැන් මේ මළ සිරුර පාළු සොහොනක දමා ඇති ආකාරය සිහිපත් කරගන්න. පාළු සොහොනක හුදෙකලාව ඇති මළ සිරුර දෙස නැවත කිහිප වරක් සිතින් විමසා බලන්න.

1. දැන් මළ සිරුරට දින දෙකක් ගත වී ඇත. මළ සිරුර ටිකක් ඉදිමී ඇත. තොල් ඉදිමිලා. ටිකක් කළු පැහැ වෙලා. දැන් ඒ මළ සිරුරට දින තුනක් ගතවෙලා. පෙරට වඩා වැඩියෙන් මළ සිරුර ඉදිමිලා. තොල් ඉදිමිලා. මුහුණ ඉදිමිලා. විරූපී වෙලා. කට විවර වෙලා. පෙරට වඩා කළු පාට වෙලා. දැන් මළ සිරුරට දින කීපයක් ගත වෙලා. මුළු මළ සිරුරම ඉදිමිලා. තොල් ඉදිමිලා. මුහුණ ඉදිමිලා. විරූපී වෙලා. කට ඇරිලා. ඇස් ඇරිලා. අත පය ඉදිමිලා. බඩ ඉදිමිලා ඉදිරියට නෙරා ඇවිල්ලා. දැන් මළ සිරුර තද නිල් පාට වෙලා කටින් සැරව ගලනවා. නාසයෙන් සැරව ගලනවා. කණ් වලින් සැරව ගලනවා. ඇස් වලින් සැරව ගලනවා. මුත්‍ර මාර්ගයෙන්, ගුද මාර්ගයෙන් සැරව ගලනවා. සම පුපුරලා තැන් තැන් වලින් සැරව ගලනවා.

මගේ ශරීරයත් මේ වගේමයි. කවදා හෝ මගේ ශරීරයටත් මේ ටිකම සිදුවෙනවා. අන් අයගේ ශරීරත් මේ විදිහටම සැරව ගලන තත්වයට පත්වෙනවා. සියලුදෙනාගෙම ශරීර මේ තත්වයට පත් වෙනවා. (මේ අයුරින් නැවත නැවත සිතමින් ඒ සටහන හොඳින් සිතට ගන්න.)

2. දැන් ඒ සොහොනේ දාපු මළ සිරුර සත්තු කනවා. කපුටන් ඇවිත් මළ සිරුර උඩ වහලා කොට කොටා කනවා. ඇස් උගුල්ලලා කනවා. හිවලුන් ඇවිදින් අත පය වලින් ඇද ඇද කනවා. බල්ලන් ඇවිත් මළ සිරුර එහාට මෙහාට අදිමින් කනවා. මළ සිරුර වටේ මස් කෑලි විසිරිලා. මළ සිරුරේ අත පය එහාට මෙහාට ඇඹරිලා. බඩවැල් එළියට ඇවිල්ලා. කුරුල්ලන් ඒවා ඇද ඇද කනවා.

මගේ ශරීරයටත් මේ ටිකම සිදුවෙනවා. කවදා හරි දවසක මගේ ශරීරයත් මේ තත්වයට පත්වෙනවා. අන් අයගේ ශරීරත් මේ විදිහටම සතුන් කා දමනවා. සියළු දෙනාගේම ශරීර මේ විදිහටම සතුන් කා දමනවා.

3. දැන් ඒ මළ සිරුරේ තැනින් තැන ඇට සැකිල්ල පෑදිලා. තැන් තැන්වල සත්තු කාලා ඉතිරි වුණ මස් රැඳිලා. මුළු ඇට සැකිල්ලම නහර වලින් වෙළිලා. ලේ වලින් තැවරිලා.

මගේ ශරීරයටත් මේ ටිකම සිදුවෙනවා. කවදා හරි දවසක මගේ ශරීරයත් මේ තත්වයට පත්වෙනවා. අන් අයගේ ශරීරත් මේ විදිහටම ඇටසැකිල්ල පෑදිලා දිරලා යනවා. සියළු දෙනාගේම ශරීර මේ තත්වයට පත්වෙනවා.

4. දැන් ඒ මළ සිරුර මුළුමනින්ම ඇට සැකිල්ල පෑදිලා. මස් චුට්ටක්වත් නෑ. මුළු ඇට සැකිල්ලම නහර වලින් එතිලා. ඇට සැකිල්ල ලේ තැවරිලා.

මගේ ශරීරයටත් මේ දෙයම සිදුවෙනවා. කවදා හෝ දවසක මගේ ශරීරයත් මස් නැති ලේ තැවරුන ඇටසැකිල්ලක් බවට පත්වෙනවා. අන් අයගේ ශරීරත් මේ විදිහමයි. සියලු දෙනාගේම ශරීර මේ තත්වයට පත්වෙනවා.

5.   දැන් ඒ මළ සිරුරේ තියෙන්නේ ඇට සැකිල්ල
විතරයි. ඇට සැකිල්ල නහර වලින් එතිලා. මස් චුට්ටක්
වත් නෑ. ලේ සැරව නෑ. නහර වැලින් එකට බැඳුන ඇට
සැකිල්ල විතරක් ඉතුරුවෙලා.

මගේ ශරීරයටත් මේ දෙයම සිදුවෙනවා. කවදා
හෝ දවසක මගේ ශරීරයත් මේ තත්වයට පත්වෙනවා.
අන් අයගේ ශරීරත් මේ තත්වයට පත්වෙනවා. සියලු
දෙනාගෙම ශරීර මේ තත්වයට පත්වෙනවා.

6.   දැන් ඒ මළ සිරුරේ ඇට සැකිල්ල තැන් තැන්
වල විසිරිලා. හිස් කබල එක පැත්තක. බෙල්ලේ ඇට
එක පැත්තක. උරහිස් ඇට එක පැත්තක. ඉල ඇට තව
පැත්තක. අත් ඇට තවත් පැත්තක. කොඳු ඇට පෙළ
තව පැත්තක. උකුල් ඇට වෙනත් පැත්තක. කලවා ඇට
තව දිහාවක. කෙණ්ඩා ඇට තව දිහාවක. පතුල් ඇට, පා
ඇඟිලි ඇට වෙන පැත්තක. මුළු ඇට සැකිල්ල ම විසිරිලා
ගිහිල්ලා.

මගේ ශරීරයටත් මේ දෙයම සිදුවෙනවා. මගේ
ශරීරයේ ඇට සැකිල්ලත් මේ වගේම විසිරිලා යනවා.
අන් අයගේ ශරීර වල ඇටසැකිලිත් මේ විදිහටම විසිරිලා
යනවා. සියලු දෙනාගේම ඇට සැකිල්ල මේ විදිහටම
විසිරිලා යනවා.

7.   දැන් ඒ ඇට සැකිල්ලේ පාට හරියට සුදු පාට හක්
ගෙඩියක පාට වගේ. තැන් තැන් වල විසිරුණු ඇට
සියල්ලම හක් ගෙඩියක සුදු පාටට හැරිලා.

මගේ ශරීරයේ ඇට සැකිල්ලත් මේ විදිහටම සුදු
පාටට හැරෙනවා. අන් අයගේ ශරීරවල ඇට සැකිල්ලත් මේ
විදිහටම හක්ගෙඩියක පාටට හැරෙනවා. සියලු දෙනාගෙම

ඇට සැකිළි මේ විදිහටම සුදු පාටට හැරිලා දිරලා යනවා.

8. දැන් ඒ ඇට කැබලි තැන් තැන්වල ගොඩ ගැහිලා. බොහෝ කල් ගතවුන ඇට කැබලි ටිකක්. ඒ ඇට කැබලි වෙන් කරලා හඳුනාගන්න බැහැ. ගොඩවල් ගැහුන, කල් ගතවෙච්ච සුදු පාට ඇට ගොඩක් විතරයි.

මගේ ශරීරයේ ඇට සැකිල්ලටත් මේ දෙයම වෙනවා. කවදා හරි මේ ශරීරයේ ඇට සැකිල්ලත් දිරලා ගොඩවල් හැදිලා තියේවි. අන් අයගේ ශරීරත් ඒ වගේමයි. සියලු දෙනාගේම ශරීරවල ඇට සැකිලි මේ විදිහටම දිරලා යනවා.

9. දැන් ඇට සැකිල්ලක් පේන්න නෑ. ඇට කැබැලි හොඳටම දිරලා ගිහිල්ලා. සුදු පාට හුණු වගේ කුඩු බවට පත්වෙලා. පොළොවට පස් වෙලා. ඒ ඇට කැබැලි හොඳටම දිරලා ගිහිල්ලා.

මගේ ශරීරයත් මේ විදිහටම පොළොවට පස් වෙලා දිරලා යනවා. අන් අයගේ ශරීරත් මේ විදිහටම දිරලා පොළොවට පස්වෙලා යනවා. සියලු දෙනාගේම ශරීර මේ විදිහටම දිරලා පොළොවට පස් වෙලා යනවා.

නමෝ තස්ස භගවතෝ අරහතෝ සම්මාසම්බුද්ධස්ස
ඒ භාග්‍යවත් අරහත් සම්මා සම්බුදුරජාණන් වහන්සේට නමස්කාර වේවා!

08.
සතර සතිපට්ඨානය තුළ වේදනානුපස්සනාව

8.1. වේදනානුපස්සනාව

දැන් ඔබ බුදුරජාණන් වහන්සේ වදාළ ශ්‍රී සද්ධර්මයේ කායානුපස්සනා භාවනාව ගැන සෑහෙන තොරතුරු දන්නවා. දැන් අපි ඉගෙන ගන්නේ වේදනානුපස්සනා භාවනාව ගැන. වේදනානුපස්සනා භාවනාව ගැන බුදුරජාණන් වහන්සේ වදාළ කොටස අපි හොඳට ඉගෙන ගන්නට ඕන.

වේදනාව නිවැරදි කරගන්න...

සාමාන්‍යයෙන් වේදනාව කියන වචනය අපි ඉගෙන ගෙන තියෙන්නේ රිදෙන කොට, දුකක් ඇතිවුණාම, පීඩාවක් ඇතිවුණාම, කැක්කුමක් ඇතිවුණාම පාවිච්චි කරන්නයි. අපේ හිතේ සතුටක් ඇතිවුණාට පස්සේ

අපි කවදාවත් කියන්නෙ නෑ, "මට මේ සැප සහගත වේදනාවක් තියෙනවා" කියල කියන්නෙ නෑ. වේදනාව කියල කියන්නේ දුකටමයි. "මම හරි වේදනාවෙන් ඉන්නෙ" කියල කියනවා. "ඇඟ පත හරිම වේදනයි" කියනවා. මේ වේදනාව කියන වචනය අපි පාවිච්චි කරන්නේ දුක් සහගත විඳීමකට.

නමුත් බුදුරජාණන් වහන්සේ වේදනාව කියන වචනය පාවිච්චි කළේ පොදු අර්ථයකට. ඒ තමයි විඳීම. පින්වතුනි, අපි විඳිනවා තුන් ආකාරයක විඳීමක්. අපි සැපත් විඳිනවා. අපි දුකත් විඳිනවා. අපි දුක් සැප රහිත බවත් විඳිනවා. මේ විඳීම ඇතිවෙන්නේ ස්පර්ශයෙන්. ස්පර්ශය කියල කියන්නේ මේ ආයතන හය තුළම ඇතිවන දෙයක්. ඇස, කණ, නාසය, දිව, කය, මන කියන ආයතන හයේම ඇතිවෙන දෙයක් ස්පර්ශය. ස්පර්ශය යම් තැනක හටගන්නවාද, අන්න එතන තමයි විඳීම හටගන්නේ. එහෙම නම් ආයතන හය තුළම සැප, දුක්, උපේක්ෂා කියන විඳීම හටගන්නවා. එතකොට මේ ස්පර්ශය සැප සහගත වෙන කොට, විඳීම සැප සහගත වෙනවා. ස්පර්ශය දුක් සහගත වෙන කොට විඳීම දුක් සහගත වෙනවා. ස්පර්ශය මධ්‍යස්ථ වෙනකොට විඳීම මධ්‍යස්ථ වෙනවා.

වේදනා කොටස් දෙකක්...

එතකොට මේ සැප, දුක්, උපේක්ෂා කියන විඳීම් බුදුරජාණන් වහන්සේ මේ සතිපට්ඨාන සූත්‍රයේදී **සාමිස වේදනා, නිරාමිස වේදනා** කියල කොටස් දෙකකට බෙදා වදාළා. සාමාන්‍යයෙන් ඔබ මතක තියාගන්නට ඕනෙ, දැන් අපේ රටේ කාලයක් තිස්සේ පුරුදු කරගෙන තියෙනවා භාවනාවලදී රිදීමක් එනකොට "වේදනා... වේදනා...

වේදනා... රිදෙනවා.... රිදෙනවා.... රිදෙනවා...." කියල සිහිකරන්න කියල. නමුත් බුදුරජාණන් වහන්සේගේ ධර්මයේ එහෙම එකක් නෑ. සිහිය පිහිටුවා ගන්න කියනව සාමිස විඳීම ගැනත්, නිරාමිස විඳීම ගැනත්. ඒකෙ තියෙන්නේ **'සාමිසං වා සුඛං වේදනං වේදියමානෝ සාමිසං සුඛං වේදියාමීති පජානාති'**

පංච කාමය නිසා ඇතිවෙන විඳීම...

සාමිස විඳීම කියන්නේ ඇහෙන් රූප දැක්කාම, කණෙන් ශබ්ද ඇහුවාම, නාසයෙන් ගඳ සුවඳ ආඝ්‍රාණය කළාම, දිවෙන් රස වින්දාම, කයෙන් පහස දැනුණාම ඇති වෙන විඳීමට කියනවා සාමිස කියල. ඒ කියන්නේ පංච කාම අරමුණු මුල් කරගෙන සැපක් හෝ දුකක් හෝ සැප දුක් රහිත මධ්‍යස්ථ බවක් හෝ ඇතිවෙනවා නම් අන්න ඒකට කියනවා සාමිස වේදනා කියල.

පංච කාමයෙන් බැහැරව ඇතිවෙන විඳීම....

අපි කියමු භාවනාවක් වඩාගෙන යද්දී, භාවනාව අපිට ඕනෙ හැටියට වැඩෙන්නෙ නෑ. එතකොට අපට ඇතිවෙනවා දුකක්. ඒක එතකොට පංච කාමයන් මුල් කරගෙන ඇතිවෙච්ච දුකක් නෙවෙයි. නිරාමිස දෙයක් මුල් කරගෙන ඇතිවෙච්ච දුකක් ඒ. ඒකට කියනවා නිරාමිස වේදනා කියල. නිරාමිස දුක් වේදනා කියල.

දැන් ඔබ භාවනා කරගෙන යන කොට සිත සමාධිගත වෙනවා. සිත සමාධිගත වුණාම ඔබට ඇතිවෙනවා සැපක්. ඒක නිරාමිස සැප වේදනාවක්. ඊළඟට ඔබට සැප වේදනාවල් නැති මනසිකාර කරගෙන යන වෙලාවල් එනවා සැපක් තේරෙන්නෙත් නැති, දුකක්

තේරෙන්නෙත් නැති භාවනා අරමුණක් තියෙනවා. ඒකට කියනවා නිරාමිස උපේක්ෂා වේදනා කියල. එතකොට සැප වේදනා, දුක් වේදනා, උපේක්ෂා වේදනා සාමිස කියල කොටසකට බෙදෙනවා. නිරාමිස කියල කොටසකට බෙදෙනවා. මේක ඔබ හොඳට සිහි කරල, හොඳට තේරුම් ගන්නට ඕනෙ. මේ විඳීම මේ ආකාරයි කියල.

දිය බුබුලක් බඳු විඳීමක්...

බුදුරජාණන් වහන්සේ වදාළේ මේ විඳීමේ ස්වභාවය තමයි, දිය බුබුලක ස්වභාවය. ඒ කිව්වෙ වැස්ස වැහැපු වෙලාවක වැස්ස වැහැපු තැනකට ලොකු දිය බින්දු වැටෙනවා නම්, ඒ වැටෙන දිය බිඳු වතුරට වැටෙන කොටම ඒ වතුරෙන් දිය බුබුලක් ඇතිවෙනවා අර සට්ඨනයත් එක්කම. ඊළඟ දිය බුබුල ඇති වෙනකොට අර දිය බුබුල නැතිවෙනවා. වෙන එකක් හටගන්නවා. මේ වගේ තමයි මේ විඳීම.

වේදනානුපස්සනාව වඩන හැටි....

බුදුරජාණන් වහන්සේ පෙන්වා දෙනවා මේ විඳීමට සිහිය යොමු කරන්න කියල. විඳීමට සිහිය යොමු කරන කොට එයා හොඳ සිහියෙන් ඉන්නට ඕනෙ සාමිස ඒ කිව්වෙ පංච කාම අරමුණු මුල්කරගත්තු දුක් විඳීමක් ද, පංච කාම අරමුණු මුල් කරගත්තු සැප විඳීමක් ද, පංච කාම අරමුණු මුල් කරගත්තු උපේක්ෂා විඳීමක් ද කියල නුවණින් විමසා බලනවා. සිහිය පිහිටුවා බලනවා.

එතකොට එයාට තේරෙනවා මේ මම විඳින්නා වූ දුක් විඳීම පංච කාම අරමුණු මුල් කරගත්තු විඳීමක්. සැප විඳින කොට එයාට තේරෙනවා මම මේ විඳින්නා

වූ සැප විඳීම පංච කාම අරමුණු මුල් කරගත්තු විඳීමක්. මධ්‍යස්ථ විඳීම විඳින කොට එයා තේරුම් ගන්නවා මම මේ විඳින්නා වූ මධ්‍යස්ථ විඳීම පංච කාම අරමුණු මුල් කරගත්ත විඳීමක්. මේ විදිහට විඳීම ගැන, සාමිස වේදනා ගැන සිහිය පිහිටුවා ගන්නවා.

ඊළඟට නිරාමිස විඳීම. දැන් භාවනා කරන කෙනෙකුට භාවනාව වැඩෙන්නේ නැත්නම්, සමාධිය වැඩෙන්නෙ නැත්නම්, යම්කිසි දුකක් තියෙන්න පුළුවනි. එතකොට එයා තේරුම්ගන්න ඕනෙ මේක තමයි නිරාමිස දුක් විඳීම. භාවනාව දියුණු කරගෙන යද්දි එයාට සනීපයක්, සැපයක් දැනෙනවා. එතකොට ඒ කෙනා දැනගන්නට ඕනෙ මේක තමයි නිරාමිස සැප විඳීම. භාවනාව දියුණු කරගෙන යාමේදී සැපත් නැති දුකත් නැති මධ්‍යස්ථ විඳීම් විඳින්නට ලැබෙනවා. එයා සිහිකරනවා මේක තමයි මධ්‍යස්ථ විඳීම කියල.

සියලු දෙනා තුළම වේදනාව සමානයි...

මේ විදිහට වේදනානුපස්සනා භාවනාවේ සිහිය පිහිටුවන්න පිහිටුවන්න මේ කෙනා තේරුම් ගන්නවා මේ විඳීම් තුනම තමයි අනිත් අයටත් තියෙන්නෙ. අන්න තමාට යම්කිසි සැප විඳීමක්, දුක් විඳීමක්, උපේක්ෂා විඳීමක් ඇතිවෙනවද, මෙවැනි විඳීම් තුනක් තමා තුළත්, අනිත් අය තුළත් තියෙන්නෙ කියල එකම ස්වභාවයක් තියෙන්නෙ කියල සිහිකරනවා.

ස්පර්ශය නිසයි විඳීම...

මෙහෙම සිහිකරල ඒ කෙනා නුවණින් බලනවා, ස්පර්ශය වෙනස් වීමෙන් විඳීම වෙනස් වෙනවා. ස්පර්ශය

කියන්නෙ පින්වතුනි ගැටීම නෙවෙයි. සාමාන්‍යයෙන් ස්පර්ශය කියන වචනය ඔබ ඉගෙනගෙන ඇත්තෙ ගැටීම කියල. බුදුරජාණන් වහන්සේ වදාළේ ස්පර්ශය කියන්නෙ ගැටීම නෙවෙයි. **(තිණ්ණං සංගති ඵස්සෝ)** කරුණු තුනක එකතු වීම ස්පර්ශයයි. මොකක්ද මේ කරුණු තුන? ඇසයි, රූපයයි, විඤ්ඤාණයයි එකතු වීම තමයි ඇසේ ස්පර්ශය. කණයි, ශබ්දයයි, විඤ්ඤාණයයි එකතු වීම තමයි කණේ ස්පර්ශය. නාසයයි, ගඳ සුවඳයි විඤ්ඤාණයයි එකතු වීම තමයි නාසයේ ස්පර්ශය. දිවයි, රසයයි. විඤ්ඤාණයයි එකතු වීම තමයි දිවේ ස්පර්ශය. කයයි, පහසයි, විඤ්ඤාණයයි එකතු වීම තමයි කයේ ස්පර්ශය. මනසයි, අරමුණුයි, විඤ්ඤාණයයි එකතු වීම තමයි මනසේ ස්පර්ශය.

මනස - අරමුණ - විඤ්ඤාණය

හොඳට තේරුම් ගන්න මනස කියන්නේ තව එකක්. අරමුණ කියන්නේ තව එකක්. විඤ්ඤාණය කියන්නේ තව එකක්. මනසයි, අරමුණයි, විඤ්ඤාණයි **(තිණ්ණං)** තුන **(සංගති)** එකතු වීම **(ඵස්සෝ)** ස්පර්ශයයි. ඒක තේරුම් ගන්නෙ මෙහෙමයි. දැන් මනසට අරමුණක් ආවාම මේක මනසින්ම දැනගන්නවා. මේ දැනීම තමයි මෙතන තියෙන විඤ්ඤාණය. මේ මනසයි අරමුණයි එකක් නෙවෙයි. දෙකක්. ඒ කියන්නෙ මෙහෙමයි. දැන් අපි කියමු මනසට අරමුණක් මතක් වෙනවා. මතක් වුණාම අපට පුළුවන් මේක හොඳ අරමුණක් නෙවෙයි. මේක හොඳ නෑ කියල ඒක බැහැර කරල හොඳ අරමුණේ සිහිය පිහිටුවනවා. ඒක කරන්න පුළුවන් වෙන්නෙ මනසයි අරමුණයි දෙකක් නිසා. ඒක එකක් වුණා නම් අපට කරන්න දෙයක් නෑ. එන එන එක ඒ විදිහටම තියෙන්න ඉඩ අරින්න ඕනෙ. දැන්

මනස වෙන එකක්, අරමුණ වෙන එකක් නිසා මනසට අරමුණක් ආවට පස්සේ අපට ඒක වෙනස් කරන්න පුළුවන්. එතකොට මේකෙන් තේරුම් ගන්න මනසයි, අරමුණයි, විඤ්ඤාණයයි කියන එකේ වෙනස්කම. එතකොට මනසයි, අරමුණයි, විඤ්ඤාණයයි එකතු වීම මනසේ ස්පර්ශය. මෙන්න මේ ස්පර්ශයෙන් තමයි විඳීම හටගන්නෙ.

වේදනාවේ හටගැනීම හා නැතිවීම...

දැන් හොඳට වේදනානුපස්සනා සතිපට්ඨානයේ සිහිය පිහිටුවාගත්තු එක්කෙනා ස්පර්ශය වෙනස් වීමෙන් විඳීම වෙනස් වන බවත්, ස්පර්ශය නැතිවීමෙන් විඳීම නැති වී යන බවත් දකිනවා. ඒකට කියනවා (**සමුදය ධම්මානුපස්සී වා වේදනාසු විහරති වය ධම්මානුපස්සී වා වේදනාසු විහරති.**) විඳීම් ගැන හටගන්නා ආකාරයත් දකිමින් වාසය කරනවා. නැසී යන ආකාරයත් දකිමින් වාසය කරනවා.

විඳීම ගැන යථාර්ථය අවබෝධ වෙනවා...

මෙහෙම වාසය කරන කොට මෙයාට තේරුම් යන්න පටන් ගන්නවා මේකෙ අයිතිකාරයෙක් නෑ. හේතු නිසා හටගන්නා ඵලයක් තියෙනවා. හේතු නැතිවීමෙන් ඒ ඵලය නැති වී යන ස්වභාවයෙන් යුක්තයි කියලා. මේ ස්වාභාවික නියාම ධර්මයක් මෙතන පවතින බව මේ කෙනා මේක අවබෝධ කරගන්නවා. මම කියල හිතපු එක, මම විඳිනවා කියල හිතපු එක කොයිතරම් වැරදි දෙයක්ද? මගේ විඳීම කියල හිතපු එක කොයිතරම් අනවබෝධයක්ද? මේ විඳීම තුළ අයිතිකාරයෙක් ඉන්නවා, ආත්මයක් තියෙනවා කියල මට හිතුණු කොයිතරම් වැරදි

වැටහීමක්ද කියල මේ කෙනා නිවැරදි වෙනවා. නිවැරදි වෙලා මම කියල විඳීමට බැඳෙන්නෙ නැතිව යනවා. මගේ කියල බැඳෙන්නෙ නැතිව යනවා. මගේ ආත්මය කියල බැඳෙන්නෙ නැතිව යනවා. අන්න ඒ කෙනාගේ තවදුරටත් සිහිය දියුණු වීම පිණිස, තවදුරටත් නුවණ දියුණු වීම පිණිස, තවදුරටත් ජීවිතාවබෝධය පිණිස මේ වේදනානුපස්සනාව උපකාර වෙනවා. අන්න එතකොට ඒ වේදනානුපස්සනා භාවනාවේ ඒ කොටස සම්පූර්ණ වෙනවා.

ඔබ තේරුම් ගන්න මෙතනදි වේදනා... වේදනා... වේදනා... විඳීමක්... විඳීමක්... විඳීමක්... කියල සිහි කිරීම නෙවෙයි. දැන් මේක හොඳට බලන්න. මේ කාරණය කොයිතරම් සත්‍යයක්ද කියල සතිපට්ඨාන සූත්‍රයේ වේදනානුපස්සනා කොටස බලන්න පුළුවන්.

- වේදනානුපස්සනා භාවනාව -

අතීතයේ නිරුද්ධ වී ගිය, කෙලෙස් සහිත (සාමිස) සැප වේදනාව, ස්පර්ශය නිසා හටගත් හෙයින් ද, ස්පර්ශය නැති වීමෙන් නැති වී යන හෙයින් ද, අනිත්‍යයි... අනිත්‍යයි... අනිත්‍යයි...

අතීතයේ නිරුද්ධ වී ගිය, කෙලෙස් සහිත (සාමිස) සැප වේදනාව, මම නොවේ... මගේ නොවේ... මගේ ආත්මය නොවේ....

වර්තමානයේ පවතින්නා වූ, කෙලෙස් සහිත (සාමිස) සැප වේදනාව, ස්පර්ශය නිසා හටගත් හෙයින් ද, ස්පර්ශය නැති වීමෙන් නැති වී යන හෙයින් ද, අනිත්‍යයි... අනිත්‍යයි... අනිත්‍යයි...

වර්තමානයේ පවතින්නා වූ, කෙලෙස් සහිත (සාමිස) සැප වේදනාව, මම නොවේ... මගේ නොවේ... මගේ ආත්මය නොවේ....

අනාගතයේ හට ගන්නා වූ, කෙලෙස් සහිත (සාමිස) සැප වේදනාව, ස්පර්ශය නිසා හටගත් හෙයින් ද, ස්පර්ශය නැති වීමෙන් නැති වී යන හෙයින් ද, අනිත්‍යයි... අනිත්‍යයි... අනිත්‍යයි...

අනාගතයේ හට ගන්නා වූ, කෙලෙස් සහිත (සාමිස) සැප වේදනාව, මම නොවේ... මගේ නොවේ... මගේ ආත්මය නොවේ....

අතීතයේ නිරුද්ධ වී ගිය, කෙලෙස් සහිත (සාමිස) දුක් වේදනාව, ස්පර්ශය නිසා හටගත් හෙයින් ද, ස්පර්ශය නැති වීමෙන් නැති වී යන හෙයින් ද, අනිත්‍යයි... අනිත්‍යයි... අනිත්‍යයි...

අතීතයේ නිරුද්ධ වී ගිය, කෙලෙස් සහිත (සාමිස) දුක් වේදනාව, මම නොවේ... මගේ නොවේ... මගේ ආත්මය නොවේ....

වර්තමානයේ පවතින්නා වූ, කෙලෙස් සහිත (සාමිස) දුක් වේදනාව, ස්පර්ශය නිසා හටගත් හෙයින් ද, ස්පර්ශය නැති වීමෙන් නැති වී යන හෙයින් ද, අනිත්‍යයි... අනිත්‍යයි... අනිත්‍යයි...

වර්තමානයේ පවතින්නා වූ, කෙලෙස් සහිත (සාමිස) දුක් වේදනාව, මම නොවේ... මගේ නොවේ... මගේ ආත්මය නොවේ....

අනාගතයේ හට ගන්නා වූ, කෙලෙස් සහිත (සාමිස) දුක් වේදනාව, ස්පර්ශය නිසා හටගන්නා හෙයින් ද,

ස්පර්ශය නැති වීමෙන් නැති වී යන හෙයින් ද, අනිත්‍යයි... අනිත්‍යයි... අනිත්‍යයි...

අනාගතයේ හට ගන්නා වූ, කෙලෙස් සහිත (සාමිස) දුක් වේදනාව, මම නොවේ... මගේ නොවේ... මගේ ආත්මය නොවේ....

අතීතයේ නිරුද්ධ වී ගිය, කෙලෙස් සහිත (සාමිස) දුක් සැප රහිත වේදනාව, ස්පර්ශය නිසා හටගත් හෙයින් ද, ස්පර්ශය නැති වීමෙන් නැති වී යන හෙයින් ද, අනිත්‍යයි... අනිත්‍යයි... අනිත්‍යයි...

අතීතයේ නිරුද්ධ වී ගිය, කෙලෙස් සහිත (සාමිස) දුක් සැප රහිත වේදනාව, මම නොවේ... මගේ නොවේ... මගේ ආත්මය නොවේ....

වර්තමානයේ පවතින්නා වූ, කෙලෙස් සහිත (සාමිස) දුක් සැප රහිත වේදනාව, ස්පර්ශය නිසා හටගත් හෙයින් ද, ස්පර්ශය නැති වීමෙන් නැති වී යන හෙයින් ද, අනිත්‍යයි... අනිත්‍යයි... අනිත්‍යයි...

වර්තමානයේ පවතින්නා වූ, කෙලෙස් සහිත (සාමිස) දුක් සැප රහිත වේදනාව, මම නොවේ... මගේ නොවේ... මගේ ආත්මය නොවේ....

අනාගතයේ හට ගන්නා වූ, කෙලෙස් සහිත (සාමිස) දුක් සැප රහිත වේදනාව, ස්පර්ශය නිසා හටගන්නා හෙයින් ද, ස්පර්ශය නැති වීමෙන් නැති වී යන හෙයින් ද, අනිත්‍යයි... අනිත්‍යයි... අනිත්‍යයි...

අනාගතයේ හට ගන්නා වූ, කෙලෙස් සහිත (සාමිස) දුක් සැප රහිත වේදනාව, මම නොවේ... මගේ නොවේ... මගේ ආත්මය නොවේ....

අතීතයේ නිරුද්ධ වී ගිය, කෙලෙස් රහිත (නිරාමිස) සැප වේදනාව, ස්පර්ශය නිසා හටගත් හෙයින් ද, ස්පර්ශය නැති වීමෙන් නැති වී යන හෙයින් ද, අනිත්‍යයි... අනිත්‍යයි... අනිත්‍යයි...

අතීතයේ නිරුද්ධ වී ගිය, කෙලෙස් රහිත (නිරාමිස) සැප වේදනාව, මම නොවේ... මගේ නොවේ... මගේ ආත්මය නොවේ....

වර්තමානයේ පවතින්නා වූ, කෙලෙස් රහිත (නිරාමිස) සැප වේදනාව, ස්පර්ශය නිසා හටගත් හෙයින් ද, ස්පර්ශය නැති වීමෙන් නැති වී යන හෙයින් ද, අනිත්‍යයි... අනිත්‍යයි... අනිත්‍යයි...

වර්තමානයේ පවතින්නා වූ, කෙලෙස් රහිත (නිරාමිස) සැප වේදනාව, මම නොවේ... මගේ නොවේ... මගේ ආත්මය නොවේ....

අනාගතයේ හට ගන්නා වූ, කෙලෙස් රහිත (නිරාමිස) සැප වේදනාව, ස්පර්ශය නිසා හටගත් හෙයින් ද, ස්පර්ශය නැති වීමෙන් නැති වී යන හෙයින් ද, අනිත්‍යයි... අනිත්‍යයි... අනිත්‍යයි...

අනාගතයේ හට ගන්නා වූ, කෙලෙස් රහිත (නිරාමිස) සැප වේදනාව, මම නොවේ... මගේ නොවේ... මගේ ආත්මය නොවේ....

අතීතයේ නිරුද්ධ වී ගිය, කෙලෙස් රහිත (නිරාමිස) දුක් වේදනාව, ස්පර්ශය නිසා හටගත් හෙයින් ද, ස්පර්ශය නැති වීමෙන් නැති වී යන හෙයින් ද, අනිත්‍යයි... අනිත්‍යයි... අනිත්‍යයි...

අතීතයේ නිරුද්ධ වී ගිය, කෙලෙස් රහිත (නිරාමිස)

දුක් වේදනාව, මම නොවේ... මගේ නොවේ... මගේ ආත්මය නොවේ....

වර්තමානයේ පවතින්නා වූ, කෙලෙස් රහිත (නිරාමිස) දුක් වේදනාව, ස්පර්ශය නිසා හටගත් හෙයින් ද, ස්පර්ශය නැති වීමෙන් නැති වී යන හෙයින් ද, අනිත්‍යයි... අනිත්‍යයි... අනිත්‍යයි...

වර්තමානයේ පවතින්නා වූ, කෙලෙස් රහිත (නිරාමිස) දුක් වේදනාව, මම නොවේ... මගේ නොවේ... මගේ ආත්මය නොවේ....

අනාගතයේ හට ගන්නා වූ, කෙලෙස් රහිත (නිරාමිස) දුක් වේදනාව, ස්පර්ශය නිසා හටගත් හෙයින් ද, ස්පර්ශය නැති වීමෙන් නැති වී යන හෙයින් ද, අනිත්‍යයි... අනිත්‍යයි... අනිත්‍යයි...

අනාගතයේ හට ගන්නා වූ, කෙලෙස් රහිත (නිරාමිස) දුක් වේදනාව, මම නොවේ... මගේ නොවේ... මගේ ආත්මය නොවේ....

අතීතයේ නිරුද්ධ වී ගිය, කෙලෙස් රහිත (නිරාමිස) දුක් සැප රහිත වේදනාව, ස්පර්ශය නිසා හටගත් හෙයින් ද, ස්පර්ශය නැති වීමෙන් නැති වී යන හෙයින් ද, අනිත්‍යයි... අනිත්‍යයි... අනිත්‍යයි...

අතීතයේ නිරුද්ධ වී ගිය, කෙලෙස් රහිත (නිරාමිස) දුක් සැප රහිත වේදනාව, මම නොවේ... මගේ නොවේ... මගේ ආත්මය නොවේ....

වර්තමානයේ පවතින්නා වූ, කෙලෙස් රහිත (නිරාමිස) දුක් සැප රහිත වේදනාව, ස්පර්ශය නිසා හටගත් හෙයින් ද, ස්පර්ශය නැති වීමෙන් නැති වී යන හෙයින්

ද, අනිත්‍යයි... අනිත්‍යයි... අනිත්‍යයි...

වර්තමානයේ පවතින්නා වූ, කෙලෙස් රහිත (නිරාමිස) දුක් සැප රහිත වේදනාව, මම නොවේ... මගේ නොවේ... මගේ ආත්මය නොවේ....

අනාගතයේ හට ගන්නා වූ, කෙලෙස් රහිත (නිරාමිස) දුක් සැප රහිත වේදනාව, ස්පර්ශය නිසා හටගත් හෙයින් ද, ස්පර්ශය නැති වීමෙන් නැති වී යන හෙයින් ද, අනිත්‍යයි... අනිත්‍යයි... අනිත්‍යයි...

අනාගතයේ හට ගන්නා වූ, කෙලෙස් රහිත (නිරාමිස) දුක් සැප රහිත වේදනාව, මම නොවේ... මගේ නොවේ... මගේ ආත්මය නොවේ....

හේතූන් නිසා හටගන්නා වූ සියලු දුක් වේදනා අනිත්‍යයි.... අනිත්‍යයි.... අනිත්‍යයි....

හේතූන් නිසා හටගන්නා වූ සියලු දුක් වේදනා මම නොවේ... මගේ නොවේ... මගේ ආත්මය නොවේ....

හේතූන් නිසා හටගන්නා වූ සියලු සැප වේදනා අනිත්‍යයි.... අනිත්‍යයි.... අනිත්‍යයි....

හේතූන් නිසා හටගන්නා වූ සියලු සැප වේදනා මම නොවේ... මගේ නොවේ... මගේ ආත්මය නොවේ....

හේතූන් නිසා හටගන්නා වූ සියලු දුක්සැප රහිත වේදනා අනිත්‍යයි.... අනිත්‍යයි.... අනිත්‍යයි....

හේතූන් නිසා හටගන්නා වූ සියලු දුක්සැප රහිත වේදනා මම නොවේ... මගේ නොවේ... මගේ ආත්මය නොවේ....

නමෝ තස්ස භගවතෝ අරහතෝ සම්මාසම්බුද්ධස්ස
ඒ භාග්‍යවත් අරහත් සම්මා සම්බුදුරජාණන් වහන්සේට නමස්කාර වේවා!

09. සතර සතිපට්ඨානය තුළ චිත්තානුපස්සනාව

9.1. චිත්තානුපස්සනාව

අභ්‍යන්තර ජීවිතය ගැන...

දැන් ඔබ බුදුරජාණන් වහන්සේ වදාළ ශ්‍රී සද්ධර්මය ගැන සෑහෙන තොරතුරු දන්නවා. සිහිය පිහිටුවීම පිණිස ජීවිතය හැසිරවිය යුතු ආකාරය බුදුරජාණන් වහන්සේ වදාළ ධර්මය තුළින් තමයි කෙනෙකුට ඉගෙන ගන්න තියෙන්නෙ. අභ්‍යන්තර ජීවිතය පිරිසිදු කළ යුතු එකක් බව ඕනෑම බුද්ධිමත් කෙනෙකුට තේරුම් ගන්න පුළුවන් එකක්. මේ අභ්‍යන්තර ජීවිතය පිරිසිදු කරගැනීම පිණිස බුදුරජාණන් වහන්සේ වදාළ ධර්මය උපකාර කරගන්න. අන්න ඒ අවබෝධය ඇති කෙනාට ඒක කරගන්න පුළුවනි. ඒ සඳහා තමයි සිහිය පිහිටුවන්නට තිබෙන්නෙ.

ඉතින් අපි ඒකට ඒ වෙනුවෙන් කායානුපස්සනා භාවනාව ඉගෙන ගත්තා. වේදනානුපස්සනා භාවනාව ඉගෙන ගත්තා. අපේ අභ්‍යන්තර ජීවිතයේ තියෙන විශේෂ දෙයක් තියෙනවා. ඒ තමයි සිත. සිත ගැන සිහියෙන් විමසීම, සිහිය පිහිටුවාගැනීම ගැන චිත්තානුපස්සනා භාවනාවයි දැන් ඔබ ඉගෙන ගන්නේ. මේ චිත්තානුපස්සනා භාවනාව සතිපට්ඨාන සූත්‍ර දේශනාවෙදි බුදුරජාණන් වහන්සේ වදාළේ තුන්වන කොටස හැටියට. පළවෙනි එක කායානුපස්සනා භාවනාව. දෙවෙනි එක වේදනානුපස්සනා භාවනාව. තුන්වෙනි එක චිත්තානුපස්සනා භාවනාව.

දමනය කරගත්තොත් මේ සිත....

සිත කියල කියන්නෙ පින්වතුනි, හේතු නිසා හට ගන්න දෙයක්. හේතු නැතිවීමෙන් නැතිවෙලා යන දෙයක්. ඒ වගේ ම හිත කියන එක නොමඟට හැරෙව්වාම නොමගට යන දෙයක්. සුමඟට හැරෙව්වාම සුමඟට යන දෙයක්. හරවන හරවන විදිහට හැදෙන දෙයක්. මේ නිසයි බුදුරජාණන් වහන්සේ වදාළේ සිත දමනය කරගත යුතු දෙයක්. උන්වහන්සේ හැම තිස්සෙම වදාළා (**චිත්තං දන්තං සුඛා වහං**) දමනය වෙච්ච සිතෙන් සැප ලැබෙනවා කියල. මේක පැහැදිලිව උන්වහන්සේ දේශනා කළේ උන්වහන්සේ සිත දමනය කරගෙන හිටපු නිසා.

එහෙම නම් අපට තේරෙනවා සතෙක් දමනය කරගත යුත්තේ යම් ආකාරයකින්ද, දමනය කරගත්තු සතා යම් ආකාරයකට ප්‍රයෝජනවත් වෙනවද, මෙන්න මේ වගේ තමයි මනා කොට දමනය කරගත්තු හිතත්. ඉතින් සිත දමනය කිරීමට උපකාර වන, සිත පිළිබඳ සිහිය පිහිටුවීමට උපකාර වන භාවනාව චිත්තානුපස්සනා භාවනාව. මේ

චිත්තානුපස්සනා භාවනාවෙදි බුදුරජාණන් වහන්සේ වදාළා ආකාර 16 කින් සිත දිහා බලන්න කියල.

සිත ගැන දැනගන්න ක්‍රම 16 ක්....

ඒ තමයි සරාගී සිත දිහා බලන්න කියනවා, මේ දැන් තියෙන්නේ සරාගී සිතක්. එතකොට හිතක් සරාගී වෙන්නෙ හේතු සහිතව මිසක් හේතු රහිතව නෙවෙයි. අන්න එතකොට එයාට ජීවිතයට ගැඹුරු අවබෝධයක් ලබාගන්න හේතු වෙනවා සරාගී සිත හඳුනා ගැනීම මේ කාරණා නිසා කියල. මොකද සිහිය පිහිටුවාගෙන ඉන්න නිසා එයා ඒක දැනගන්නවා.

හිතක් වීතරාගී වෙන්නෙත් (වීතරාගං වා චිත්තං වීතරාගං චිත්තන්ති පජානාති) හේතු සහිතවයි. එතකොට හිතක් කිළුටු වෙන්නෙත් හේතු සහිතවයි. හිතක් පිරිසිදු වෙන්නෙත් හේතු සහිතවයි. ඉතින් මේ වීතරාගී සිත වීතරාගී සිතක් කියල හොඳට සිහියෙන් දැනගන්නවා.

ඊළඟට හිත ද්වේෂ සහිත නම්, මේ තියෙන්නේ ද්වේෂ සහිත සිතක් කියල හොඳ සිහියෙන් දැනගන්නවා. ඒ වගේම මේ මේ කරුණු නිසයි මේ සිත ද්වේෂ සහිත වුණේ කියලත් හොඳ සිහියෙන් දැනගන්නවා.

හිත වීතදෝෂී වුණා නම්, ඒ කියන්නෙ හිත ද්වේෂයෙන් තොර වුණා නම්, මේ හිත ද්වේෂයෙන් තොර වුණේ මේ මේ කරුණු නිසා කියල දැනගන්නවා. දැන් මේ සිත ද්වේෂයෙන් තොරයි කියල දැනගන්නවා.

ඒ වගේම හිත මෝහ සහිතව නම්, මෝහ සහිතව කියල කියන්නේ සැකසංකා, මුලාවට පත්වීම, සිතේ තියෙන වංචාවලට ප්‍රයෝගවලට හසුවීම මේ ඔක්කොම

අයිති වෙන්නෙ මෝහයට. මේ හිතේ මෝහයක් ඇතිවුණා නම්, ඒක දැනගන්නවා දැන් මේ තියෙන්නෙ මෝහ සහිත සිතක් කියල.

මේ සිතේ මෝහය නැතිවුණා නම්, ඒ කියන්නේ සිත පිළිබඳව අවබෝධයකට පත්වුණා නම්, එයා දැනගන්නවා මේ සිත මෝහ රහිත සිතක් කියල.

ඊළඟට මේ සිත හැකිලුණා නම්, හැකිලුණා කියල කියන්නෙ හිතේ මොකවත් කරගන්න බෑ, ප්‍රබෝධමත් ගතියක් නෑ, හිතේ ස්වභාවය අඳුනගන්න බැරිව යනවා ඒකට කියන්නෙ හැකිලුණ හිත කියල. හිත හැකිලී තියෙනවා නම්, ඒ හැකිලී තියෙන බවත් නුවණින් දැනගන්නවා.

ඒ වගේම හිත විසිරී තියෙනවා නම්, හිත විසිරී තියෙන බවත්, (අභ්‍යන්තරයට හැකිලෙනවා, බාහිරට විසිරෙනවා) දැනගන්නවා මේකයි හිතේ ස්වභාවය කියල. මේ දෙකම හොඳට සිහියෙන් දැනගන්නවා.

ඒ වගේම සිත සමාධිගත වෙනවා නම්, සිත සමාධිගත වෙනවා කියලත් දැනගන්නවා.

හිත සමාධිගත නැත්නම්, මේ හිතේ සමාධියක් නෑ කියල ඒකත් දැනගන්නවා.

ඒ වගේම සිත ධ්‍යාන තත්වයට පත්වෙලා නම්, සමාධියක් දියුණු කරල, ඒකත් දැනගන්නවා.

සමාධියක් දියුණු කරල ධ්‍යාන තත්වයට පත්වෙලා නැත්නම්, ඒකත් දැනගන්නවා.

ඒ වගේම මේ සිත නිකෙලෙස් භාවයට පත්වෙලා ශ්‍රේෂ්ඨත්වයට පත්වෙලා නම් ඒකත් දැනගන්නවා කෙලෙසුන්ගෙන් මිදුණා කියල.

කෙලෙසුන්ගෙන් මිදුණෙ නැත්නම් ඒකත් දැනගන්නවා.

වරදවා ගන්න එපා....

එතකොට බලන්න පින්වතුනි, රාග සිතේ ඉඳල නිකෙලෙස් පාරිශුද්ධ සිත දක්වාම කෙනෙකුගේ සිතක වෙනස්කම ඒ විදිහටම දකින්නට සිහිය දියුණු කරන ආකාරයයි බුදුරජාණන් වහන්සේ වදාළේ. මේකෙදි කෙනෙක් කරන්නෙ රාගයක් ඇතිවුණාට පස්සේ රාගයක්.... රාගයක්..... කියල සිහිකිරීම නෙවෙයි. තරහක් ඇතිවුණාම තරහක්.... තරහක්..... කියල සිහිකිරීම නෙවෙයි. ඒ වගේ සිහිකරන්න කියල කිසිම බුද්ධ දේශනාවක නෑ.

හේතුවක් නිසා හටගත්තු ඵලයක්...

බුදුරජාණන් වහන්සේගේ දේශනාවල තියෙන්නේ, එයා සිහිකරන්නේ කොහොමද? මේක කුමක් නිසාද ඇතිවන්නේ කියල. හේතු නිසා හටගන්න ඵලයක් විදිහට සිහිය පිහිටුවා ගැනීමයි.

දැන් ඔබට තේරෙනවා ඇති බුදුරජාණන් වහන්සේගේ ශ්‍රාවකයා ජීවිතය දිහා බලන්නේ ආවාට ගියාට නෙවෙයි. නිකම්ම හැඟීමකට වහල් වෙලා, ජීවිතය පිළිබඳව අවබෝධයක් නැතිව, ජීවිතය පිළිබඳ තේරුම් ගැනීමක් නැතිව අපිත් මේ භාවනා කරනවා කියල ඔහේ යන භාවනාවක් ගැන නෙවෙයි මේ කියන්නෙ. මෙතන බුදුරජාණන් වහන්සේ පැහැදිලි කරන්නෙ හොඳට සිහිය පිහිටුවාගෙන සිත ගැන නුවණින් විමසා බැලීමක් ගැන.

මේ විදිහට සිත ගැන විමසා බලන කොට තමා තුළ තියෙන මේ හිතේ ස්වභාවය හොඳට අවබෝධ

කරගන්නවා. ඒ වගේම මේ කෙනා තේරුම් ගන්නවා අනෙක් කෙනෙක් තුළත් මේ ස්වභාවයමයි සිතේ තියෙන්නෙ කියල තේරුම් ගන්නවා. ඒ වගේම තේරුම් ගන්නව **(සමුදය ධම්මානුපස්සීවා චිත්තස්මිං විහරති)** මේ හිත කියන්නෙ හේතූන් නිසා හටගන්නා ස්වභාවයෙන් යුක්ත දෙයක්ය කියල දැනගන්නවා.

සිත හැදෙන්නෙ නාමරූප නිසයි...

කුමක්ද පින්වතුනි මේ හිතක් හටගන්න හේතුවන කාරණාව? බුදුරජාණන් වහන්සේ පැහැදිලිව දේශනා කළා හිත නාමරූප ප්‍රත්‍යයෙන් හටගන්න දෙයක් කියලා. සංයුත්ත නිකායේ සතිපට්ඨාන සංයුත්තයේ සතිපට්ඨාන සමුදය කියල සූත්‍ර දේශනාවක් තියෙනවා. ඒකෙදි පැහැදිලිව බුදුරජාණන් වහන්සේ වදාළා **(නාමරූප සමුදයා චිත්ත සමුදයෝ)** නාමරූප හටගැනීමෙන් සිතක් හටගන්නවා කියල.

නාමරූප තුළ මුලා වෙන්න එපා...!

නාමරූප කියන වචනය පටලව ගන්නට එපා! නාමරූප කියන එක බුදුරජාණන් වහන්සේගේ සූත්‍ර දේශනාවල ඉතා පැහැදිලිව දේශනා කරල තියෙනවා. නාම කියන වචනයට කරුණු පහක්. ඒ තමයි වේදනා, සඤ්ඤා, චේතනා, ඵස්ස, මනසිකාර. රූප කියන එක තෝරල තියෙන්නේ සතර මහා භූතත්, සතර මහා භූතයන්ගෙන් හටගත්තු දේත්. එතකොට සතර මහා භූතත්, සතර මහා භූතයන්ගෙන් හටගත්තු දේත් යම් තැනක තියෙනවාද, ඒ වගේම විඳීමක්, හඳුනාගැනීමක්, චේතනාවක්, ස්පර්ශයක්, මනසිකාරයක් යම් තැනක තියෙනවාද එතන සිත කියන දේ හැදෙනවා. එහෙම නම් ඔබෙත් මගෙත් මේ සිත නාම

රූප ප්‍රත්‍යයෙන් හටගතත්තු සිතක්. මේ සිතේ තමයි අර ලක්ෂණ ඔක්කොම ඇතිවෙන්නෙ. සරාගී බව, වීතරාගී බව, ද්වේෂ සහිත බව, වීතදෝෂී බව, මෝහ සහිත බව, වීතමෝහී බව, හැකිළුනු බව, විසිරුණු බව, එකඟවුණ බව, එකඟ නොවුණු බව, ධ්‍යාන තත්වයට පත්වෙච්ච බව, ධ්‍යාන තත්වයට පත් නොවුණු බව, හිත තැන්පත් බව, සිත සමාහිත බව, සිත අසමාහිත බව, සිත කෙලෙස් සහිත බව, සිත නිකෙලෙස් බව මේ ඔක්කොම ඇතිවෙන්නෙ අර නාමරූප ප්‍රත්‍යයෙන් හටගත්තු සිතක. අන්න බලන්න එතකොට අපට කොයිතරම් අවබෝධයක් ලබාගන්න පුළුවන්ද කියලා.

ආත්මය කියල එකක් ඕනම නම්...

ඒ නිසා පින්වතුනි, සිත දමනය කරගත් අය තමයි මේ ලෝකය ජයගත්තෙ. මේ කායික මානසික දුක් දොම්නස් වලින් නිදහස් වුණේ සිත අවබෝධ කරගත්තු අය. මේ සිත පිළිබඳව මම, මාගේ, මාගේ ආත්මය කියන අදහසින් නිදහස් වෙච්ච අය.

බුදුරජාණන් වහන්සේ වදාළා කෙනෙකුට මම කියල, මගේ කියල, මගේ ආත්මය කියල එකක් ගන්න ඕනෙම නම්, එයාට කය දිහා බලන්න කියනවා. මොකද කය අවුරුද්දක් තියෙනව පේනවා. කය අවුරුදු දහයක් තියෙනව පේනවා. කය අවුරුදු විස්සක් තියෙනව පේනවා. කය අවුරුදු අසූවක් අනූවක් තියෙනව පේනවා. ඊට පස්සේ මැරිල යනවා. එහෙමනම් මේ කය සුලු කාලයක් හරි පවතිනව පේනවා.

නමුත් බුදුරජාණන් වහන්සේ වදාළා මේ සිත එහෙම නෙවෙයි. වනාන්තරයක අත්තෙන් අත්තට පනින, එක්

අත්තක් අල්ලගෙන අනෙක් අත්තට පනින වඳුරෙක් වගේ කියල. එබඳු සිත, අරමුණෙන් අරමුණට පැන පැන පවතින සිත දිහා මම කියල බලන්න එපා කියනවා. මගේ කියල බලන්න එපා කියනවා. මගේ ආත්මය කියල බලන්න එපා කියනවා.

සිත තේරුම් ගන්න....

එහෙම නම් මේ වගේ කොයිතරම් පුළුල් අවබෝධයක් තමන් තුළින් ගන්න පුළුවන්කම තියෙද්දිද, අපේ මේ අවස්ථාව, මේ කාලය, මේ වාසනාවන්ත අවස්ථාව, මේ දුර්ලභ අවස්ථාව අපට අහිමි වෙන්නෙ, කොයිතරම් අවස්ථාවක් ලැබිල තියෙද්දිද? ඒ නිසා මේ උතුම් අවස්ථාව මගහැර ගන්නට එපා පින්වතුනි. කවුරු මොනවා කිව්වත් ඔබ අපායේ ගියොත් ඔබ විඳින්නට ඕනෙ. ඔබ කර්ම රැස් කළොත් ඔබ ඒ කර්ම ගෙනියන්නට ඕනෙ. ඒ නිසා එක එක්කෙනාගේ දේ නෙවෙයි වැදගත් වෙන්නේ බුදුරජාණන් වහන්සේ මහා කරුණාවෙන් වදාළ දේ. ඒ නිසා ශ්‍රද්ධාව පිහිටුවා ගන්න බුදුරජාණන් වහන්සේ ගැන. ශ්‍රද්ධාව පිහිටුවා ගන්න බුදුරජාණන් වහන්සේ වදාළ ධර්මය ගැන. ඒ ධර්මය අනුගමනය කරල නිවන් දැකපු උතුමන් ගැන ශ්‍රද්ධාව පිහිටුවා ගන්න. එතකොට ඔබට පුළුවන් ඔබේ සිතටත් මේ සතිපට්ඨාන ධර්මය පුරුදු කරන්න. ඔබට පුළුවන් ඔබේ සිත දිහා හොඳ සිහියෙන් බලල ජීවිතාවබෝධය ඇති කරගන්නට. අන්න ඒ ජීවිතාවබෝධයට උපකාර වෙනවා මේ චිත්තානුපස්සනා භාවනාව.

නමෝ තස්ස භගවතෝ අරහතෝ සම්මාසම්බුද්ධස්ස
ඒ භාග්‍යවත් අරහත් සම්මා සම්බුදුරජාණන් වහන්සේට නමස්කාර වේවා!

10.

පංච නීවරණ භාවනාව

10.1. පංච නීවරණ

බුදුරජාණන් වහන්සේ දැකගැනීම...

දැන් ඔබ බුදුරජාණන් වහන්සේ වදාළ ශ්‍රී සද්ධර්මය ගැන පැහැදීමක් ඇති කරගන්න ඕනෙ කරුණු ටික ටික දන්නවා. බුදුරජාණන් වහන්සේව අඳුන ගන්නට තියෙන්නේ බුද්ධ ප්‍රතිමාවකින් නෙවෙයි. බුදුරජාණන් වහන්සේව අඳුන ගන්නට තියෙන්නේ පින්තූර වලිනුත් නෙවෙයි. බුදුරජාණන් වහන්සේව අඳුනගන්නට තියෙන්නේ ශ්‍රී සද්ධර්මයෙන් ම යි. ඒ නිසා තමයි බුදුරජාණන් වහන්සේගේ දෙතිස් මහා පුරුෂ ලක්ෂණ වලින් සමන්විත ඒ සුන්දර බුදු සිරුර දිහා බලාගෙන හිටපු වක්කලී ස්වාමීන් වහන්සේට බුදුරජාණන් වහන්සේ වදාළේ "පින්වත් වක්කලී, මොනවටද මේ කුණු

ශරීරය දිහා බලන්නෙ. ඔබ ධර්මය දිහා බලන්න. එතකොට ඔබට බුදුරජාණන් වහන්සේව පෙනේවි" කියල. එහෙම නම් අපට පැහැදිලිව පේනවා ධර්මය දිහා බැලීමෙන්මයි අපට බුදුරජාණන් වහන්සේව දකින්න පුළුවන් වෙන්නෙ.

යම් හෙයකින් ප්‍රතිමාවක් තුළින් බුදුරජාණන් වහන්සේව දකගන්න පුළුවන් නම් ඉස්සෙල්ලාම ඒ ප්‍රතිමා නිර්මාණය කරන්නේ රහතන් වහන්සේලා විසින්. එහෙම නම් බුදුරජාණන් වහන්සේගේ කාලෙ හිටපු රහතන් වහන්සේලා ප්‍රථම ධර්ම සංගායනාව කරන්නත් කලින්ම තීරණය කරනවා, බුදුරජාණන් වහන්සේව අනිත් අයට දකගන්නට බුද්ධ ප්‍රතිමා නිර්මාණය කරන්නට ඕනෙ කියල. නමුත් උන්වහන්සේලා නියම දේ කළා. උන්වහන්සේලා ශ්‍රී සද්ධර්මය ආරක්ෂා කළා. සංගායනා කළා. සංගායනා කරනවා කියන්නේ සමූහයක් එකතුවෙලා ගායනා කරනවා නෙවෙයි. සංඝායනා කරනවා කියල කියන්නේ ඒ බුදුරජාණන් වහන්සේගේ ධර්මය ක්‍රමාණුකූලව සකස් කරනවා. ඒ නිසා රහතන් වහන්සේලා අතින් ලැබිච්ච දෙයක් තමයි අපේ අතට ලැබිල තියෙන්නේ.

සතර සතිපට්ඨානය තුළ තවදුරටත් විමසමු....

මේ බුදුරජාණන් වහන්සේ වදාළ ශ්‍රී සද්ධර්මයේ සතර සතිපට්ඨානයේ මුල් සතිපට්ඨාන භාවනාවන් තමයි අපි මෙතෙක් ඉගෙන ගත්තේ. දැන් ඔබ සෑහෙන විස්තරයක් සතිපට්ඨාන සූත්‍රය ගැන දන්නවා. මේ වන විට ඔබ බුදුරජාණන් වහන්සේ වදාළ ධර්මය ගැන මොනතරම් දැනුමක් ලබාගෙන තියෙනවාද කියන කරුණ ඔබටම දැන් තේරෙනවා ඇති. මේක දුර්ලභ දැනුමක්.

දැන් අපට ඕනෙ කරන්නේ කොලේ වහලා කතා කිරිල්ලක් නෙවෙයි. අපට ඕනෙ කරන්නේ මේ ජීවිතය ගැන ඇත්තම කතා කරන්නයි. ඒ කියන්නේ බුදුරජාණන් වහන්සේ වදාළ විදිහට මේ ජීවිතය කියන්නේ අදින් අවසන් වෙන එකක් නෙවෙයි. කෙලවරක් නැති භව ගමනක පැටලිච්ච එකක්. කෙනෙක් සතර අපායේ වැටි වැටී තමයි මේ සංසාර ගමන යන්නේ. එබඳු ගමනක් යන කෙනෙකුට ඉතාම කලාතුරකින් තමයි බුදුරජාණන් වහන්සේ නමක් වදාළ ධර්මය ලැබෙන්නෙ. එතකොට ඒ කෙරෙහි පහදින්න මයි ඕනෙ. ප්‍රසාදය ඇති කරගන්නටමයි ඕනෙ. කාටවත් සොලවන්ට බැරි ප්‍රසාදයක් ඇති කරගන්නට ඕනෙ.

සැබෑම කළ්‍යාණ මිත්‍රයා හඳුනාගන්න...

ඉතින් ඒ නිසා මේ දුර්ලභ අවස්ථාව ඔබ මගහරින්න එපා. ඔබ මතක තියාගන්න ඔබ කළ්‍යාණ මිත්‍රයෙක් ඇසුරු කරනවා නම්, ඒ කළ්‍යාණ මිත්‍රයා ශ්‍රී සද්ධර්මය විකෘතියක් කරන්නේ නැතිව, ඒ විදිහටම, තමන්ගේ අතින් කෑලි දාන්නේ නැතිව, තමන්ගේ විග්‍රහයන් නැතිව, ඇත්ත වශයෙන්ම බුදුරජාණන් වහන්සේ වදාළ ධර්මය ම ප්‍රකාශ කරන කෙනෙක් විය යුතුයි. එහෙම නැතිව එක එක මත කියනවා නම් ඒ කෙනා කළ්‍යාණ මිත්‍රයෙක් හැටියට සළකන්න බෑ.

ඉතින් බුදුරජාණන් වහන්සේ වදාළ ධර්මය මනා කොට සිහි කරනවා නම්, දවසක් උපාලි මහරහතන් වහන්සේට බුදුරජාණන් වහන්සේ වදාළා "පින්වත් උපාලි, යම් ධර්මයක් ශ්‍රවණය කරන කොට, ඒ ධර්මය තුළ නොඇලීම ගැන කතා කරනව නම්, යම් ධර්මයක් ශ්‍රවණය කරන කොට, ඒ ධර්මය තුළ විරාගී බව ගැන කතා කරනවා

නම්, යම් ධර්මයක් ශ්‍රවණය කරන කොට, ඒ ධර්මය තුළ ඇල්ම නැති කරගැනීම ගැන කතා කරනවා නම්, යම් ධර්මයක් කතා කරන කොට, ඒ ධර්මය තුළ දුකෙන් නිදහස් වීම ගැන කතා කරනවා නම්, පින්වත් උපාලි, ඔබ තේරුම් ගන්න ඒ තථාගත ධර්මයයි. යම් ධර්මයක් කතා කරන කොට, ඒ ධර්මය තුළ ඇලීම නිරුද්ධ වෙන්නෙ නැත්නම්, දුකෙන් නිදහස් වීමක් ගැන, නිවනක් ගැන කතා කරන්නෙ නැත්නම්, පින්වත් උපාලි, ඔබ තේරුම් ගන්න ඒ තථාගත ධර්මය නෙවෙයි."

එහෙම නම් අපි පැහැදිලිව තේරුම් ගන්නට ඕනෙ සංසාරෙන් නිදහස් කරවන ධර්මයක් තමයි බුදුරජාණන් වහන්සේ වදාළ ධර්මය. සංසාරයේ පටලව පටලව යන එකක් නෙවෙයි.

කාමච්ඡන්ද නීවරණය....

දැන් ඔබ සතිපට්ඨාන සූත්‍රයේ අවසාන කොටස ඉගෙන ගනිමින් සිටින්නේ. ඒක පටන්ගන්නේ පංච නීවරණ පැහැදිලි කිරීම තුළින්. බුදුරජාණන් වහන්සේ වදාළා ඒ කෙනා හොඳට සිහිය පිහිටුවා ගන්නට ඕනෙ, පංච නීවරණ ගැන. තමන් තුළ කාමච්ඡන්දය ඇති වෙලා තියෙනවා නම් දැන් තමන් තුළ කාමච්ඡන්දය තියෙනවා කියල සිහිය පිහිටුවා ගන්නට ඕනෙ. සිහිය පිහිටුවා ගන්නෙ කාමච්ඡන්දය පවත්වන්න නොවෙයි. 'කාමාසාවක්... කාමාසාවක්....' කිය කියා හිතන්නට නොවෙයි. මේ කාමච්ඡන්දය ඇතිවෙන්නේ සුභ නිමිත්තයි, අයෝනිසෝ මනසිකාරයයි නිසා. මම යෝනිසෝ මනසිකාරයේ පිහිටල සුභ නිමිත්ත බැහැර කරනවා කියල, අන්න ධර්මයේ පිහිටන්න පටන් ගන්නවා ධම්මානුපස්සනාව වඩන

කෙනා. තමන් තුළ නැතිවන්නා වූ කාමච්ඡන්දය තමන් තුළ නැත කියල අවබෝධ කරගන්නවා.

ව්‍යාපාද නීවරණය....

ඒ වගේම හිතකට ඇතිවෙනවා ව්‍යාපාදය. ව්‍යාපාදය කියන්නේ තරහ. තරහ ඇතිවුණාම ඒ කෙනා නුවණින් බලනවා තමන්ගේ සිත දිහා. දැන් ඔන්න මා තුළ තරහ ඇතිවුණා. 'තරහක්... තරහක්....' කියල සිහි කිරීම නෙවෙයි එතන කරන්න තියෙන්නේ. එතනදි කරන්න තියෙන්නේ මේ තරහ ඇතිවුණේ පටිඝ නිමිත්තයි, අයෝනිසෝ මනසිකාරයයි නිසා. ඒ නිසා යෝනිසෝ මනසිකාරයෙන් පටිඝ නිමිත්ත බැහැර කරලා මෙත්තා චේතෝ විමුක්තියේ සිත පිහිටුවනවා කියල හිතනවා. පටිඝ නිමිත්ත කිව්වේ තරහ යන්න හේතුවෙච්ච කාරණාව. තරහ යන්න හේතු වෙච්ච කාරණාව බැහැර කරල ඒ කෙනා මෙත් සිත ඇති කරගන්නවා යෝනිසෝ මනසිකාරයෙන්. අන්න එතකොට තේරුම් ගන්නවා තමා තුළ තිබුණා නම් ව්‍යාපාද නීවරණයක්, මේ ව්‍යාපාද නීවරණය දැන් නැත කියල තමා තුළින්ම ඒක වෙනස් වෙච්ච ආකාරය දැකගන්නවා.

ථීනමිද්ධ නීවරණය....

ඊළඟට පින්වතුනි, එයා බලනවා මේ නිදිමත, අලස බව, කම්මැලිකම, ධර්මයේ හැසිරෙන්න තියෙන අකමැත්ත, අරතිය මේවා ඇතිවෙන කොට එයා දැනගන්නවා දැන් තමන් තුළ ථීනමිද්ධය ඇතිවෙලා. මේ ථීනමිද්ධය ඇතිවෙන කොට එයා දැනගන්නවා මේ ථීනමිද්ධය ඇතිවෙන්නෙ අයෝනිසෝ මනසිකාරයෙන් සහ ප්‍රමාදයෙන්. මේ කෙනා කල්පනා කරනවා මම මේ ථීනමිද්ධය බැහැර කරන්නට ඕනෙ. මම මේ ථීනමිද්ධය දුරු

කරන්නට ඕනෙ. මම මේ ථීනමිද්ධය නැතිකරන්නට ඕනෙ. මේ කෙනා මොකද කරන්නේ ථීනමිද්ධය බැහැර කරනවා. ථීනමිද්ධය බැහැර කරන්නේ යෝනිසෝ මනසිකාරයේ පිහිටල තමන්ගේ සිහිය මනාකොට හසුරුවන්න පටන් ගන්නවා. යෝනිසෝ මනසිකාරයේ ඉඳල සිහිය මනාකොට හසුරුවන්න පටන් ගන්නේ තමන්ගේ ජීවිතය තුළින්. එයා සිහිය හසුරුවන්නේ දැන් මැරෙන්න පුළුවනි. අද මැරෙයිද දන්නෙ නෑ. අද අනතුරක් වෙයිද දන්නෙ නෑ. කරදරයක් වෙයිද දන්නෙ නෑ. ජීවිතයට මොන විපතක් වෙයිද දන්නෙ නෑ. එහෙමනම් ඊට කලින් මම මේ ධර්මයේ හැසිරෙන්න ඕනෙ කියල මනා කොට සිහිය පිහිටුවාගෙන සිහියෙම යෙදෙනවා. මේ විදිහට මෙයා ථීනමිද්ධ නීවරණය බැහැර කරලා, නිදිමත අලස බවින් තොරව තමන්ගේ ජීවිතය හසුරුවනවා මහත් වීරියකින් යුක්තව.

උද්ධච්ච - කුක්කුච්ච නීවරණය....

ඒ කෙනා ථීනමිද්ධය බැහැර කරලා ඊළඟට බලනවා තමන්ට සැකයක්, විපිළිසර බවක්, සිතේ විසිරීමක්, පසුතැවිල්ලක් තියෙනවාද කියල. බලද්දි මේ කෙනා තේරුම් ගන්නවා දැන් මා තුළ තියෙනවා. අන්න එතකොට එයා තේරුම් ගන්නවා මා තුළ මේක ඇතිවෙලා තියෙන්නේ අයෝනිසෝ මනසිකාරයෙන් මිසක් යෝනිසෝ මනසිකාරයෙන් නෙවෙයි කියල. දැන් එයා තමන්ට අතීතය අරභයා පසුතැවෙන කාරණා, තමන්ගේ නොදැනුවත්කම් අරභයා තමන්ට ඇතිවෙලා තියෙනවා නම් යම් යම් පසුතැවෙන කාරණා ඒවා නුවණින් සලකා සලකා සිතෙන් බැහැර කරනවා. මේවා අනිත්‍යයයි. මම මේවා සිහිකරලා වැඩක් නෑ. ඒ ගිය දේවල් ගියා. දැන් මම අලුත් කෙනෙක්. මම ධර්මයට පැමිණිච්ච කෙනෙක්. මම හිත

හදාගෙන යන කෙනෙක්. ඒ නිසා මේ ධර්ම මාර්ගය දියුණු කරන්නට බාධාවක් මම මේවා හිතේ තියාගෙන ඉන්න එක කියල, එයා අතීතයේ ශෝක කර කර සිටීම සිතෙන් බැහැර කරනවා. බැහැර කරලා සිත විසිරෙන කොට මෙයා සිතනවා මේ සිත විසිරෙන්නෙ අයෝනිසෝ මනසිකාරය නිසා. මේ අයෝනිසෝ මනසිකාරය බැහැර කරලා අධික වීරිය වෙනුවට හිතේ විමසීමෙන් යුක්තව, තවදුරටත් ඉවසීමෙන් සිහිය පිහිටුවනවා. අන්න එතකොට ටික ටික තමන්ගේ හිතේ විසිරීම අඩුකරලා දාන්න පුළුවන්කම ඇතිවෙනවා.

විචිකිච්ඡා නීවරණය....

ඊළඟට ඒ කෙනාට සැකයක් ඇතිවෙනවා මේ ධර්මය සම්බන්ධව. මම මේ කරන භාවනාව හරිද? මම මේ කරන ක්‍රමය හරිද? මට මේ විදිහට සිත දියුණු කරන්න පුළුවන් වෙයිද? මට ප්‍රතිඵල ගන්න පුළුවන් වෙයිද? එහෙම හිතන්න හිතන්න එයා තුළ ඇතිවෙනවා සැකයක්. සැකය ඇතිවෙන්න ඇතිවෙන්න ධර්මයේ හැසිරීම තුළ සිත පිහිටන්නෙ නැතිව යනවා. වෙන වෙන බාහිර දේවල් කෙරෙහි, වැඩකට නැති දේවල් කෙරෙහි සිත පිහිටනවා. මේක සිදුවෙනවා සැකය නිසා. සැක නැතිවීම පිණිස ධර්මය පිළිබඳව මනා අවබෝධයක් ඇති කරගන්නවා. බුදුරජාණන් වහන්සේ වදාළ ධර්මය අවබෝධ කරගැනීමට උන්වහන්සේ වදාළේ **(කථං කථී ඤායපථාය සික්ඛේ)** නිතර නිතර මේක කොහොමද? අරක කොහොමද? කියල සැක හිතන කෙනා නුවණ ඇතිවෙන මාර්ගයක හික්මෙන්නට ඕනෙ. අන්න එතකොට බුදුරජාණන් වහන්සේ කෙරෙහි ශ්‍රද්ධාව ඇති කරගන්නවා. පින්වතුනි, සැකයෙන් නිදහස් වෙන්න තියෙන්නේ ශ්‍රද්ධාව ඇති කරගැනීම ම යි.

බෞද්ධයන්ගේ ලොකුම ගැටලුව....

මට තේරෙන විදිහට ලාංකික බෞද්ධයන්ගේ තියෙන ලොකුම ගැටලුව තමයි ශ්‍රද්ධාව නැතිකම. පැවිදි පිරිස ගත්තත් ශ්‍රද්ධාවන්තයන් සොයාගන්නට අමාරුයි, ගිහි පිරිස ගත්තත් ශ්‍රද්ධාවන්තයන් සොයාගන්නට අමාරුයි. ශ්‍රද්ධාව කියලා කියන්නේ බුදුරජාණන් වහන්සේගේ අවබෝධය විශ්වාස කිරීම. උන්වහන්සේගේ අවබෝධය ගැන පැහැදී සිටීම. උන්වහන්සේගේ අවබෝධය කෙරෙහි පැහැදීම වෙනුවට බොහෝ දෙනෙක් කරන්නේ තම තමන්ගේ මත කිය කියා මේ ධර්මය අවබෝධයට තියෙන කාරණා වළක්වන එක. ඒක ශ්‍රද්ධාව නැතිකම තමයි හුවා දක්වන්නෙ.

ඉතින් ඒක නෙමෙයි අපට කරන්න තියෙන්නෙ. මේක බුදුරජාණන් වහන්සේ වදාළ ධර්මය. මේක පුරුදු කරල බොහෝ දෙනෙක් සංසාරෙන් අත්මිදුණා. අනේ මටත් මේ ධර්මය උපකාරයි නේද කියල සිහිකර කර සිහිකර කර, ශ්‍රද්ධාවේ පිහිටල, සැක රහිතව මේ පංච නීවරණ ධර්මයන්ගෙන් හිත නිදහස් කරගන්නට ඕනෙ.

පංච නීවරණ භාවනාව තවදුරටත්...

මේ විදිහට කරගෙන යද්දි මෙයාට තේරෙනවා බාහිර අයටත් මේ විදිහමයි මේ නීවරණ ධර්ම ක්‍රියාත්මක වෙන්නෙ. අභ්‍යන්තර ජීවිතයේත් මේ විදිහට ම යි තියෙන්නෙ කියල මේ වෙනස අඳුනගන්නවා. ඊටපස්සේ මේ ජීවිතය අවබෝධ කරගන්න ඒක උපකාර කරගන්නවා. එතකොට මෙයාට තේරෙනවා හේතු නිසයි මේ පංච නීවරණ ඇතිවෙන්නෙ. හේතු නැතිවීමෙන් මේ පංච නීවරණ නැතිවෙනවා. අන්න එතකොට පංච නීවරණයන්ගේ

හටගැනීමත්, පංච නීවරණයන්ගේ නැතිවීමත් කියන දෙකම තේරුම් ගන්නට පුළුවන්කම ඇතිවෙනවා. ඒ නිසා ඒ පංච නීවරණ ඇතිවුණාම ඒවා මම කියල ගන්නෙ නෑ. මගේ කියල ගන්නෙ නෑ. මගේ ආත්මය කියල ගන්නෙ නෑ. හේතූන් නිසා හටගන්නා පංච නීවරණ හේතු නැතිවීමෙන් නැති වෙන ස්වභාවයෙන් යුක්තයි කියල අවබෝධ වීම නිසා ඒ කිසිවෙකට බැඳෙන්නෙ නැතිව යනවා කියල සිහිය උපදවා ගන්නවා. ඒ සිහියමයි නුවණ වැඩෙන්න, සිහිය වැඩෙන්න, වීරිය වැඩෙන්න උපකාර වෙන්නෙ.

නමෝ තස්ස භගවතෝ අරහතෝ සම්මාසම්බුද්ධස්ස
ඒ භාග්‍යවත් අරහත් සම්මා සම්බුදුරජාණන් වහන්සේට නමස්කාර වේවා!

11. පංච උපාදානස්කන්ධ භාවනාව

11.1. පංච උපාදානස්කන්ධය

මෙතෙක් ඔබ ඉගෙන ගත් දේ...

ඔබ දැන් සතර සතිපට්ඨානය තුළ සැහෙන තොරතුරු ඉගෙන ගෙන තියෙනවා. ඒ තමයි ආනාපානසති භාවනාව වඩන හැටි දැන් ඔබ දන්නවා. (සති සම්පජඤ්ඤය) සිහි නුවණින් යුක්තව ඉරියව් පවත්වන හැටි ඔබ දන්නවා. ඒ වගේම සතර ඉරියව්ව තුළ සිහිය පවත්වන හැටි දන්නවා. අසුභ භාවනාව ගැන දන්නවා. ධාතු මනසිකාරය ගැනත් ඔබ දන්නවා. ඒ වගේම මළකුණක් අමුසොහොනෙදි ආකාර නවයක් ඇතුළත පොළොවට පස්වෙලා යනකම්ම සිදුවෙන ක්‍රියාවලිය භාවනාවට නගන්නට ඔබ දන්නවා. ඒ වගේම වේදනානුපස්සනාව කියන්නේ මොකක්ද කියලත් ඔබ

දන්නවා. මොකක්ද චිත්තානුපස්සනා භාවනාව කියන්නේ කියලත් ඔබ දන්නවා. ඊළඟට ධම්මානුපස්සනාවේ එක කොටසක් දන්නවා. ඒ තමයි පංච නීවරණ ගැන.

පැහැදිලි ශ්‍රද්ධාවක් ඇති කරගන්න ඕනෙ...

මේ ජීවිතය ගැන විශාල අවබෝධයක් ශ්‍රාවකයාට ලබාදෙනවා බුදුරජාණන් වහන්සේ විසින්. බුදුරජාණන් වහන්සේ විසින් තමයි මේ නිවන් මග පෙන්වා වදාළේ. ඒ නිසා බුදුරජාණන් වහන්සේට උන්වහන්සේ විසින්ම පාවිච්චි කරනවා **(අසඤ්ජාතස්ස මග්ගස්ස සඤ්ජනේතා)** නොදන්නා වූ මාර්ගය උපදවන කෙනා. **(අනක්ඛාතස්ස මග්ගස්ස අක්ඛාතා)** ලෝකයේ කවුරුවත් නොකියපු නිවන් මග කියන කෙනා. **(මග්ගඤ්ඤූ)** ඒ මාර්ගය මනා කොට අවබෝධ කළ කෙනා **(මග්ගවිදූ)** මාර්ගය මනා කොට දන්න කෙනා. **(මග්ගකෝවිදූ)** මාර්ගය මනාකොට පෙන්වාලන්නට සමර්ථ කෙනා. මේ නම් ඔක්කොම යොදල තියෙන්නේ බුදුරජාණන් වහන්සේටයි. මේ හිත හැසිරවීමේ මාර්ගය පෙන්වා වදාළේ බුදුරජාණන් වහන්සේ තමයි. මේ නිසා ඔබ හොඳ ශ්‍රද්ධාවක් පැහැදීමක් ඇති කරගන්නට ඕනෙ.

ඉතින් නිවන් මග පෙන්වා දෙන්නට බුදුරජාණන් වහන්සේ තරම් ලෝකයේ වෙන කවුරුවත් කෙනෙක් නෑ. බුදුරජාණන් වහන්සේට පුළුවනි මේ සිත හසුරුවන ආකාරය ගැන පෙන්වා දෙන්නට. ඒකට තමයි මාර්ගය පෙන්වනවා කියන්නේ. දැන් අපි පාසල් ගියේ අපට මාර්ග යක් පෙන්නුවා දෙමව්පියෝ. ඒ මාර්ගයේ තමයි අපි ගියේ. ඒ වගේ මේ ජීවිතයේ සැප ලැබෙන, දුකින් නිදහස් වන මාර්ගයක් පෙන්වනවා අපගේ ශාස්තෘන් වහන්සේ. මේ මාර්ගය තුළ අපි ගියොත් අපි ජීවිතය අවබෝධ කරල

දුකින් නිදහස් වෙනවා. ඒකට තමයි මේ මාර්ගය උපකාර වෙන්නෙ.

පංච උපාදානස්කන්ධය හඳුනාගනිමු...

ඉතින් මේකට සිහිය පවත්වාගන්නට තියෙනවා ධම්මානුපස්සනාවේ. ඒකට දැන් ඔබ ඉගෙන ගන්නේ විශේෂ භාවනාවක්. මේ භාවනාවට කියන්නේ පංච උපාදානස්කන්ධ භාවනාව කියල. ඔබ අහල ඇති පංච උපාදානස්කන්ධය කියන වචනය. ඔබට මතකද දම්සක් පැවතුම් සූත්‍ර දේශනාව.

අන්න ඒ සූත්‍රයේ තියෙනවා "පින්වත් මහණෙනි, මෙන්න මේක තමයි දුක්ඛ ආර්ය සත්‍යය. ඉපදීම දුකක්. ජරාවට පත්වීම දුකක්. මරණය දුකක්. ප්‍රියයන්ගෙන් වෙන්වීම දුකක්. අප්‍රියයන් හා එක්වීම දුකක්. කැමති දේ නොලැබීම දුකක්. කොටින්ම කිව්වොත් පංච උපාදාන ස්කන්ධයම දුකයි" කියල. එහෙම නම් මේ පංච උපාදානස්කන්ධය අයිති දුකට. පංච උපාදානස්කන්ධය අවබෝධ කරනවා කියන්නේ දුක අවබෝධ කරනවා කියන එක. පංච උපාදානස්කන්ධය ගැන සිහිය පිහිටුවනවා කියන්නේ දුක ගැන සිහිය පිහිටුවනවා කියන එක. අන්න ඒ නිසා ඒ කෙනාට පංච උපාදානස්කන්ධය ගැන සෑහෙන අවබෝධයක් ඇති කරගන්නට පුළුවන්කම තියෙනවා.

විමසිය යුතු දේ...

බුදුරජාණන් වහන්සේ වදාළා ශ්‍රාවකයා හුදෙකලා වෙලා තේරුම් ගන්නවා මෙන්න මේකයි රූපය, මේකයි වේදනාව, මේකයි සඤ්ඤාව, මේකයි සංස්කාර, මේකයි විඤ්ඤාණය. මෙහෙමයි රූපය හටගන්නෙ,

මෙහෙමයි රූපය අභාවයට යන්නෙ. මෙහෙමයි වේදනාව හටගන්නෙ, වේදනාව අභාවයට යන්නෙ. මෙහෙමයි සඤ්ඤාව හටගන්නෙ, සඤ්ඤාව අභාවයට යන්නෙ. මෙහෙමයි සංස්කාර හටගන්නෙ, සංස්කාර අභාවයට යන්නෙ. මෙහෙමයි විඤ්ඤාණය හටගන්නෙ. මෙහෙමයි විඤ්ඤාණය අභාවයට යන්නෙ කියල පංච උපාදාන ස්කන්ධය ගැනත්, පංච උපාදාන ස්කන්ධය දිගින් දිගටම හටගන්නා ආකාරය ගැනත්, පංච උපාදාන ස්කන්ධය සදහටම නැතිවෙන්නෙ මේ ආකාරයටත් කියන මේ ආකාර තුන ගැනම විශේෂයෙන්ම සිහිය පිහිටුවාගෙන නුවණින් විමසීම තමයි මේ උපාදාන ස්කන්ධ භාවනාවට අයිති.

දැන් ඔබ මේ ගැන සෑහෙන තොරතුරු දැනගත යුතුයි. නැත්නම් ඔබට මේක තේරෙන්නෙ නෑ. පංච උපාදාන ස්කන්ධය කියන වචනය බුදුරජාණන් වහන්සේ විසින් තමයි පැහැදිලිව පාවිච්චි කළේ. පංච කියන්නෙ පහ. උපාදාන ස්කන්ධ පහ. ඒ තමයි රූප, වේදනා, සඤ්ඤා, සංඛාර, විඤ්ඤාණ. මේ රූප, වේදනා, සඤ්ඤා, සංඛාර, විඤ්ඤාණ කියන උපාදාන ස්කන්ධ පහ තමයි ඕනෙම කෙනෙකුගේ ජීවිතයක් තුළ තියෙන්නෙ.

පංච ස්කන්ධය - පංච උපාදාන ස්කන්ධය අතර වෙනස

මේ පංච උපාදාන ස්කන්ධයට ඇලී ගැලී වාසය කරන නිසා, මේ පංච උපාදාන ස්කන්ධයට ඇලී ගැලී වාසය කරනවා කියන අර්ථයෙන් මේ පුද්ගලයාට සත්වයා කියල කියනවා. ඉතින් යම්කිසි කෙනෙක් මේ පංච උපාදාන ස්කන්ධය අවබෝධ කරලා මේ පංච උපාදාන

ස්කන්ධයෙන් නිදහස් වුණොත්, ඒ කෙනාට පංච උපාදාන ස්කන්ධයක් නෑ. පංච ස්කන්ධයක් තියෙන්නේ. එහෙනම් සාමාන්‍ය සත්වයාට තියෙන්නේ පංච ස්කන්ධයක් නෙවෙයි. පංච උපාදාන ස්කන්ධයක්. රහතන් වහන්සේලාට පමණයි පංච ස්කන්ධයක් තියෙන්නේ.

පංච ස්කන්ධයයි, පංච උපාදාන ස්කන්ධයයි අතර වෙනස තමයි, පංච උපාදාන ස්කන්ධය කියන්නේ ඡන්ද රාගයෙන් යුක්ත වූ, ආසාවකට බැඳිච්ච පංච උපාදාන ස්කන්ධය. අසාවෙන් නිදහස් වෙච්ච ගමන් එයාගේ උපාදාන නෑ. පංච ස්කන්ධය විතරයි තියෙන්නේ.

ඉතින් මේකේ තියෙනවා කරුණු පහක්. රූප, වේදනා, සඤ්ඤා, සංඛාර, විඤ්ඤාණ. ඉස්සෙල්ලාම මෙයා කරන්නේ තමන් ජීවිතය තුළින් බලලා මේවා හොඳට අඳුනා ගන්න එක. ඉස්සෙල්ලාම මෙයා අඳුනාගන්නවා රූප උපාදාන ස්කන්ධය. රූප කියලා කියන්නේ **(රුප්පතීති රූපං)** නැසී වැනසී යන නිසා රූප කියනවා. මොනවද මේ නැසී වැනසී යන දේ. පඨවි ධාතු, ආපෝ ධාතු, තේජෝ ධාතු, වායෝ ධාතු කියන මේ සතර මහා ධාතූන්ගෙන් හටගත්තු දේවල්. නැසී වැනසී යන්නේ කොහොමද මේවා. සීතලෙන් නැසී වැනසී යනවා. උණුසුමෙන් නැසී වැනසී යනවා. බඩගින්නෙන් නැසී වැනසී යනවා. පිපාසයෙන් නැසී වැනසී යනවා. අතුරු ආන්තරා වලින් නැසී වැනසී යනවා. රෝග පීඩා වලින් නැසී වැනසී යනවා. ඒ නිසා සතර මහා ධාතූන්ගෙන් හටගත්තු මේ ශරීරයට කියන නමක් රූප.

අවබෝධ කළ යුතු රූපය...

එතකොට මේ රූප ස්කන්ධයේ වචනයක් තියෙනවා

ස්කන්ධ කියල. ස්කන්ධ කියල කියන්නේ රූප ගොඩක් කියන අර්ථය නෙවෙයි.

මහා පුණ්ණමා කියල සූත්‍ර දේශනාවක් තියෙනවා. දවසක් පෝය දවසක පූර්වාරාමයේ එළිමහනේ වැඩසිටිද්දී බුදුරජාණන් වහන්සේ භාවනාවෙන් වැඩසිටිය වෙලාවක, රහතන් වහන්සේලා පිරිවරාගෙන හිටිය වෙලාවක එක ස්වාමීන් වහන්සේ නමක් "ස්වාමීනී, භාග්‍යවතුන් වහන්ස, මම ප්‍රශ්නයක් අහන්නද?" කියල ඇහුවා. "පින්වත් භික්ෂුව, ඔබ ඉන්න තැනම ඉඳගෙන ප්‍රශ්නය අහන්න. පිළිතුරු දෙන්නම්" කියල බුදුරජාණන් වහන්සේ පිළිතුරු දුන්න.

ඒ වෙලාවේ ස්වාමීන් වහන්සේ අහනවා "භාග්‍යවත් බුදුරජාණන් වහන්ස, පංච උපාදාන ස්කන්ධයේ ස්කන්ධ කියල වචනයක් තියෙනවා. මේ ස්කන්ධ ස්කන්ධ කියන වචනයේ නියම අර්ථය මොකක්ද?" කියල. එතකොට බුදුරජාණන් වහන්සේ වදාළා "පින්වත් භික්ෂුව, අතීතයේ නිරුද්ධ වී ගිය යම් රූපයක් ඇද්ද, හට නොගත් අනාගතයේ යම් රූපයක් ඇද්ද, හටගත් වර්තමානයේ යම් රූපයක් ඇද්ද, තමාගේ යැයි සලකන සතර මහා ධාතූන්ගෙන් හටගත් යමක් (රූපයක්) ඇද්ද, අනුන්ගේ යැයි සලකන සතර මහා ධාතූන්ගෙන් හටගත් යමක් (රූපයක්) ඇද්ද, ගොරෝසු ස්වභාවයෙන් යුතු රූපයක් ඇද්ද, සියුම් ස්වභාවයෙන් යුතු රූපයක් ඇද්ද, හීන වූ රූපයක් ඇද්ද, ප්‍රණීත වූ රූපයක් ඇද්ද, දුර පවතින රූපයක් ඇද්ද, ළඟ පවතින රූපයක් ඇද්ද මෙන්න මේකට කියනවා රූප උපාදාන ස්කන්ධය කියල."

කාලය හා අවකාශය අතර පැවැත්ම...

එතකොට ස්කන්ධය කියන වචනය යෙදුවේ

ඔන්න ඕකටයි. අතීත, අනාගත, වර්තමාන, ආධ්‍යාත්ම (තමා තුළ), බාහිර (තමාගෙන් පිට), ගොරෝසු, සියුම්, හීන, ප්‍රණීත, දුර, ළඟ යම් රූපයක් ඇද්ද, අන්න ඒකට කියනව රූප ස්කන්ධය කියල. එතකොට ස්කන්ධ කියල කිව්වේ ගොඩකට කියන අර්ථය නෙවෙයි. අතීත, අනාගත, වර්තමාන කියන කාලයත්, ආධ්‍යාත්ම, බාහිර, ගොරෝසු, සියුම්, හීන, ප්‍රණීත, දුර, ළඟ කියන අවකාශයත් කියන මේ දෙක තුළ පවතින දේට තමයි ස්කන්ධය කියල කිව්වේ.

එතකොට සතර මහා ධාතූන් තුළ පවතින රූපය ඒ කාලයත් අවකාශයත් තුළ පවතිනවා. ඒ නිසා කියනවා රූප ස්කන්ධය කියල. ඒ නිසා දැන් මේ කාලයත්, අවකාශයත් තුළ පවතින ඊට අයත් රූපයක් තමයි මේ ශරීරය තුළ තියෙන්නෙ. ඒ නිසා මේකට රූප ස්කන්ධය කියල කියනවා.

ඒ වගේම වේදනා ස්කන්ධය කියනවා. ස්පර්ශයෙන් හටගත්තු විඳීමට. සඤ්ඤා ස්කන්ධය කියනවා. ස්පර්ශයෙන් හටගත්තු හඳුනාගැනීමට. සංඛාර ස්කන්ධය කියනවා. ස්පර්ශයෙන් හටගත්තු චේතනාවලට. හොඳට මතක තියා ගන්න එතන සංඛාර කියන්නේ චේතනාවට. විඤ්ඤාණ ස්කන්ධය කියනවා. නාමරූපයන්ගෙන් හටගත්තු විඤ්ඤාණය. මේ පංච උපාදාන ස්කන්ධය ගැන තමන්ගේ ජීවිතය තුළින් අවබෝධ කරන්නට පටන් ගන්නට ඕනෙ. එයට සිහිය පිහිටුවාගෙන පුරුදු කරන්නට ඕනෙ. ඒක තමයි උපාදාන ස්කන්ධ භාවනාව.

11.2. පංච උපාදානස්කන්ධය

ඔබ හරිම වාසනාවන්තයි....

ඔබට සවන් දෙන්නට ලැබෙන්නේ කලාතුරකින් මනුෂ්‍යයෙකුට අහන්නට ලැබෙන දේවල්. ඔබේ ජීවිතය පුරාවට ඔබ පුවත්පත් බලල ඇති. ඔබ කොතෙකුත් රූපවාහිනී වැඩසටහන් බලල ඇති. නමුත් හැබෑවටම ජීවිතය අවබෝධ කරන යමක් කලාතුරකින් තමයි ලැබෙන්නේ. බොහෝ විට ලැබෙන්නෙ නෑ. ඒ නිසා මෙහිදී ඔබට බුදුරජාණන් වහන්සේගේ ධර්මය ඒ විදිහට, කිසිදු පෞද්ගලික අර්ථ කථනයකට හසු නොවී ඉගෙන ගන්න ලැබෙනවා. ඒක තමයි ඔබ වාසනාවන්ත.

ඉතින් ඔබ දැන් ඉගෙන ගනිමින් සිටින්නේ ධම්මානුපස්සනාවේ පංච උපාදාන ස්කන්ධ භාවනාව ගැනයි. කලින් ඔබ ඉගෙන ගත්තා රූපය ගැන. රූපය කියන්නේ සතර මහා ධාතූන්ගෙන් හටගත් දෙයක්. ස්කන්ධ කියන්නේ කාලය හා අවකාශය තුළ පවතින දේ.

අවබෝධ කරගත යුතු දුක....

එතකොට වේදනාව කියන එකත් කාලය හා අවකාශය තුළ පවතින දෙයක්. සඤ්ඤාවත් එහෙමයි. සංස්කාරත් එහෙමයි. විඤ්ඤාණයත් එහෙමයි. මේ ඔක්කොම අවබෝධ කරගත යුතු දුකටයි අයිති. එතකොට රූප උපාදාන ස්කන්ධය අවබෝධ කරගත යුතු දුකට අයිති එකක්.

වේදනා උපාදාන ස්කන්ධය...

ඊළඟට තියෙනවා වේදනා උපාදාන ස්කන්ධය. වේදනාව කිව්වෙ විඳීම. පින්වතුනි, විඳීම ඇතිවෙන්නේ මේ

ආයතන හයෙන් ඇතිවෙන ස්පර්ශය නිසා. ස්පර්ශයෙන් තමයි විඳීම හටගන්නේ. දැන් කෙනෙක් ඔබෙන් ඇහුවොත් විඳීම හටගන්නේ කොහෙද කියල ඔබට මතක තියෙන්න ඕනෙ මෙන්න මේ විදිහටයි. විඳීම හටගන්නේ ස්පර්ශයෙන්. එහෙම නම් යම් තැනක ස්පර්ශයක් ඇද්ද එතන තමයි විඳීම.

සඤ්ඤා උපාදාන ස්කන්ධය....

ඊළඟට සඤ්ඤා. සඤ්ඤා කියන්නෙ හඳුනා ගැනීම. දැන් ඔබ හඳුනාගන්නෙ මොනවද? ඇස් දෙකෙන් රූප හඳුනාගන්නවා. කණ් දෙකෙන් ශබ්ද හඳුනාගන්නවා. නාසයෙන් ගඳ සුවඳ හඳුනාගන්නවා. දිවෙන් රසය හඳුනා ගන්නවා. කයෙන් පහස හඳුනාගන්නවා. මනසින් අරමුණු හඳුනාගන්නවා.

හඳුනාගන්නේ කොහොමද ඔබ? දැන් ඇහෙන් රූපයක් හඳුනා ගන්නේ, ඇස තියෙනවා. ඇසට රූපයක් එනවා. ඇහේ විඤ්ඤාණය ඇතිවෙනවා. එතකොට ඇහැයි, රූපයයි, විඤ්ඤාණයයි එකතුවෙනවා. එතකොටයි ඔබට රූප පේන්නෙ. අන්න එතකොට කියනවා ස්පර්ශය කියල. එතකොට ඇහින් රූප හඳුනාගත්තෙ ඇහේ ස්පර්ශය නිසා. කණින් ශබ්ද හඳුනාගත්තේ කණේ ස්පර්ශය නිසා. නාසයෙන් ගඳ සුවඳ හඳුනාගත්තෙ නාසයේ ස්පර්ශය නිසා. දිවෙන් රස හඳුනාගත්තෙ දිවේ ස්පර්ශය නිසා. කයින් පහස හඳුනාගත්තේ කයේ ස්පර්ශය නිසා. මනසින් අරමුණු හඳුනාගත්තේ මනසේ ස්පර්ශය නිසා. ස්පර්ශය නිසා හය ආකාර හඳුනාගැනීමක් තියෙනවා කියල තේරුම් ගන්නවා.

සංස්කාර උපාදාන ස්කන්ධය...

ඊළඟට සංඛාර. සංඛාර කියන්නේ චේතනා. චේතනා ඇතිවෙනවා ඇසින් දකින රූපය ගැන. ඇතිවෙලා හිතින්, කයින්, වචනයෙන් ක්‍රියාත්මක වෙනවා. චේතනා ඇතිවෙනවා කණින් අහන ශබ්දය ගැන. ඇතිවෙලා හිතින්, කයින්, වචනයෙන් ක්‍රියාත්මක වෙනවා. චේතනා ඇතිවෙනවා නාසයට දැනෙන ගඳ සුවඳ ගැන. චේතනා ඇතිවෙනවා දිවට දැනෙන රසය ගැන. චේතනා ඇතිවෙනවා කයට දැනෙන පහස ගැන. චේතනා ඇතිවෙනවා මනසට සිතෙන අරමුණු ගැන.

චේතනා කියල කියන්නේ කර්මය. කර්මය කියල කියන්නේ විපාක දීම පිණිස සකස් වෙන දේ. එහෙම නම් අපි හැම මොහොතකම ඇසින් රූපයක් දැකල චේතනාවක් පහළ කරල හිතින් හිතන කොට, වචනයෙන් ක්‍රියාත්මක වෙන කොට, කයින් ක්‍රියාත්මක වෙන කොට විපාක පිණිස සකස් වෙනවා. මේකට තමයි චේතනාව කියල කියන්නේ. මේකට ම තමයි සංස්කාර කියල කියන්නෙත්. එතකොට සංස්කාර ඇතිවෙන්නේ ස්පර්ශයෙන්. ඇහැයි රූපයයි සංස්කාරයි එකතු වෙන්නේ නැත්නම් ස්පර්ශයක් නෑ.

විඤ්ඤාණ උපාදාන ස්කන්ධය....

ඊළඟට විඤ්ඤාණය. විඤ්ඤාණය ඇති වෙන්නේ නාම රූප ප්‍රත්‍යයෙන්. දැන් ඔබෙන් කෙනෙක් ඇහුවොත් විඤ්ඤාණය හටගන්නේ කොහෙද කියල ඔබ පැහැදිලිවම මෙන්න මෙහෙම කියන්න ඕනෙ. විඤ්ඤාණය හටගන්නෙ ආයතන හයේ. බුදුරජාණන් වහන්සේ වදාළා ඇහැත් රූපයත් නිසා විඤ්ඤාණය හටගන්නවා කියල. ඇහැත් රූපයත් නිසා විඤ්ඤාණය හටගන්න හේතු වෙන්නෙ විඤ්ඤාණය නාමරූප ප්‍රත්‍යයෙන් හටගන්න නිසා.

දැන් නාමරූප ඔබට මතකද? නාම කියල කිව්වෙ වේදනා, සඤ්ඤා, චේතනා, ඵස්ස, මනසිකාර කියන පහ. රූප කියල කිව්වෙ පඨවි, ආපෝ, තේජෝ, වායෝ කියන සතර මහා ධාතූන්, සතර මහා ධාතූන්ගෙන් හටගත්තු දේන්. ඒවයින් තමයි මේ ඇස හැදිල තියෙන්නෙ. කණ හැදිල තියෙන්නෙ නාමරූප වලින්. නාසය හැදිල තියෙන්නෙ නාමරූප වලින්. දිව හැදිල තියෙන්නෙ නාමරූප වලින්. කය හැදිල තියෙන්නෙ නාමරූප වලින්. මනස හැදිල තියෙන්නෙ නාමරූප වලින්. ඒ නිසා මේ ආයතන හය තුළ නාමරූප වලින් හැදෙන දේවල් ඔක්කොම හැදෙනවා. නාමරූප වලින් තමයි හැදෙන්නෙ විඤ්ඤාණය.

විඤ්ඤාණය තනියම පවතින්නෙ නෑ...

බුදුරජාණන් වහන්සේ වදාළා මේ විඤ්ඤාණය තනියම පවතින්නෙ නෑ. හුදෙකලාව පවතින්නෙ නෑ. විඤ්ඤාණයක් තනියම ගමන් කරන්නෙ නෑ. විඤ්ඤාණයක් තනියම චුත වෙන්නෙ නෑ. බුදුරජාණන් වහන්සේ වදාළා කවුරු හරි කියනවා නම් **(අහමඤ්ඤත්‍ර රූපාය, අඤ්ඤත්‍ර වේදනාය, අඤ්ඤත්‍ර සඤ්ඤාය, අඤ්ඤත්‍ර සංඛාරේහි විඤ්ඤාණස්ස ආගතිං වා ගතිං වා චුතිං වා උප්පත්තිං වා පඤ්ඤාපෙස්සාමීති, නේතං ඨානං විජ්ජති)** මම රූපයෙන් තොරව, වේදනාවකින් තොරව, සඤ්ඤාවකින් තොරව, සංස්කාර වලින් (ඒ කියන්නේ චේතනාවකින්) තොරව විඤ්ඤාණයක් එනවා කියල හෝ විඤ්ඤාණයක් යනවා කියල හෝ විඤ්ඤාණයක් චුත වෙනවා කියල හෝ විඤ්ඤාණයක් වැඩෙනවා කියල හෝ විඤ්ඤාණය උපදිනවා කියල හෝ ඒක කිසි දවසක වෙන්න බැරි දෙයක්.

එතකොට අපට ඉතාම හොඳින් පැහැදිලිව වැටහෙනවා, මේ පංච උපාදාන ස්කන්ධයේ හුදෙකලා විඤ්ඤාණයක් නෑ. විඤ්ඤාණය හැම වෙලේම තියෙන්නෙ රූපයේ බැසගෙන, වේදනාවේ බැසගෙන, සඤ්ඤාවේ බැසගෙන, සංස්කාරයේ බැසගෙන. එහෙම නම් ඒ විඤ්ඤාණය පවතින්නෙ එකට. රූප, වේදනා, සඤ්ඤා, සංඛාර කියන හතරත් සමඟයි.

ඉතින් මේකෙදි අපට ඉතාමත් ම පැහැදිලිව පේනවා බුදුරජාණන් වහන්සේගේ ශ්‍රාවකයා මේක පටලව ගන්නෙ නෑ. පටලවා ගන්නෙ නැත්තෙ මොකද? එයාට ශ්‍රද්ධාවක් තියෙනවා බුදුරජාණන් වහන්සේ වදාළ කරුණු ගැන. මේ ශ්‍රද්ධාව මුල් කරගෙන තමයි මෙයා ආරම්භයේදී පංච උපාදානස්කන්ධය සිහිකරන්නෙ.

පංච උපාදාන ස්කන්ධයේ හටගැනීම...

ඊළඟට තියෙන්නෙ මේ පංච උපාදානස්කන්ධ හටගන්නෙ කොහොමද කියල සිහිකිරීම. පංච උපාදානස්කන්ධය හටගන්නෙ පටිච්ච සමුප්පාදය තුළ. සතර මහා ධාතූන් ගෙන් හටගත් රූපය රූප උපාදාන ස්කන්ධය බවට පත්වෙන්නෙ, ස්පර්ශයෙන් හටගත් විඳීම වේදනා උපාදාන ස්කන්ධය බවට පත්වෙන්නෙ, ස්පර්ශයෙන් හටගන්නා සඤ්ඤාව සඤ්ඤා උපාදාන ස්කන්ධය බවට පත්වෙන්නෙ, ස්පර්ශයෙන් හටගන්නා සංස්කාර සංස්කාර උපාදාන ස්කන්ධය බවට පත්වෙන්නෙ, නාමරූප ප්‍රත්‍යයෙන් හටගන්නා විඤ්ඤාණය විඤ්ඤාණ උපාදාන ස්කන්ධය බවට හැදෙන්නෙ, පටිච්ච සමුප්පාදය තුළින්.

එහෙනම් අපට ඉතාම පැහැදිලිව පේනවා මේ පටිච්ච සමුප්පාදය සකස් වෙනතාක් කෙනෙකුගේ

ජීවිතයක් තුළ, පංච උපාදාන ස්කන්ධය පවතිනවා. පටිච්ච සමුප්පාදය සකස් වෙනතාක් පංච උපාදාන ස්කන්ධය පවතිනවා නම්, පංච උපාදාන ස්කන්ධය කියන්නෙ අනිත්‍ය දෙයක්. ඒ කියන්නෙ රූපයත් අනිත්‍යයයි. වේදනා, සඤ්ඤා, සංඛාර, විඤ්ඤාණයත් අනිත්‍යයයි.

දොළොස් මහේ පහන නිත්‍යයිද?

මේ ගැන සරල උදාහරණයක් මා කියන්නම්. දැන් අපි කියමු දොළොස් මහේ පහන. දොළොස් මහේ පහන කියල කියන්නේ මාස දොළහෙම ඇවිලෙන පහනක්. එතකොට අපි ජනවාරි මාසයේ පහන දිහා බලන කොට පහන පත්තුවෙමින් තියෙනවා. මැයි මාසයේ බලනකොටත් පහන පත්තු වෙවී තියෙනවා. දෙසැම්බර් මාසයේ බලනකොටත් පහන පත්තු වෙවී තියෙනවා. එතකොට පත්තු වෙවී තියෙන්නෙ අනිත්‍ය වූ පහන් වැටි. අනිත්‍ය වූ තෙල්. එතකොට දැල්වෙමින් තියෙන්නේ අනිත්‍ය වූ පහන් සිලක්. නමුත් මේක අවුරුද්දෙම පත්තුවෙන නිසා කෙනෙක් කිව්වොත්, මම ජනවාරි මාසයේ මේ පහන් සිල දිහා බැලුවා එතකොටත් පත්තු වෙනවා. මම මැයි මාසයේ මේ පහන් සිල දිහා බැලුවා එතකොටත් පත්තු වෙනවා. මම දෙසැම්බර් මාසයේ මේ පහන් සිල දිහා බැලුවා එතකොටත් පත්තු වෙනවා. එහෙනම් මේ පහන් සිළ නිත්‍ය එකක් කියල කිව්වොත් ඒක සම්පූර්ණයෙන්ම අනවබෝධයෙන් ඇතිවෙච්ච වැරදි මතයක්. මොකද තෙල්, වැටි මාස දොළහෙම දාපු නිසයි පහන් සිල පත්තු වෙවී තියෙන්නේ.

පංච උපාදාන ස්කන්ධයත් අනිත්‍යයයි...

ඒ වගේ මේ විඤ්ඤාණය පංච උපාදාන ස්කන්ධය

තුළ ක්‍රියාත්මක වෙවී, භව පැවැත්ම තුළ සකස් වෙමින් දිගින් දිගට ම ආ මේ ගමන, ස්ථිර විඤ්ඤාණයක් භවයෙන් භවයට මාරුවෙමින් ගිහින් නොවෙයි. පටිච්ච සමුප්පාදයක් දිගින් දිගටම පැවතීම නිසා පංච උපාදාන ස්කන්ධයක් හැදුණා. එහෙම නම් අපට ඉතා පැහැදිලිව තේරෙනවා මේ පංච උපාදාන ස්කන්ධය හැදෙන්නෙ පටිච්ච සමුප්පාදය නිසා. මේ පංච උපාදාන ස්කන්ධය හැදෙන එක නවතිනවා පටිච්ච සමුප්පාදය හැදෙන එක නැවතිච්ච ගමන්.

ඒ කියන්නෙ අවිද්‍යාව මුලුමනින් ම ප්‍රහාණය වෙච්ච ගමන්, චතුරාර්ය සත්‍යය සම්පූර්ණයෙන් අවබෝධ වෙච්ච ගමන්, එතන ඉඳලා පටිච්ච සමුප්පාදය ඉවරයි.

එහෙනම් අපට ඉතා පැහැදිලියි බුදුරජාණන් වහන්සේගේ ශ්‍රාවකයා ධම්මානුපස්සනාව වඩන්නේ ආවාට ගියාට නෙවෙයි. ඒ කෙනා පටිච්ච සමුප්පාදය තුළින් පංච උපාදාන ස්කන්ධය හටගන්නා ආකාරයත් දකිනවා, පංච උපාදාන ස්කන්ධය නිරුද්ධ වෙන ආකාරයත් දකිනවා. පංච උපාදාන ස්කන්ධය නිරුද්ධ වීමට හේතු වුණේ පංච උපාදාන ස්කන්ධය අවබෝධ කරලා නොපිළිගැනීම.

උපාදාන ස්කන්ධ පහ මේ විදිහට දැක්කොත්....

සතර මහා ධාතුන්ගෙන් හටගත්තු රූප පෙණ ගුළියක් වගේ කෙනෙකුට අවබෝධ වුණා නම්, ස්පර්ශය නිසා හටගන්නා විඳීම දියබුබුලක් වගේ අවබෝධ වුණා නම්, ස්පර්ශයෙන් හටගන්නා සඤ්ඤාව මිරිඟුවක් වගේ අවබෝධ වුණා නම්, ස්පර්ශය නිසා හටගන්නා චේතනා, ඒ කිව්වේ සංඛාර (**පුඤ්ඤාභි සංඛාර, අපුඤ්ඤාභි සංඛාර, ආනෙන්ජාභි සංඛාර**) ගැන අරටුවක් හොයාගෙන ගිය

කෙනෙක් අරටුව අඳුනගන්න බැරිව, කෙසෙල් ගහක පට්ට ගලවනවා වගේ කියල අවබෝධ වුණා නම්, ඊළඟට කෙනෙකුට නාමරූප ප්‍රත්‍යයෙන් හටගන්නා විඤ්ඤාණය මායා ස්වරූපී දෙයක් හැටියට අවබෝධ වුණා නම්, මැජික් කාරයෙක් හතරමං හන්දියක මැජික් පෙන්නනවා වගේ කියල මේ විඤ්ඤාණයේ මැජික් එක පේනවා නම්, අන්න ඒ කෙනා පංච උපාදාන ස්කන්ධය අවබෝධ කරල ඒක පිළිගන්නෙ නැතිව යනවා. ඒක නොපිළිගැනීම තුළ ඒ කෙරෙහි බැඳෙන්නෙ නැතිව යනවා. ඒ කෙරෙහි නොබැඳීම තුළ ඒ කෙරෙහි ඇල්ම නිරුද්ධ වෙලා යනවා. ඇල්ම නිරුද්ධ වීම තුළ ඒ මුල්කරගෙන භවය හැදෙන්නෙ නැතිව යනවා. ඒ කියන්නේ විපාක පිණිස කර්ම සකස් වෙන්නේ නැතිව යනවා. එතකොට උපතක් හැදෙන්නෙ නැතිව යනවා. එතකොට ඒ පටිච්ච සමුප්පාදය නැසී වැනසී යනවා. එයා නිදහස් වෙනවා.

වෙනස් වෙලා යන හැටි දකිනවා....

මෙන්න මේක තමයි පංච උපාදාන ස්කන්ධ භාවනාවෙන් විග්‍රහ වෙන්නෙ. එහෙම නම් බුදුරජාණන් වහන්සේගේ ශ්‍රාවකයා හුදෙකලා තැනකට ගිහිල්ලා මේක බලනවා. විමසා බලනකොට මේක අවබෝධ කරගන්නවා අනාත්මයි කියලා. අනාත්මයි කියලා කියන්නේ තමාගේ වසඟයේ පවත්වන්න බෑ කියන එක. තවදුරටත් පැහැදිලි කළොත් අයිතිකාරයෙක් නෑ කියන එකයි. සතර මහා ධාතූන්ගෙන් හටගත්තු රූප සතර මහා ධාතූන් වෙනස් වීමෙන් වෙනස් වෙලා යනවා. ස්පර්ශයෙන් හටගන්නා විඳීම ස්පර්ශය වෙනස් වීමෙන් වෙනස් වෙලා යනවා. ස්පර්ශයෙන් හටගන්නා හඳුනාගැනීම ස්පර්ශය වෙනස් වීමෙන් වෙනස් වෙලා යනවා. ස්පර්ශයෙන් හටගන්නා

චේතනාව ස්පර්ශය වෙනස් වීමෙන් වෙනස් වෙලා යනවා. නාමරූප ප්‍රත්‍යයෙන් හටගන්නා විඤ්ඤාණය නාමරූප වෙනස් වීමෙන් වෙනස් වෙලා යනවා.

අවබෝධයෙන්ම නිදහස් වෙනවා....

එහෙනම් මේ හේතූන්ගෙන් හටගන්නා ඵල හේතු නැතිවීමෙන් නැතිවෙලා යන ධර්මතාවයෙන් යුක්ත දෙයක්. මෙන්න මේ අවබෝධය එයාගේ ජීවිතයට ඇතුළුවෙන කොට ඒ කෙනා අනාත්මයක් දකිනවා. එහෙනම් එයා මේ පංච උපාදාන ස්කන්ධය මම කියල ගන්නෙ නෑ. මගේ කියල ගන්නෙ නෑ. මගේ ආත්මය කියල ගන්නෙ නෑ. ඒකෙන් එයා නිදහස් වෙනවා.

සතර සතිපට්ඨානය තුළ මනාකොට සිහිය පිහිටුවා ගන්නට දක්ෂ වීමෙන් කෙනෙකුට කොයිතරම් නිදහසක් භුක්ති විඳින්නට පුළුවන්කම තියෙනවාද?

- ස්කන්ධ භාවනාව -

රූප ස්කන්ධය

අතීතයේ නිරුද්ධ වී ගිය, යම් රූපයක් ඇද්ද, ඒ සියලු රූප සතර මහා ධාතූන් නිසා හටගත් හෙයින්ද, වහා වෙනස් වී යන හෙයින්ද, අනිත්‍යයි... අනිත්‍යයි... අනිත්‍යයි... ඒ සියලු රූප මම නොවේ... මගේ නොවේ... මගේ ආත්මය නොවේ....

වර්තමානයේ හටගෙන තිබෙන, යම් රූපයක් ඇද්ද, ඒ සියලු රූප සතර මහා ධාතූන් නිසා හටගත් හෙයින්ද, වහා වෙනස් වී යන හෙයින්ද, අනිත්‍යයි... අනිත්‍යයි... අනිත්‍යයි... ඒ සියලු රූප මම නොවේ... මගේ නොවේ...

මගේ ආත්මය නොවේ....

අනාගතයේ හට නොගත්තා වූ, යම් රූපයක් ඇද්ද, ඒ සියලු රූප සතර මහා ධාතූන් නිසා හටගන්නා හෙයින්ද, වහා වෙනස් වී යන හෙයින්ද, අනිත්‍යයි... අනිත්‍යයි... අනිත්‍යයි... ඒ සියලු රූප මම නොවේ... මගේ නොවේ... මගේ ආත්මය නොවේ....

තමා යැයි සලකන, යම් රූපයක් ඇද්ද, ඒ සියලු රූප සතර මහා ධාතූන් නිසා හටගත් හෙයින්ද, වහා වෙනස් වී යන හෙයින්ද, අනිත්‍යයි... අනිත්‍යයි... අනිත්‍යයි... ඒ සියලු රූප මම නොවේ... මගේ නොවේ... මගේ ආත්මය නොවේ....

අනුන් යැයි සලකන, යම් රූපයක් ඇද්ද, ඒ සියලු රූප සතර මහා ධාතූන් නිසා හටගත් හෙයින්ද, වහා වෙනස් වී යන හෙයින්ද, අනිත්‍යයි... අනිත්‍යයි... අනිත්‍යයි... ඒ සියලු රූප මම නොවේ... මගේ නොවේ... මගේ ආත්මය නොවේ....

ගොරෝසු යැයි සලකන, යම් රූපයක් ඇද්ද, ඒ සියලු රූප සතර මහා ධාතූන් නිසා හටගත් හෙයින්ද, වහා වෙනස් වී යන හෙයින්ද, අනිත්‍යයි... අනිත්‍යයි... අනිත්‍යයි... ඒ සියලු රූප මම නොවේ... මගේ නොවේ... මගේ ආත්මය නොවේ....

සියුම් යැයි සලකන, යම් රූපයක් ඇද්ද, ඒ සියලු රූප සතර මහා ධාතූන් නිසා හටගත් හෙයින්ද, වහා වෙනස් වී යන හෙයින්ද, අනිත්‍යයි... අනිත්‍යයි... අනිත්‍යයි... ඒ සියලු රූප මම නොවේ... මගේ නොවේ... මගේ ආත්මය නොවේ....

යහපත් යැයි සලකන, යම් රූපයක් ඇද්ද, ඒ සියලු

රූප සතර මහා ධාතූන් නිසා හටගත් හෙයින්ද, වහා වෙනස් වී යන හෙයින්ද, අනිත්‍යයි... අනිත්‍යයි... අනිත්‍යයි... ඒ සියලු රූප මම නොවේ... මගේ නොවේ... මගේ ආත්මය නොවේ....

අයහපත් යැයි සලකන, යම් රූපයක් ඇද්ද, ඒ සියලු රූප සතර මහා ධාතූන් නිසා හටගත් හෙයින්ද, වහා වෙනස් වී යන හෙයින්ද, අනිත්‍යයි... අනිත්‍යයි... අනිත්‍යයි... ඒ සියලු රූප මම නොවේ... මගේ නොවේ... මගේ ආත්මය නොවේ....

දුර තිබෙන්නා වූ, යම් රූපයක් ඇද්ද, ඒ සියලු රූප සතර මහා ධාතූන් නිසා හටගත් හෙයින්ද, වහා වෙනස් වී යන හෙයින්ද, අනිත්‍යයි... අනිත්‍යයි... අනිත්‍යයි... ඒ සියලු රූප මම නොවේ... මගේ නොවේ... මගේ ආත්මය නොවේ....

ළඟ තිබෙන්නා වූ, යම් රූපයක් ඇද්ද, ඒ සියලු රූප සතර මහා ධාතූන් නිසා හටගත් හෙයින්ද, වහා වෙනස් වී යන හෙයින්ද, අනිත්‍යයි... අනිත්‍යයි... අනිත්‍යයි... ඒ සියලු රූප මම නොවේ... මගේ නොවේ... මගේ ආත්මය නොවේ....

වේදනා ස්කන්ධය

අතීතයේ නිරුද්ධ වී ගිය, යම් වේදනාවක් ඇද්ද, ඒ සියලු වේදනා ස්පර්ශය නිසා හටගත් හෙයින්ද, වහා වෙනස් වී යන හෙයින්ද, අනිත්‍යයි... අනිත්‍යයි... අනිත්‍යයි... ඒ සියලු වේදනා මම නොවේ... මගේ නොවේ... මගේ ආත්මය නොවේ....

වර්තමානයේ හටගෙන තිබෙන....

අනාගතයේ හට නොගත්තා වූ....

තමා යැයි සලකන....

අනුන් යැයි සලකන....

ගොරෝසු යැයි සලකන....

සියුම් යැයි සලකන.....

යහපත් යැයි සලකන....

අයහපත් යැයි සලකන....

දුර තිබෙන්නා වූ....

ළඟ තිබෙන්නා වූ.....

සඤ්ඤා ස්කන්ධය

අතීතයේ නිරුද්ධ වී ගිය, යම් සඤ්ඤාවක් ඇද්ද, ඒ සියලු සඤ්ඤා ස්පර්ශය නිසා හටගත් හෙයින්ද, වහා වෙනස් වී යන හෙයින්ද, අනිත්‍යයි... අනිත්‍යයි... අනිත්‍යයි... ඒ සියලු සඤ්ඤා මම නොවේ... මගේ නොවේ... මගේ ආත්මය නොවේ....

වර්තමානයේ හටගෙන තිබෙන....

අනාගතයේ හට නොගත්තා වූ....

තමා යැයි සලකන....

අනුන් යැයි සලකන....

ගොරෝසු යැයි සලකන....

සියුම් යැයි සලකන.....

යහපත් යැයි සලකන....

අයහපත් යැයි සලකන....

දුර තිබෙන්නා වූ....

ළඟ තිබෙන්නා වූ.....

සංස්කාර ස්කන්ධය

අතීතයේ නිරුද්ධ වී ගිය, යම් චේතනාවක් ඇද්ද, ඒ සියලු චේතනා ස්පර්ශය නිසා හටගත් හෙයින්ද, වහා වෙනස් වී යන හෙයින්ද, අනිත්‍යයි... අනිත්‍යයි... අනිත්‍යයි... ඒ සියලු චේතනා මම නොවේ... මගේ නොවේ... මගේ ආත්මය නොවේ....

වර්තමානයේ හටගෙන තිබෙන....

අනාගතයේ හට නොගත්තා වූ....

තමා යැයි සලකන....

අනුන් යැයි සලකන....

ගොරෝසු යැයි සලකන....

සියුම් යැයි සලකන.....

යහපත් යැයි සලකන....

අයහපත් යැයි සලකන....

දුර තිබෙන්නා වූ....

ළඟ තිබෙන්නා වූ.....

විඤ්ඤාණ ස්කන්ධය

අතීතයේ නිරුද්ධ වී ගිය, යම් විඤ්ඤාණයක් ඇද්ද, ඒ සියලු විඤ්ඤාණ නාමරූප නිසා හටගත් හෙයින්ද, වහා වෙනස් වී යන හෙයින්ද, අනිත්‍යයි... අනිත්‍යයි... අනිත්‍යයි...

ඒ සියලු විඤ්ඤාණ මම නොවේ... මගේ නොවේ... මගේ
ආත්මය නොවේ....

වර්තමානයේ හටගෙන තිබෙන....

අනාගතයේ හට නොගත්තා වූ....

තමා යැයි සලකන....

අනුන් යැයි සලකන....

ගොරෝසු යැයි සලකන....

සියුම් යැයි සලකන.....

යහපත් යැයි සලකන....

අයහපත් යැයි සලකන....

දුර තිබෙන්නා වූ....

ළඟ තිබෙන්නා වූ.....

නමෝ තස්ස භගවතෝ අරහතෝ සම්මාසම්බුද්ධස්ස
ඒ භාග්‍යවත් අරහත් සම්මා සම්බුදුරජාණන් වහන්සේට නමස්කාර වේවා!

12.

ආයතන භාවනාව

12.1. ආයතන භාවනාව ගැන

පංච උපාදාන ස්කන්ධ භාවනාව තවදුරටත්....

දැන් ඔබ පංච උපාදාන ස්කන්ධ භාවනාව ඉගෙන ගෙන තියෙනවා. මේ පංච උපාදාන ස්කන්ධ භාවනාවේ දී අනිත්‍ය සිහි කිරීමේ දී ඕනෑම ඉරියව්වකින් මෙය සිදු කිරීමට ඔබට පුළුවනි. ඒ කියන්නේ ඔබට වාඩිවෙලා පුළුවනි 'අතීතයේ නිරුද්ධ වී ගිය යම් රූපයක් ඇද්ද, ඒ රූපය අනිත්‍යයි... හට නොගත් අනාගතයේ යම් රූපයක් ඇද්ද, ඒ රූපය අනිත්‍යයි... හටගත් වර්තමානයේ යම් රූපයක් ඇද්ද, ඒ රූපය අනිත්‍යයි... මේ ශරීරය තුළ යම් රූපයක් ඇද්ද, ඒ රූපය අනිත්‍යයි... බාහිර යම් රූපයක් ඇද්ද, ඒ

රූපය අනිත්‍යයි... ගොරෝසු යම් රූපයක් ඇද්ද, ඒ රූපය අනිත්‍යයි... සියුම් යම් රූපයක් ඇද්ද, ඒ රූපය අනිත්‍යයි... හීන වූ යම් රූපයක් ඇද්ද, ඒ රූපය අනිත්‍යයි... ප්‍රණීත යම් රූපයක් ඇද්ද, ඒ රූපය අනිත්‍යයි... දුර හටගන්නා යම් රූපයක් ඇද්ද, ඒ රූපය අනිත්‍යයි... ළඟ හටගන්නා යම් රූපයක් ඇද්ද, ඒ රූපය අනිත්‍යයි...' කියල රූපය ගැනත්, වේදනාව ගැනත්, සඤ්ඤාව ගැනත්, සංස්කාර ගැනත්, විඤ්ඤාණය ගැනත් සිහිකරන්න පුළුවන්. ගමන් යනකොට, නින්ද යනතෙක්, වැඩක් පලක් කරන වෙලාවට බාහිර අරමුණකට විසිරෙන්න නොදී ඔබට සිහිකිරීමේ හැකියාව ඇති කරගන්නට පුළුවන්.

ස්කන්ධ භාවනාවෙන් මාර්ග ඵල අවබෝධය කරා...

මේ පංච උපාදානස්කන්ධය නිරන්තරයෙන්ම පුරුදු පුහුණු කළොත්, ඒ කෙනාට මාර්ග ඵල අවබෝධ කරගන්නට පුළුවන් විදිහේ වේගවත් ප්‍රඥාවක් වැඩෙනවා. ප්‍රඥාව කියල කිව්වෙ අනිත්‍ය දේ අනිත්‍ය වශයෙන්, දුක් දේ දුක් වශයෙන්, අනාත්ම දේ අනාත්ම වශයෙන් අවබෝධ කරගන්නට පුළුවන් හැකියාවයි. අන්න ඒක දියුණු වෙනව පංච උපාදාන ස්කන්ධ භාවනාව කෙරෙහි සිහිය පිහිටුවීමෙන්. එතකොට සිහිය පිහිටුවන්නේ කොහොමද? පංච උපාදාන ස්කන්ධය කියන්නෙ මේකයි, පංච උපාදාන ස්කන්ධය හටගන්නෙ මෙහෙමයි, පංච උපාදාන ස්කන්ධය නැතිවෙන්නෙ මෙහෙමයි කියල.

ආයතන භාවනාව හඳුනාගනිමු...

ඊළඟට බුදුරජාණන් වහන්සේ වදාළ භාවනාව ආයතන භාවනාව. ආයතන කියල කියන්නේ මේ ඇස,

කණ, නාසය, දිව, කය, මනස කියන හයට. මේ හය ඔස්සේ තමයි සම්පූර්ණයෙන්ම පටිච්ච සමුප්පාදය හැදෙන්නෙත්. පංච උපාදාන ස්කන්ධය හැදෙන්නෙත්. ඉතින් මේ ස්කන්ධ වශයෙන් බලන එක බුදුරජාණන් වහන්සේගේ කාලයේ ඉඳලම තියෙන භාවනා ක්‍රමයක්. ආයතන වශයෙන් බලන එකත් බුදුරජාණන් වහන්සේ වදාළ, බුදුරජාණන් වහන්සේගේ කාලයේ ඉඳලම තියෙන භාවනා ක්‍රමයක්. මේ භාවනා ක්‍රම කාලාන්තරයක් තිස්සේ කෝටි සංඛ්‍යාත පිරිසක් අනුගමනය කරල, පුරුදු කරල ප්‍රතිඵල ලැබූ භාවනාවල්.

දුකේ උපත..

බුදුරජාණන් වහන්සේ වදාළා යම් තැනක ඇසක් තියෙනවද, යම් තැනක කණක් තියෙනවද, යම් තැනක නාසයක් තියෙනවද, යම් තැනක දිවක් තියෙනවද, යම් තැනක කයක් තියෙනවද, යම් තැනක මනසක් තියෙනවද එතැන දුක ඇත. යම් තැනක ඇස, කණ, නාසය, දිව, කය, මනස කියන හයේ උපතක් තිබේද, එතන තමයි දුකේ උපත. එතන තමයි ජරා ජීර්ණ වීමේ උපත. එතන තමයි රෝගයේ උපත. එතන තමයි මරණයේ උපත.

ඒ නිසා බුදුරජාණන් වහන්සේ පැහැදිලිව ප්‍රකාශ කළා මේ ආයතන හය අවබෝධ කළ යුතු දුකටයි අයිති. සතිපට්ඨාන සූත්‍රයේදී බොහොම ලස්සනට පෙන්වා දෙනවා, **(චක්ඛුං ච පජානාති)** ඇසත් දැනගන්නවා. **(රූපේ ච පජානාති)** රූපයත් දැනගන්නවා. **(යං ච තදුභයං පටිච්ච උප්පජ්ජති සංයෝජනං, තඤ්ච පජානාති)** ඒ ඇසත්, රූපත් මුල්කරගෙන සංයෝජනයක් හටගන්නවා නම්, ඒකත් දැනගන්නවා. **(යථා ච අනුප්පන්නස්ස සංයෝජනස්ස**

උප්පාදෝ හෝති, තඤ්ච පජානාති) ඒ වගේම නූපන් සංයෝජනයන් උපදිනවාද, ඒකත් දැනගන්නවා.

මේ විදිහට ආයතන භාවනාව ගැන අවබෝධයක් ඇති කරගන්නට නම්, මේ ආයතන භාවනාව ගැන හොඳ තේරුම් ගැනීමක් තියෙන්නට ඕනෙ.

ඇස රූපයට බැඳිලද? රූපය ඇසට බැඳිලද?

එක්තරා අවස්ථාවක මහා කොට්ඨිත මහරහතන් වහන්සේත්, සාරිපුත්ත මහරහතන් වහන්සේත් අතර ධර්ම සාකච්ඡාවක් ඇතිවුණා. ඒ ධර්ම සාකච්ඡාවෙදි මහා කොට්ඨිත මහරහතන් වහන්සේ සාරිපුත්ත මහ රහතන් වහන්සේගෙන් මෙහෙම අහනවා. "ප්‍රිය ආයුෂ්මත් සාරිපුත්තයන් වහන්ස, මේ ඇස රූපයට බැඳිල තියෙන දෙයක්ද? එහෙම නැත්නම් රූප ඇසට බැඳිල තියෙන දෙයක්ද? මේ කණ ශබ්දයට බැඳිල තියෙන දෙයක්ද? එහෙම නැත්නම් ශබ්දය කණට බැඳිල තියෙන දෙයක්ද? මේ නාසය ගඳ සුවඳට බැඳිල තියෙන දෙයක්ද? එහෙම නැත්නම් ගඳ සුවඳ නාසයට බැඳිල තියෙන දෙයක්ද? මේ දිව රසයට බැඳිල තියෙන දෙයක්ද? එහෙම නැත්නම් රසය දිවට බැඳිල තියෙන දෙයක්ද? මේ කය පහසට බැඳිල තියෙන දෙයක්ද? එහෙම නැත්නම් පහස කයට බැඳිල තියෙන දෙයක්ද? මේ මනස අරමුණු වලට බැඳිල තියෙන දෙයක්ද? එහෙම නැත්නම් අරමුණු මනසට බැඳිල තියෙන දෙයක්ද?" කියල අහනවා.

මේ ප්‍රශ්නය අහන්න හේතුව තමයි, අපට බැලූ බැල්මට පේන්නෙ, ඇහැයි රූපයයි එකට තියෙනවා වගේ. අපට බැලූ බැල්මට පේන්නෙ, කණයි ශබ්දයයි එකට

තියෙනවා වගේ. නාසයයි ගඳසුවඳයි එකට තියෙනවා වගේ. දිවයි රසයයි එකට තියෙනවා වගේ. කයයි පහසයි එකට තියෙනවා වගේ. මනසයි අරමුණුයි එකට තියෙනවා වගේ. නමුත් මේක දෙකක්. මේක එකිනෙකින් නිදහස් දෙකක්.

මෙන්න ආයතන හයේ ඇත්ත...

සාරිපුත්ත මහරහතන් වහන්සේ වදාළා, "ප්‍රිය ආයුෂ්මත් කොට්ඨිත, ඇස රූපයට බැඳිලත් නෑ. රූපය ඇහැට බැඳිලත් නෑ. කණ ශබ්දයට බැඳිලත් නෑ. ශබ්දය කණට බැඳිලත් නෑ. නාසය ගඳ සුවඳට බැඳිලත් නෑ. ගඳ සුවඳ නාසයට බැඳිලත් නෑ. දිව රසයට බැඳිලත් නෑ. රසය දිවට බැඳිලත් නෑ. කය පහසට බැඳිලත් නෑ. පහස කයට බැඳිලත් නෑ. මනස අරමුණුවලට බැඳිලත් නෑ. අරමුණු මනසට බැඳිලත් නෑ."

කොට්ඨිත මහරහතන් වහන්සේට සාරිපුත්ත මහරහතන් වහන්සේ වදාළා "බැරිවෙලාවත් බැඳිලා තිබුණා නම්, මේ ආර්ය අෂ්ටාංගික මාර්ගය අනුගමනය කරල ඇස, කණ, නාසය, දිව, කය, මනස කියන ආයතන හයෙන් නම් කවදාවත් නිදහස් වෙන්න හම්බවෙන්නෙ නෑ" කියල.

කලු හරකයි - සුදු හරකයි....

ඉතින් මේකෙන් පැහැදිලිව පේනවා එකිනෙකට බැඳිලා නැතිව තියෙන්නේ. මේකට සාරිපුත්ත මහරහතන් වහන්සේ උපමාවක් වදාළා. කලු හරකෙකුයි සුදු හරකෙකුයි කඹේකින් ගැටගහලා තියෙනවා. මේ කඹේකින් ගැටගහපු කලු හරකයි සුදු හරකයි දෙන්නා, කඹෙන් ගැටගහල තමයි අත්ඇරල තියෙන්නෙ. ඉතින් මේ නිසා මේ දෙන්නා ගමන්

කරන කොට කලු හරකා යනකොට සුදු හරකත් යනවා. සුදු හරකා යනකොට කලු හරකත් යනවා. මේ විදිහට කලු හරකයි සුදු හරකයි වෙන්වෙලා නැතිව යන්නේ. එතකොට කලු හරකගෙන් සුදු හරකට වෙන්වෙන්නත් බෑ. සුදු හරකගෙන් කලු හරකට වෙන්වෙන්නත් බෑ.

කඹේ කැපුවොත් දෙන්න වෙන් වෙනවා...

එතකොට කෙනෙක් කිව්වොත් මේ දිහා බලල මෙන්න මෙහෙම, කලු හරකා නිසයි අර සුදු හරකා යන්නෙ. සුදු හරකා නිසයි කලු හරකා යන්නේ කියල ඒක සම්පූර්ණයෙන්ම වැරදි දෙයක්. ඒ සුදු හරකා යන්නේ කලු හරකා නිසා නෙවෙයි, කලු හරකා යන්නෙත් සුදු හරකා නිසා නෙවෙයි. හරක් දෙන්නම යන්නේ කඹේ නිසා. කඹේකින් ගැටගහලා තියෙන නිසා. යම් දවසක කඹේ කැපුවද, කඹේ කපපු වෙලාවට සුදු හරකත් නිදහස්. කලු හරකත් නිදහස්.

අන්න ඒ වගේ බුදුරජාණන් වහන්සේගේ ධර්මයේ උගන්වන්නේ ඇස රූපයට බැඳිල නෑ. රූපය ඇසට බැඳිල නෑ. ඇසයි රූපයි එකට බැඳිල තියෙන්නේ ආසාව නිසා. කණ ශබ්දයට බැඳිලත් නෑ. ශබ්දය කණට බැඳිලත් නෑ. කණයි ශබ්දයයි එකට බැඳිල තියෙන්නේ ආසාව නිසා. නාසය ගඳ සුවඳට බැඳිලත් නෑ. ගඳ සුවඳ නාසයට බැඳිලත් නෑ. නාසයයි ගඳ සුවඳයි එකට බැඳිල තියෙන්නේ ආසාව නිසා. දිව රසයට බැඳිලත් නෑ. රසය දිවට බැඳිලත් නෑ. දිවයි රසයයි එකට බැඳිල තියෙන්නේ ආසාව නිසා. කය පහසට බැඳිලත් නෑ. පහස කයට බැඳිලත් නෑ. කයයි පහසයි එකට බැඳිල තියෙන්නේ ආසාව නිසා. මනස අරමුණුවලට බැඳිලත් නෑ. අරමුණු මනසට බැඳිලත් නෑ. මනසයි අරමුණුයි එකට බැඳිල තියෙන්නේ ආසාව නිසා.

ආයතන හයේ අනිත්‍ය දකින්නෙ මෙහෙමයි...

එතකොට මේ ආසාවෙන් බැඳිලා ඉන්න කෙනා තමන්ගේ ඉන්ද්‍රියන්ගේ ක්‍රියාකාරීත්වයට සිහිය පිහිටුවලා හොඳ සිහියෙන් බලනවා. බලන කොට එයාට පේනවා අනිත්‍ය වූ ඇහැක්. අනිත්‍ය වූ ඇහැක් කියන්නෙ මේකයි. ඇස කියන එක නාමරූප ප්‍රත්‍යයෙන් හටගත්තු එකක්. ඒ වගේම එයාට පේනවා අනිත්‍ය වූ කණක්. මේ කණ නාමරූප ප්‍රත්‍යයෙන් හටගත්තු එකක්. සමහරු හිතාගෙන ඉන්නෙ මේ ඇස සතර මහා ධාතුන්ගෙන් විතරක් හටගත්තු එකක් කියලා. එහෙම නම් අපට පුළුවන් වෙන්නට ඕනෙ කෘතිම විදිහට ඇහැක් හදලා, ඒ ඇහැ තුළ විඤ්ඤාණයක් උපද්දවන්න. එහෙම පුළුවන්කමක් නෑ.

නාමරූපයන්ගෙන් හටගත්තු නිසා මේ ඇහැ තුළ නාමරූපයන්ගෙන් හැදෙන සෑම දෙයක්ම හැදෙනවා. ඒකට හේතුව තමයි මේ ඇහැ නාමරූපයන්ගෙන් හටගත්තු දෙයක්. කණ නාමරූපයන්ගෙන් හටගත්තු දෙයක්. නාසය නාමරූපයන්ගෙන් හටගත්තු දෙයක්. දිව නාමරූපයන් ගෙන් හටගත්තු දෙයක්. කය නාමරූපයන්ගෙන් හටගත්තු දෙයක්. මනස නාමරූපයන්ගෙන් හටගත්තු දෙයක්. ඒ නිසා තමයි පටිච්ච සමුප්පාදයේ පැහැදිලිවම විග්‍රහ කොට වදාළේ අපගේ ශාස්තෘ වූ භාග්‍යවත් බුදුරජාණන් වහන්සේ විසින් මේ ආයතන හය හටගන්නේ නාමරූප වලින්. (නාමරූප පච්චයා සළායතනං)

මේ නාමරූප ප්‍රත්‍යයෙන් හටගත්තු ආයතන හය ගැන හොඳ සිහියෙන් එයා බලාගෙන ඉන්නවා. ඇස දිහා සිහියෙන් බලාගෙන ඉන්න කොට එයා දකින්නේ අනිත්‍ය

වූ ඇහැක්. කණ දිහා සිහියෙන් බලාගෙන ඉන්න කොට එයා දකින්නේ අනිත්‍ය වූ කණක්. නාසය දිහා සිහියෙන් බලාගෙන ඉන්න කොට එයා දකින්නේ අනිත්‍ය වූ නාසයක්. දිව දිහා සිහියෙන් බලාගෙන ඉන්න කොට එයා දකින්නේ අනිත්‍ය වූ දිවක්. කය දිහා සිහියෙන් බලාගෙන ඉන්න කොට එයා දකින්නේ අනිත්‍ය වූ කයක්. මනස දිහා සිහියෙන් බලාගෙන ඉන්න කොට එයා දකින්නේ අනිත්‍ය වූ මනසක්.

මෙන්න මේ විදිහට අවබෝධ වෙන්න ඕන

ඒකට හේතුව තමයි මේ නාමරූප අනිත්‍ය නිසා ආයතන හය අනිත්‍යයයි. මේ ගැන නුවණින් විමසන කොට අන්න එයා ඇස ගැන දන්නවා. ඒ වගේම රූපත් දැනගත යුතුයි. අනිත්‍ය වූ ශබ්ද, අනිත්‍ය වූ ගඳ සුවඳ, අනිත්‍ය වූ රස, අනිත්‍ය වූ පහස, අනිත්‍ය වූ අරමුණු දැනගත යුතුයි. හිතට එන සෑම අරමුණක්ම නිත්‍ය නෑ. ඒ ඔක්කොම අනිත්‍යයයි.

මෙන්න මේ විදිහට දැනගන්න කොට අනිත්‍ය වූ ඇසත්, අනිත්‍ය වූ රූපත් නිසා යම් බන්ධනයක් හටගන්නවාද, අන්න ඒක අවබෝධ කරගන්නවා. මෙන්න මේ විදිහට අනිත්‍ය වූ ආයතන හය අවබෝධ කරනවා.

12.2. ආයතන භාවනාව ගැන

ආයතන භාවනාව ගැන තවදුරටත්....

දැන් ඔබ දන්නවා මේ ආයතන අනිත්‍යය බව. අනිත්‍ය වුණේ මක් නිසාද? නාමරූප ප්‍රත්‍යයෙන් හටගන්න නිසා. බුදුරජාණන් වහන්සේ වදාළ සූත්‍ර දේශනාවක්

තියෙනවා ඔක්කන්ති සූත්‍රය කියල. සංයුත්ත නිකායේ. ඔක්කන්ති කියන්නේ බැසගන්නවා. එතකොට බැස ගන්නවා කියන්නේ ධර්මය තුළට බැසගන්නවා කියන අර්ථය. ධර්මයට බැසගන්නට නම්, නිවන් මඟට බැස ගන්නට නම්, ආර්ය අෂ්ටාංගික මාර්ගයට බැසගන්නට නම්, ඉස්සෙල්ලාම වුවමනයි ශ්‍රද්ධාව. ශ්‍රද්ධාව නැතිව නම් කවදාවත් ඒක කරන්නට බැහැ.

මුලින්ම ඇතිකරගන්න ඕනෙ ශ්‍රද්ධාව...

දැන් මේ අසන්නා වූ ධර්මය බුදුරජාණන් වහන්සේගේ ධර්මය කියල ඔබට අවබෝධ වෙන කොට, ඔබට ශ්‍රද්ධාවක් ඇතිවෙනවා. ශ්‍රද්ධාවක් ඇතිවෙලා ඔබ තුළ විශ්වාසයක් ඇතිවෙනව ඇත්ත තමයි, මේ නාම රූපයන්ගෙන් හටගත්තු ඇස අනිත්‍ය දෙයක්මයි. නාම රූපයන්ගෙන් හටගත්තු කණ අනිත්‍ය දෙයක්මයි. නාම රූපයන්ගෙන් හටගත්තු නාසය අනිත්‍ය දෙයක්මයි. නාම රූපයන්ගෙන් හටගත්තු දිව අනිත්‍ය දෙයක්මයි. නාම රූපයන්ගෙන් හටගත්තු කය අනිත්‍ය දෙයක්මයි. නාම රූපයන්ගෙන් හටගත්තු මනස අනිත්‍ය දෙයක්මයි කියල ඔබ ශ්‍රද්ධාවෙන් අදහාගන්නවා.

විඤ්ඤාණයත් අනිත්‍යයයි...

ඒ වගේම බාහිර රූප, ශබ්ද, ගන්ධ, රස, ස්පර්ශ, අරමුණු අනිත්‍යයි කියලත් අදහාගන්නවා. මේ ඇහේ, කණේ, නාසයේ, දිවේ, කයේ, මනසේ හටගන්නවා විඤ්ඤාණය. මේ විඤ්ඤාණයත් අනිත්‍යයි කියලම ඔබ ශ්‍රද්ධාව පිහිටුවා ගන්නවා. ඒ වගේම ඇහැයි, රූපයි, විඤ්ඤාණයයි එකතු වීමත් අනිත්‍යයයි කියල ඔබ ශ්‍රද්ධාව පිහිටුවා ගන්නවා. කණයි, ශබ්දයයි, විඤ්ඤාණයයි එකතු

වීම කණේ ස්පර්ශය අනිත්‍යයි කියල ශ්‍රද්ධාව පිහිටුවා ගන්නවා. නාසයයි, ගඳ සුවඳයි, විඤ්ඤාණයයි එකතු වීම නාසයේ ස්පර්ශය අනිත්‍යයි කියල ශ්‍රද්ධාව පිහිටුවා ගන්නවා. දිවයි, රසයයි, විඤ්ඤාණයයි එකතු වීම දිවේ ස්පර්ශය අනිත්‍යයි කියල ශ්‍රද්ධාව පිහිටුවා ගන්නවා. කයයි, පහසයි, විඤ්ඤාණයයි එකතු වීම කයේ ස්පර්ශය අනිත්‍යයි කියල ශ්‍රද්ධාව පිහිටුවා ගන්නවා. මනසයි, අරමුණුයි, විඤ්ඤාණයයි එකතු වීම මනසේ ස්පර්ශය අනිත්‍යයි කියල ශ්‍රද්ධාව පිහිටුවා ගන්නවා.

විඳීමත් අනිත්‍යයයි...

මේ විදිහට ශ්‍රද්ධාව පිහිටුවාගෙන තවදුරටත් නුවණින් විමසනවා, මේ ස්පර්ශයෙන් හටගන්න විඳීම අනිත්‍යයි කියල. තවදුරටත් ශ්‍රද්ධාව පිහිටුවා ගන්නවා, මේ ස්පර්ශයෙන් හටගන්න රූප හඳුනාගැනීම අනිත්‍යයි කියල. ශබ්ද හඳුනාගැනීම අනිත්‍යයි කියල ශ්‍රද්ධාව පිහිටුවා ගන්නවා. ගඳ සුවඳ හඳුනාගැනීම අනිත්‍යයි කියල ශ්‍රද්ධාව පිහිටුවා ගන්නවා. රස හඳුනාගැනීම අනිත්‍යයි කියල ශ්‍රද්ධාව පිහිටුවා ගන්නවා. පහස හඳුනාගැනීම අනිත්‍යයි කියල ශ්‍රද්ධාව පිහිටුවා ගන්නවා. අරමුණු හඳුනාගැනීම අනිත්‍යයි කියල ශ්‍රද්ධාව පිහිටුවා ගන්නවා.

හඳුනාගැනීමත් අනිත්‍යයයි...

හඳුනාගන්නා රූපයට අනුව චේතනා පහළ වීම අනිත්‍යයි කියල ශ්‍රද්ධාව පිහිටුවා ගන්නවා. හඳුනා ගන්නා ශබ්දයට අනුව චේතනා පහළ වීම අනිත්‍යයි කියල ශ්‍රද්ධාව පිහිටුවා ගන්නවා. හඳුනා ගන්නා ලද ගඳ සුවඳට අනුව චේතනා පහළ වීම අනිත්‍යයි කියල ශ්‍රද්ධාව පිහිටුවා ගන්නවා. හඳුනාගන්නා රසයට අනුව චේතනා පහළ වීම

අනිත්‍යයි කියල ශ්‍රද්ධාව පිහිටුවා ගන්නවා. හඳුනාගන්නා පහසට අනුව චේතනා පහළ වීම අනිත්‍යයි කියල ශ්‍රද්ධාව පිහිටුවා ගන්නවා. සිතෙන් හඳුනාගන්නා අරමුණු වලට අනුව චේතනා පහළ වීම අනිත්‍යයි කියල ශ්‍රද්ධාව පිහිටුවා ගන්නවා.

ආශාවත් අනිත්‍යයයි...

ඊළඟට පින්වතුනි, ඔබේ හිතේ ඇතිවෙන ආශාවත් අනිත්‍යයි. හොඳට බලන්න හිතලා ඔබ ඉස්සර ආස කරපුවට දැන් ආස කරන්නෙ නෑනෙ. දැන් ආස නොකරන ඒවට ඉස්සර ආසා කළා. අනාගතයේ ඔබ මොනවට ආසා කරයිද දන්නෙ නෑ. අනාගතයේදී ඔබ ආසාකරපු මොනතරම් දේවල් අත්හරියිද දන්නෙ නෑ. මේ නිසා ආසාව කියන එක වෙනස් වෙලා යන එකක්. අනිත්‍ය වූ දෙයක්. මේ අනිත්‍ය වූ දෙය අනිත්‍ය වූ දෙයක්මයි කියල ඔබ ශ්‍රද්ධාව පිහිටුවා ගත්තු ගමන් ඔබ ආර්ය අෂ්ටාංගික මාර්ගයට බැසගන්නවා. ආර්ය අෂ්ටාංගික මාර්ගයට බැසගත්තු ඒ කෙනාට කියනවා ශ්‍රද්ධානුසාරී කියල. බුදුරජාණන් වහන්සේ වදාළා අන්න ඒ ශ්‍රද්ධානුසාරී කෙනා ශ්‍රද්ධාව මුල්කරගෙන තවදුරටත් ඒ විදර්ශනා ප්‍රඥාව තුළ බැසගන්නට මහන්සි ගන්නවා කියල. බැසගන්න කොට ඒ කෙනාට කියනවා ධම්මානුසාරී කියල. අන්න ඒ ධම්මානුසාරී කෙනා තවදුරටත් ඒ ධර්ම මාර්ගය දියුණු කරනවා. එතකොට ශ්‍රද්ධානුසාරී, ධම්මානුසාරී කියල දෙන්නෙක් ඉන්නවා. ඒ දෙන්නම අයිති වෙන්නේ සෝවාන් මාර්ගය වඩන ශ්‍රාවකයෝ හැටියටයි.

මේ ඒ ශ්‍රාවකයා...

මේ සෝවාන් මාර්ගය වඩන කෙනාට ඒ ධර්ම

මාර්ගය දිගටම දියුණු කරගෙන ගියොත් සෝවාන් ඵලය සාක්ෂාත් කරන්නට පුළුවන්කම තියෙනවා. යම් දවසක ඒ ධර්මය දියුණු වීම තුළ, විදර්ශනා ප්‍රඥාව දියුණු වීම තුළ, අනිත්‍ය දේ අනිත්‍ය වශයෙන්ම තමන්ට අවබෝධ වීම තුළ, මේ ඔක්කොම හේතූන් නිසා හටගන්නා ඵල ධර්මයන්. හේතු නැතිවීමෙන් නැතිවී යන ස්වභාවයෙන් යුක්තයි (**යං කිංචි සමුදය ධම්මං සබ්බං තං නිරෝධ ධම්මං**) කියල. මෙන්න මේ අවබෝධය එන්නේ ආර්ය සත්‍යය අවබෝධය ඉලක්ක කරගෙනයි. අන්න ඒ කෙනාට කියනවා සම්මා දිට්ඨියට පැමිණි ශ්‍රාවකයා කියල. අන්න ඒ කෙනාට කියනවා ආර්ය අෂ්ටාංගික මාර්ගය හඳුනාගත්තු ශ්‍රාවකයා කියල. අන්න ඒ කෙනාට කියනවා ආර්ය අෂ්ටාංගික මාර්ගයට පැමිණිච්ච ශ්‍රාවකයා කියල. අන්න ඒ කෙනාට කියනවා ආර්ය දර්ශනයෙන් සමන්විත වූ ශ්‍රාවකයා කියල. අන්න ඒ කෙනාට කියනවා දහම් සැඩ පහරට පැමිණිච්ච ශ්‍රාවකයා කියල. අන්න ඒ කෙනාට කියනවා අමා නිවන් දොරේ හැපී සිටින ශ්‍රාවකයා කියල.

බැඳෙන්නෙ නැතිව යනවා...

ඉතින් මේ ශ්‍රාවකත්වය මේ දක්වා දියුණු කරගන්න පුළුවන් වෙන්නෙ මේ සතිපට්ඨානයේ සිහිය පිහිටුවා ගැනීමෙන්. එතකොට ආයතන භාවනාව තුළ මනාකොට සිහිය පිහිටුවාගෙන ඉන්න කෙනා තමන් නොදැනීම ඉන්ද්‍රිය සංවරය ඇතිවෙනවා. මොකද මේ හැම ආයතනයක්ම අනිත්‍යයි කියල බලද්දි (ඒ කිව්වෙ ආධ්‍යාත්මික ආයතන හය : ඇස, කණ, නාසය, දිව, කය, මනස), ඒ වගේම රූප, ශබ්ද, ගන්ධ, රස, ස්පර්ශ, අරමුණු මේවා අනිත්‍යයි කියල නුවණින් විමසලා බලද්දි තමයි මේකට බැඳෙන්නෙ නැත්තෙ.

බැඳිච්ච ගමන් පටිච්ච සමුප්පාදය හැදෙනවා. හැදෙන්නෙ කොහොමද? ආයතන හය නිසා ස්පර්ශය ඇතිවෙනවා. ස්පර්ශය නිසා විඳීම ඇතිවෙනවා. විඳීම නිසා ඇලීම ඇතිවෙනවා. ඇලීම නිසා බැඳෙනවා. බැඳෙන නිසා විපාක පිණිස කර්ම හැදෙනවා. විපාක පිණිස කර්ම හැදෙන නිසා උපදිනවා. මෙන්න මේ පටිච්ච සමුප්පාදය ආයතන තුළින් හැදෙන හැටි අවබෝධ කරගන්නවා.

තමා තුළත් - අනුන් තුළත් තියෙන්නෙ අනිත්‍යයක්

අන්න ඒ නිසා ඒ බන්ධනය ඇති නොවීම පිණිස, සංයෝජනය ඇති නොවීම පිණිස, කෙලෙස් ඇති නොවීම පිණිස ඒ කෙනා මනාකොට සිහිය පිහිටුවලා ඒක විදර්ශනා වශයෙන් වඩනවා. තමා තුළ තියෙනවා නම් යම් ආකාරයේ අනිත්‍ය වූ ආයතන හයක්, තමාගෙන් බාහිර යම් තාක් ලෝක ඇද්ද, තමාගෙන් බාහිර යම්තාක් ජනතාවක් ඇද්ද, තමාගෙන් බාහිර යම් සත්ව කොට්ඨාශයක් ඇද්ද, ඒ සියලුම සත්වයන් තුළ ඇත්තේ අනිත්‍ය වූ ආයතන හයක්.

ඊළඟට තමාගෙන් බාහිර යම්තාක් රූප, ශබ්ද, ගන්ධ, රස, පහස ඇද්ද ඒ සියල්ල අනිත්‍ය වූ දේවල් ය කියල තමා තුළත් දකිනවා. අනුන් තුළත් දකිනවා. එතකොට තමා තුළත් සිත පිහිටන්නෙ නෑ. තමාගෙන් බාහිරවත් සිත පිහිටන්නෙ නෑ.

අන්න එහෙම නුවණින් විමසන කොට **(යථා ච උප්පන්නස්ස සංයෝජනස්ස පහානං හෝති, තඤ්ච පජානාති)** මේ හටගත්තා වූ බන්ධනය යම් ආකාරයකින්ද නැතිවන්නේ, ඒක එයා දන්නවා. ඉතින් මේ බන්ධනය නැතිවන්නේ යෝනිසෝ මනසිකාරයේ යෙදීමෙන්.

යෝනිසෝ මනසිකාරයේ යෙදෙනවා කියල කියන්නේ බුදුරජාණන් වහන්සේ කියා දීපු පිළිවෙලට අපේ චින්තනය, නුවණ, ප්‍රඥාව හැසිරවීම.

නිවනින් ඈත්වුණා...

මෙන්න මේ යෝනිසෝ මනසිකාරයේ දිගින් දිගටම යෙදෙන කොට තමයි එයාට නිදහස් විදිහට හිතන්න පුළුවන්කම ඇතිවෙන්නෙ. අන්න ඒ නිදහස් විදිහට හිතන්න පුළුවන්කමින් තමයි මේක වෙන්නෙ. නැත්නම් වෙන්නෙ බැඳෙන එක. **(රූපං දිස්වා සතිමුට්ඨා)** රූපයක් දැකල සිහි මුලාවෙනවා. **(පිය නිමිත්තං මනසිකරෝතෝ)** ප්‍රිය අරමුණු සිහිකරන්නට පටන් ගන්නවා. **(සාරත්ථ චිත්තෝ වේදේති)** ඇලුණු සිතින් විඳින්නට පටන්ගන්නවා. **(තඤ්ච අජ්ඣෝසාය තිට්ඨති)** ඒකෙ හිත බැසගන්නවා. **(තස්ස වඩ්ඪන්ති වේදනා අනේකා රූප සම්භවා)** එතකොට රූපයෙන් හටගන්න නොයෙක් විඳීම් හටගන්නවා. ආසාවත් වෙහෙසත් විසින් මේ සිත පෙළන්නට පටන් ගන්නවා. ඔන්න ඔය විදිහට දුක රැස්කරද්දී නිවනින් ඈත් වුණා කියනවා.

එහෙනම් මේ සාමාන්‍ය ජීවන රටාව තුළ තියෙන්නේ නිවනට ළං වෙන එකක් නෙවෙයි. නිවනින් ඈත්වෙලා යන එකක්. නිවනින් බැහැර වෙන එකක්. නිවනට අයිති නැති එකක් තමයි මේ ජීවිතය තුළ හැදෙන්නෙ. ඒ නිසා මේ ජීවිතයක් තුළ හැදෙන දේට ඉඩදීලා, දුක් නැති ජීවිතයක් බලාපොරොත්තු වීම සිහිනයක් පැතීමක්. ඒක කවදාවත් සාක්ෂාත් කරන්නට පුළුවන් එකක් නෙවෙයි. මේ නිසා මේ ජීවිතය යම් ආකාරයකින් අවබෝධ කරගන්නවද, ඒ කෙනා පැහැදිලිව මේ ඇස, කණ, නාසය, දිව, කය, මනස

කියන අනිත්‍ය වශයෙන් වැඩීම පිණිස සිහිය පිහිටුවා ගත යුතුයි.

සියල්ලෙන්ම නිදහස් වෙන්න....

ඒ නිසා මේ ආයතන හය තුළ මනා කොට සිහිය පිහිටුවා ගැනීමේදී එයා දකිනවා අනිත්‍ය වූ ආයතන හයක්. ඇතිවීම නැතිවීම දකිනවා. ඒවා කිසිවක් මම කියල ගන්නෙ නෑ. මගේ කියල ගන්නෙ නෑ. මාගේ ආත්මය කියල සලකන්නෙ නෑ. එයා මේකෙන් නිදහස් වීමක්මයි සකස් කරන්නෙ. ඒ නිසා එයා ඒකෙන් නිදහස් වෙනවා. ඒ නිසා එයා ඇසින් නිදහස් වෙනවා. කණින් නිදහස් වෙනවා. නාසයෙන් නිදහස් වෙනවා. දිවෙන් නිදහස් වෙනවා. කයෙන් නිදහස් වෙනවා. මනසින් නිදහස් වෙනවා. මෙලොවෙන් නිදහස් වෙනවා. පරලොවෙන් නිදහස් වෙනවා. සියලුම දෙයින් නිදහස් වෙනවා. අන්න එයා තමයි බුදුරජාණන් වහන්සේගේ ධර්මය සම්පූර්ණයෙන්ම අවබෝධ කරගත්තු ශ්‍රාවකයා වෙන්නෙ.

- ආයතන භාවනාව -

ඇස

- ඇස හේතූන් නිසා හටගත් හෙයින්ද, වහා වෙනස් වී යන හෙයින්ද, අනිත්‍යයි.... අනිත්‍යයි.... අනිත්‍යයි.... ඇස මම නොවෙයි.... මගේ නොවෙයි.... මගේ ආත්මය නොවෙයි.

- ඇසට පෙනෙන රූප හේතූන් නිසා හටගත් හෙයින්ද, වහා වෙනස් වී යන හෙයින්ද, අනිත්‍යයි.... අනිත්‍යයි.... අනිත්‍යයි.... ඇසට පෙනෙන රූප මම නොවෙයි.... මගේ නොවෙයි.... මගේ ආත්මය නොවෙයි.

- ඇසෙහි පහළ වන සිත.... හේතූන් නිසා හටගත් හෙයින්ද, වහා වෙනස් වී යන හෙයින්ද, අනිත්‍යයි.... අනිත්‍යයි.... අනිත්‍යයි.... ඇසෙහි පහළවන සිත..... මම නොවෙයි.... මගේ නොවෙයි.... මගේ ආත්මය නොවෙයි.

- ඇසයි, රූපයයි, සිතයි එක්වීම..... හේතූන් නිසා හටගත් හෙයින්ද, වහා වෙනස් වී යන හෙයින්ද, අනිත්‍යයි.... අනිත්‍යයි.... අනිත්‍යයි.... ඇසයි, රූපයයි, සිතයි එක්වීම.... මම නොවෙයි.... මගේ නොවෙයි.... මගේ ආත්මය නොවෙයි.

- ඇසයි, රූපයයි, ඇස තුළ ඇතිවන සිතයි එක්වීම නිසා ඇතිවන විඳීම..... හේතූන් නිසා හටගත් හෙයින්ද, වහා වෙනස් වී යන හෙයින්ද, අනිත්‍යයි.... අනිත්‍යයි.... අනිත්‍යයි.... ඇසයි, රූපයයි, සිතයි එක්වීම නිසා ඇතිවන විඳීම.... මම නොවෙයි.... මගේ නොවෙයි.... මගේ ආත්මය නොවෙයි.

- විඳින දෙය හඳුනාගැනීම..... හේතූන් නිසා හටගත් හෙයින්ද, වහා වෙනස් වී යන හෙයින්ද, අනිත්‍යයි.... අනිත්‍යයි.... අනිත්‍යයි.... ඇසින් හඳුනාගත් රූප.... මම නොවෙයි.... මගේ නොවෙයි.... මගේ ආත්මය නොවෙයි.

- ඇසින් හඳුනාගත් රූපයට අනුව චේතනා ඇතිවීම..... හේතූන් නිසා හටගත් හෙයින්ද, වහා වෙනස් වී යන හෙයින්ද, අනිත්‍යයි.... අනිත්‍යයි.... අනිත්‍යයි.... හඳුනාගත් රූපයට අනුව චේතනා ඇතිවීම.... මම නොවෙයි.... මගේ නොවෙයි.... මගේ ආත්මය නොවෙයි.

- රූපය කෙරෙහි ආසා ඇති වීම..... හේතූන් නිසා හටගත් හෙයින්ද, වහා වෙනස් වී යන හෙයින්ද, අනිත්‍යයි.... අනිත්‍යයි.... අනිත්‍යයි.... රූපය කෙරෙහි ආශාව ඇතිවීම .... මම නෙවෙයි.... මගේ නොවෙයි.... මගේ ආත්මය නොවෙයි.

කණ

- කණ.....
- කණට ඇසෙන ශබ්ද.....
- කණෙහි පහළවන සිත.....
- කණයි, ශබ්දයයි, සිතයි එක්වීම.....
- කණයි, ශබ්දයයි, සිතයි එක්වීම නිසා ඇතිවන විඳීම....
- විඳින ශබ්ද හඳුනාගැනීම....
- කණින් හඳුනාගත් ශබ්දයට අනුව චේතනා ඇතිවීම....
- හඳුනාගත් ශබ්දය කෙරෙහි ආසා ඇතිවීම....

නාසය

- නාසය ...
- නාසයට දැනෙන ගඳ සුවඳ ....
- නාසයෙහි පහළ වන සිත....
- නාසයයි, ගඳ සුවඳයි, සිතයි එක්වීම....
- නාසයයි, ගඳ සුවඳයි, සිතයි එක්වීම නිසා ඇතිවන විඳීම...
- විඳින ගඳ සුවඳ හඳුනාගැනීම....
- නාසයෙන් හඳුනාගත් ගඳ සුවඳට අනුව චේතනා

ඇතිවීම...

- හඳුනාගත් ගඳ සුවඳ කෙරෙහි ආසා ඇතිවීම...

දිව

- දිව..
- දිවට දැනෙන රසය...
- දිවෙහි පහළ වන සිත...
- දිවයි, රසයයි, සිතයි එක්වීම....
- දිවයි රසයයි සිතයි එක්වීම නිසා ඇතිවන විඳීම..
- විඳින රසය හඳුනාගැනීම...
- දිවෙන් හඳුනාගත් රසයට අනුව චේතනා ඇතිවීම...
- හඳුනාගත් රසය කෙරෙහි ආසා ඇතිවීම...

කය

- කය...
- කයට දැනෙන පහස...
- කයෙහි පහළ වන සිත...
- කයයි, පහසයි, සිතයි එක්වීම...
- කයයි, පහසයි, සිතයි එක්වීම නිසා ඇතිවන විඳීම...
- විඳින පහස හඳුනාගැනීම...
- කයින් හඳුනාගත් පහසට අනුව චේතනා ඇතිවීම...
- හඳුනාගත් පහස කෙරෙහි ආසා ඇතිවීම....

සිත

- සිත...
- සිතට සිතෙන සිතුවිලි....
- සිතෙහි පහළ වන දැනීම...
- සිතයි, සිතුවිලියි, දැනීමයි එක්වීම....
- සිතයි, සිතුවිලියි, දැනීමයි එක්වීම නිසා ඇතිවන විඳීම...
- විඳින සිතුවිලි හඳුනාගැනීම..
- හඳුනාගත් සිතුවිලිවලට අනුව චේතනා ඇතිවීම....
- හඳුනාගත් සිතුවිලි කෙරෙහි ආසා ඇතිවීම....
- අනිත්‍යයි.... ඇස අනිත්‍යයි.... කණ අනිත්‍යයි..... නාසය අනිත්‍යයි.. දිව අනිත්‍යයි.... කය අනිත්‍යයි..... සිත අනිත්‍යයි.
- රූප අනිත්‍යයි.... ශබ්ද අනිත්‍යයි.. ගන්ධ අනිත්‍යයි....... රස අනිත්‍යයි....... පහස අනිත්‍යයි....... සිතුවිලි අනිත්‍යයි.......
- සැප වේදනා අනිත්‍යයි....... දුක් වේදනා අනිත්‍යයි....... උපේක්ෂා වේදනා අනිත්‍යයි.......
- ඇසෙන් ඇතිවන විඳීම අනිත්‍යයි....... කණින් ඇති වන විඳීම අනිත්‍යයි....... නාසයෙන් ඇතිවන විඳීම අනිත්‍යයි....... දිවෙන් ඇති වන විඳීම අනිත්‍යයි....... කයින් ඇති වන විඳීම අනිත්‍යයි.......සිතින් ඇතිවන විඳීම අනිත්‍යයි.......
- විඳින රූප හඳුනාගැනීම අනිත්‍යයි....... විඳින ශබ්ද හඳුනාගැනීම අනිත්‍යයි....... විඳින ගඳ සුවඳ

හඳුනාගැනීම අනිත්‍යයි....... විඳින රස හඳුනාගැනීම අනිත්‍යයි....... විඳින පහස හඳුනාගැනීම අනිත්‍යයි....... විඳින සිතුවිලි හඳුනාගැනීම අනිත්‍යයි.......

□ හඳුනාගත් රූපයට අනුව චේතනා ඇතිවීම අනිත්‍යයි....... හඳුනාගත් ශබ්දයට අනුව චේතනා ඇතිවීම අනිත්‍යයි....... හඳුනාගත් ගඳ සුවඳට අනුව චේතනා ඇතිවීම අනිත්‍යයි....... හඳුනාගත් රසයට අනුව චේතනා ඇතිවීම අනිත්‍යයි....... හඳුනාගත් පහසට අනුව චේතනා ඇතිවීම අනිත්‍යයි....... හඳුනාගත් සිතුවිලි අනුව චේතනා ඇතිවීම අනිත්‍යයි....... අනිත්‍යයි....... අනිත්‍යයි....... අනිත්‍යයි.......

□ ඇස මම නොවෙයි. මගේ නොවෙයි..... මගේ ආත්මය නොවෙයි.... කණ මම නොවෙයි.... මගේ නොවෙයි..... මගේ ආත්මය නොවෙයි..... නාසය...... මම නොවෙයි..... මගේ නොවෙයි....මගේ ආත්මය නොවෙයි..... දිව මම නොවෙයි. මගේ නොවෙයි. මගේ ආත්මය නොවෙයි. කය මම නොවෙයි. මගේ නොවෙයි. මගේ ආත්මය නොවෙයි....... සිත මම නොවෙයි. මගේ නොවෙයි..... මගේ ආත්මය නොවෙයි......

□ ඇසට පෙනෙන රූප..... මම නොවෙයි. මගේ නොවෙයි.... මගේ ආත්මය නොවෙයි.... කණට ඇසෙන ශබ්ද.... මම නොවෙයි.... මගේ නොවෙයි. මගේ ආත්මය නොවෙයි. නාසයට දැනෙන ගඳ සුවඳ.... මම නොවෙයි. මගේ නොවෙයි. මගේ ආත්මය නොවෙයි. දිවට දැනෙන රසය.... මම නොවෙයි. මගේ නොවෙයි. මගේ ආත්මය නොවෙයි.

කයට දැනෙන පහස මම නොවෙයි. මගේ නොවෙයි. මගේ ආත්මය නොවෙයි. සිතට සිතෙන සිතුවිලි.... මම නොවෙයි... මගේ නොවෙයි.... මගේ ආත්මය නොවෙයි.

- සියල්ලම අනිත්‍යයි. සියල්ලම අනිත්‍යයි.... සියල්ලම අනිත්‍යයි.... සියල්ලම වෙනස් වෙනවා.... සියල්ලම වෙනස් වෙනවා.... සියල්ලම වෙනස් වෙනවා... සියල්ලම වෙනස් වෙනවා.... වෙනස්වන සියල්ලම මම නොවෙයි. මගේ නොවෙයි. මගේ ආත්මය නොවෙයි. අනිත්‍යයි..... අනිත්‍යයි..... අනිත්‍යයි..... අනිත්‍යයි..... අනිත්‍යයි..... අනිත්‍යයි..... අනිත්‍යයි..... අනිත්‍යයි.....

නමෝ තස්ස භගවතෝ අරහතෝ සම්මාසම්බුද්ධස්ස
ඒ භාග්‍යවත් අරහත් සම්මා සම්බුදුරජාණන් වහන්සේට නමස්කාර වේවා!

13. සතර සතිපට්ඨානය තුළ සප්ත බොජ්ඣංග

13.1. සප්ත බොජ්ඣංග

බුදුරජාණන් වහන්සේ වදාළ සතිපට්ඨාන භාවනාවේ ධම්මානුපස්සනාවේ අවසාන කොටස් දැන් අපි ඉගෙන ගනිමින් සිටින්නේ. මේකෙ තියෙනවා සප්ත බොජ්ඣංග කියල කොටසක්. බොජ්ඣංග කියල කියන්නේ චතුරාර්ය සත්‍යය අවබෝධ කරගැනීමේ අංග. චතුරාර්ය සත්‍යය අවබෝධ කරගැනීමට උපකාර වන අංග හතක් තියෙනවා. ඒ හත තමයි **සති, ධම්මවිචය, විරිය, පීති, පස්සද්ධි, සමාධි, උපේක්ඛා**. මේ ඔක්කොම ඔබ තුළ වැඩෙන්නේ සතිපට්ඨානය වැඩීම තුළ. සතිපට්ඨානය වැඩුවෙ නැත්නම් මේ බොජ්ඣංග ධර්ම ඔබතුළ වැඩෙන්නෙ නෑ.

අධිෂ්ඨාන කරල ලබන්න බැහැ....

එහෙම නම් පින්වතුනි, බොජ්ඣංග ධර්ම අධිෂ්ඨාන කරල, "මට සති සම්බොජ්ඣංගය පහළ වේවා" කියල වඩන්නට පුළුවන් එකක් නෙවෙයි. "මට ධම්මවිචය සම්බොජ්ඣංගය පහළ වේවා" කියල වඩන්නට පුළුවන් එකක් නෙවෙයි. ඒ විදිහට ප්‍රාර්ථනා කරල යමක් ලබන්නට පුළුවන් නම් අපට බුදුරජාණන් වහන්සේලා ඕනෙ නැනෙ. අපට එහෙනම් සද්ධර්මය ශ්‍රවණය කරන්නට ඕනෙ නැනෙ. එහෙනම් මහරහතන් වහන්සේලා බුදුරජාණන් වහන්සේ පිරිනිවන් පා වදාළ වෙලාවෙ ධර්මය සංගායනා කරල, ජීවිත පරිත්‍යාගයෙන් මේ ධර්මය ආරක්ෂා කරන්නට කැපවෙන්න ඕනෙ නැනෙ.

රහතන් වහන්සේලා භාරගත්තා ධර්මයේ කොටස්. දීඝ නිකාය ආනන්ද මහරහතන් වහන්සේගේ ශිෂ්‍ය පිරිස භාරගත්තා. මජ්ඣිම නිකාය සාරිපුත්ත මහරහතන් වහන්සේගේ ශිෂ්‍ය පිරිස භාරගත්තා. සංයුත්ත නිකාය මහා කාශ්‍යප මහරහතන් වහන්සේගේ ශිෂ්‍ය පිරිස භාරගත්තා. අංගුත්තර නිකාය අනුරුද්ධ මහ රහතන් වහන්සේගේ ශිෂ්‍ය පිරිස භාරගත්තා. එහෙම භාර ගත්තේ ධර්මය හදාරන්නට අවශ්‍ය නිසයි.

ධර්මයෙන් බැහැර වෙච්ච ප්‍රායෝගික දෙයක් නෑ. අත්දැකීමක් නෑ. යමක් ඔබ අවබෝධ කරනවාද ඒක තමයි ධර්මයේ තියෙන්නෙ. යමක් ධර්මයේ තියෙනවාද ඒක තමයි අවබෝධ කරන්නෙ. ඒ නිසා අවබෝධයයි ධර්මයයි එකයි. ඒක දෙකක් නෙවෙයි. ඒ නිසා යමෙක් සතර සතිපට්ඨාන ධර්මයන් මනාකොට ප්‍රගුණ කරගෙන යද්දී එයාට අවබෝධ වෙන්නේ සප්ත බොජ්ඣංග ධර්මයන්මයි.

සති සම්බොජ්ඣංගය...

සති කියල කිව්වේ සතර සතිපට්ඨානයට. සතර සතිට්ඨානය චතුරාර්ය සත්‍යය අවබෝධයේ අංගයක් විදිහට සකස් වෙන කොට ඒක සතිසම්බොජ්ඣංගය.

ධම්මවිචය සම්බොජ්ඣංගය...

ඊළඟට ධම්මවිචය සම්බොජ්ඣංගය. ධම්මවිචය කියල කිව්වෙ බුදුරජාණන් වහන්සේ වදාළ ධර්ම කරුණු සම්බන්ධයෙන් අනිත්‍ය දේ අනිත්‍ය වශයෙන්, දුක් දේ දුක් වශයෙන්, අනාත්ම දේ අනාත්ම වශයෙන්, හේතු ඵල වශයෙන්, හේතු නැතිවීමෙන් ඵල නැතිවී යන ධර්මතාව මේ ඔක්කොම නුවණින් විමස විමස බලනකොට, ඔබ තුළ ඇතිවෙනවා ධම්මවිචය. එතකොට මේ ධම්මවිචය ඇතිවෙන්නේ චතුරාර්ය සත්‍යය අවබෝධය ඉලක්ක කරගෙනයි. චතුරාර්ය සත්‍යය අවබෝධයට උපකාර වශයෙන් ධම්මවිචය සම්බොජ්ඣංගය ඔබ තුළ වැඩෙනවා.

බුදුරජාණන් වහන්සේ සතිපට්ඨාන සූත්‍රයේදී විස්තර කරන්නේ, **(සන්තං වා අජ්ඣත්තං ධම්මවිචය සම්බොජ්ඣංගං අත්ථි මේ අජ්ඣත්තං ධම්මවිචය සම්බොජ්ඣංගෝති පජානාති)** තමන් තුළ මේ චතුරාර්ය සත්‍යය අවබෝධයට අංගයක් වශයෙන් ධම්මවිචය සම්බොජ්ඣංගය වැඩෙනවා කියල දන්නවා නම්, තමන් තුළ ධම්මවිචය සම්බොජ්ඣංගය තියෙනවා කියල දැනගන්නවා. එතකොට බලන්න සිහිය කියන එක කොච්චර සියුම් විදිහට දියුණු කරන්නට පුළුවන් එකක්ද?

තමන් තුළ චතුරාර්ය සත්‍යය ධර්මයේ අවබෝධයක් විදිහට ධම්මවිචය සම්බොජ්ඣංගය වැඩිල නැත්නම්, ඒකත්

දන්නවා. එහෙනම් එයා කරන්නේ තවදුරටත් ධම්මවිචය සම්බොජ්ඣංගය වැඩීම පිණිස නුවණින් විමසනවා. චතුරාර්ය සත්‍යය අවබෝධය ඉලක්ක කරගෙන.

විරිය සම්බොජ්ඣංගය...

ඊළඟට විරිය සම්බොජ්ඣංගය. විරිය සම්බොජ්ඣංගය කියල කියන්නේ වීරිය. වීරිය තමයි උපන්නා වූ අකුසල් ප්‍රහාණය කරන්න තියෙන වීරිය. නූපන් අකුසල් නූපදවීමට තියෙන වීරිය. උපන් අකුසල් තමයි ආසාව, තරහ, ඉරිසියාව, පළිගැනීම, එකටෙක කිරීම, බද්ධ වෛරය, කළකෝලාහල කිරීම, හිතුවක්කාරකම. මේ සියල්ලම අකුසල්. මේ උපන්නා වූ අකුසල් ප්‍රහාණය කරන්න වීරිය තියෙනවා. ඒ වගේම මේ අකුසල් අලුතින් හටගන්න දෙන්නෙත් නෑ. ඉපදිච්ච අකුසල් ප්‍රහාණය කරන්නට කල්පනා කරනවා.

ඊළඟට නූපන් කුසල් උපදවා ගැනීම. දන් සීලය නූපන් කුසලයක් නම් ඒක හොඳට දියුණු කරගන්න ඕනෙ. ඊළඟට සමාධිය ඇතිවෙලා නෑ. ඒ කියන්නේ නූපන් කුසලයක්. සමාධිය දියුණු කරගන්නට ඕනෙ. ප්‍රඥාව ඇතිවෙලා නෑ. අන්න කුසල් දියුණු වෙලා නෑ. එහෙනම් ප්‍රඥාව ඇති කරගන්න එයා කල්පනා කරල දියුණු කරගන්නව. අලෝභය, අද්වේෂය, අමෝහය ඇතිවෙලා නැත්නම්, ඒවා ඇතිකරගන්න මහන්සි ගන්නවා. නුවණින් කල්පනා කරනවා. එතකොට නූපන් කුසල් උපදවා ගන්නට වීරිය කරනවා.

ඊළඟට උපන් කුසල් වැඩිදියුණු කරන්නට වීරිය කරනවා. සීලසම්පන්න නම් එයා සීලය කඩාගන්න නෙවෙයි මහන්සි වෙන්නෙ. සීලය රැකගෙන අවබෝධය

පිණිස සකස් කරගන්න. සමාධිය රැකගෙන අවබෝධයට සකස් කරන්න. ප්‍රඥාවත් එහෙමයි. මේ විදිහට උපන් කුසල් දියුණු කරගන්න මහන්සි ගන්නවා භාවනා වශයෙන්. ඉලක්කය තමයි චතුරාර්ය සත්‍යය ධර්මය අවබෝධ කරගැනීම. අන්න එතකොට එයාට ආර්ය සත්‍යය අවබෝධයට උපකාරී අංගයක් හැටියට වීරිය දියුණු වෙනවා.

පීති සම්බොජ්ඣංගය...

මෙහෙම වීරිය දියුණු වෙද්දි ඒ කිච්චෙ අකුසල් ප්‍රහාණය වෙද්දි, කුසල් දියුණු වෙද්දි, මෙයාට චිත්ත සමාධියක් ඇතිවෙනවා, හිතට මහා බලවත් ප්‍රීතියක් හටගන්නවා. අනේ මා තුළ අකුසල් ප්‍රහාණය වෙවී යනව නේද කියල සතුටක් ඇතිවෙනවා. මා තුළ කුසල ධර්මයන් දියුණු වෙවී යනව නේද කියල සතුටක් ඇතිවෙනවා. ඒක ඇතිවෙන්නෙ තමන්ගේ ගුණධර්ම මතමයි.

සාමාන්‍යයෙන් ධර්මයේ හැසිරෙන කෙනෙක් පුරුදු කළ යුත්තේ නිහතමානීකමයි. විශේෂයෙන්ම මේ ධර්ම මාර්ගය දියුණු වෙන්න කරුණු දෙකක් ප්‍රධාන වෙනවා. පළවෙනි එක තමයි නිහතමානීකම. දෙවෙනි එක තමයි කැපවීම. ධර්මයේ හැසිරීමේදී කවදාවත් අත්තුක්කංසන පරවම්භනයේ යෙදෙන්න එපා. එතකොට තමන්මයි මේ ධර්ම මාර්ගයේ බිඳ වැටෙන්නෙ. අත්තුක්කංසනය කියන්නේ තමා උසස් කොට සැලකීමත්, පරවම්භනය කියන්නේ අනුන් ගරහා කොට සැලකීමත්. ඒක නෙවෙයි අප කළ යුත්තේ, තමන් නිහතමානීව මෙවැනි ධර්මයක් පුරුදු කරන්න පුළුවන් කියලා ප්‍රකාශ කරලා, ඒ ධර්මය තුළට නිහතමානීව පිවිසීම.

මේ තුළ එයා ලොකු ප්‍රීතියක් ඇති කරගන්නවා. මේ ප්‍රීතිය ඇතිවෙන්නෙ කුසල් දියුණුවීමත්, අකුසල් දුරුවීමත් නිසා. එතකොට එයා ප්‍රීතිය තුළ අවබෝධය කරා යනවා. එතකොට චතුරාර්ය සත්‍යය අවබෝධයේ අංගයක් හැටියට ප්‍රීතිය සකස් වෙනවා.

පස්සද්ධි සම්බොජ්ඣංගය...

මේ ප්‍රීතිය වැඩෙන කොට කායිකව සැහැල්ලුවක් ඇතිවෙනවා. මානසිකව ලොකු සැහැල්ලුවක් සංසිඳීමක් ඇතිවෙනවා. එතකොට එයාට කාය පස්සද්ධි, චිත්ත පස්සද්ධි තියෙනවා. පස්සද්ධි කියන්නෙ සැහැල්ලු බව. එතකොට කායිකව සැහැල්ලුවක් තියෙනවා, මානසිකවත් සැහැල්ලුවක් තියෙනවා. හේතුව තමයි අකුසල් ප්‍රහාණය වෙලා, කුසල් දියුණු වෙලා ඇතිවෙච්ච ප්‍රීතියකින් යුතුවීම. එතකොට චතුරාර්ය සත්‍යය ධර්මය අවබෝධයේ අංගයක් විදිහට මේ සැහැල්ලු බව මෙයා දියුණු කරනවා. තමා තුළ සැහැල්ලු බව චතුරාර්ය සත්‍යය ධර්මය අවබෝධයේ අංගයක් හැටියට තියෙනවා නම්, ඒ බව දැනගන්නවා. නැත්නම් ඒ බවත් දැනගන්නවා.

සමාධි සම්බොජ්ඣංගය...

ඊළඟට චතුරාර්ය සත්‍යය අවබෝධයේ අංගයක් හැටියට ඒක දියුණු කරනවා. සමාධියක් ඇති කරගැනීම බොජ්ඣංග ධර්මයක්. ඔබ දන්නවා සමාධිය නැති රහතන් වහන්සේලා බිහිවෙන්න බැහැ. සමාධිය නැති අනාගාමී උතුමන් බිහි වෙන්න බැහැ. සමාධිය නැති සකදාගාමී අය හෝ සෝතාපන්න අය හෝ බිහිවෙන්න බැහැ. මොකද හේතුව, සමාධිය ටික ටික නමුත් සෝතාපන්න අයටත් තියෙනවා, සකදාගාමී අයටත්

තියෙනවා. අනාගාමී වෙනකොට සමාධිය හතරවෙනි ධ්‍යානය දක්වා දියුණු වෙන්න ඕනෙ සාමාන්‍යයෙන් පොදු වශයෙන්. ඊළඟට රහතන් වහන්සේ කියන්නේ සමාධිය සම්පූර්ණ වෙච්ච කෙනෙක්.

එතකොට ඒ සමාධිය භාවනාවට සම්බන්ධ අංගයක්. චතුරාර්ය සත්‍යය අවබෝධයට උපකාරී වෙන අංගයක්. සමාධිය කියන්නේ චිත්ත ඒකාග්‍රතාවය. පළමු වෙනි ධ්‍යානය, දෙවෙනි ධ්‍යානය, තුන් වෙනි ධ්‍යානය, හතර වෙනි ධ්‍යානය. ඒ ඔක්කොම චතුරාර්ය සත්‍යය අවබෝධයට උපකාරී වන අංගයි. චතුරාර්ය සත්‍යය අවබෝධයේ අංගයක් විදිහට සමාධිය තියෙන කොට, ඒ කෙනා දන්නවා මේ සමාධිය තියෙන්නේ චතුරාර්ය සත්‍යය ධර්මය අවබෝධ වීමට උපකාරී අංගයක් හැටියටයි. ඒ වගේම එයා දන්නවා මේ සමාධිය එයා තුළ නැත්නම්, මා තුළ චතුරාර්ය සත්‍යය අවබෝධය අනුව සකස්වෙච්ච සමාධියක් නෑ කියල. අන්න ඒ කෙනා නැති සමාධිය දියුණු කරගන්න කල්පනා කරනවා. මහන්සි වෙනවා. ආර්ය සත්‍යය අවබෝධ වීම පිණිස කල්පනා කරනවා.

උපෙක්ඛා සම්බොජ්ඣංගය...

ඊළඟට මෙයා කල්පනා කරනවා මේ සමාධිය මනාකොට දියුණු කිරීමේදී, සමාධියත් එයා දකිනවා නම් චතුරාර්ය සත්‍යය අවබෝධයේ මාර්ග අංගයක් හැටියට එයා සමාධියේ ඇලෙන්නේ නෑ. එයා සමාධිය අභිනන්දනය කරන්නෙ නෑ. සමාධිය සතුටින් පිළිගන්නවා වෙනුවට සමාධිය තුළ වෙනස් වන්නා වූ පංච උපාදානස්කන්ධයක් දකිනවා. එයා දකිනවා අනිත්‍ය වූ සමාධියක් එතන තියෙන්නේ කියල. අන්න එතකොට එයාගෙ හිත උපේක්ෂාවට පත්වෙනවා. එතකොට එයා

ඒ උපේක්ෂාවත් ග්‍රහණය කරන්නෙ නෑ. උපේක්ෂාවට මුලා වෙන්නෙ නෑ. උපේක්ෂාවට රැවටෙන්නෙ නෑ. ඒ උපේක්ෂාව එයා දියුණු කරන්නේ චතුරාර්ය සත්‍ය ධර්මයේ අවබෝධයක් විදිහටයි.

චතුරාර්ය සත්‍යය කියන්නේ මොකක්ද? දුක නැමති ආර්ය සත්‍යයක් තියෙනවා. ඒක අවබෝධ කළ යුතුයි. මේ දුක සකස් වෙන්නෙ ඒ දුකට ඇලෙන නිසා. දුකට ඇලීම දුක්ඛ සමුදය ආර්ය සත්‍යය. එතකොට මේ දුකට ඇලෙන ගතිය නැතිකරල දාන්න ඕනෙ. ඒකට කියනවා දුක්ඛ සමුදය ප්‍රහාණය කරනවා කියලා. ඒක ආර්ය සත්‍යයක්. මේ දුකට ඇලෙන ගතිය නැතිවුණා නම්, එයා දුකින් නිදහස්. ඒකට කියනවා දුක්ඛ නිරෝධය කියලා. දුකට ඇලෙන එක නිකං නැතිවෙන්නෙ නෑ. ඒකට දුක අවබෝධය වෙන්නට ඕනෙ. දුක අවබෝධ වීම පිණිස ආර්ය අෂ්ටාංගික මාර්ගය වැඩෙන්නට ඕනෙ. ඒකට කියනව දුක්ඛ නිරෝධ ගාමිනී පටිපදා කියලා.

මේ විදිහට චතුරාර්ය සත්‍යය අවබෝධයේ අංගයක් විදිහට උපේක්ෂාව වැඩෙන්නට ඕනෙ. එතකොට ඒක උපේක්ෂා සම්බොජ්ඣංගය.

දැන් පින්වතුනි, බොජ්ඣංග භාවනා කියල කියන්නේ චතුරාර්ය සත්‍යාවබෝධය ඉලක්ක වෙලා තියෙන කරුණු හත තමා තුළ දියුණු කර ගැනීම. ඒ හත තමයි **සති, ධම්මවිචය, විරිය, පීති, පස්සද්ධි, සමාධි, උපේක්ඛා.** මේ බොජ්ඣංග ධර්මයන් හත මනා කොට තමා තුළ වර්ධනය වීමෙන් තමයි, තමන් නිකෙලෙස් භාවයට පත්වෙන්නේ. ඒ සඳහා සතර සතිපට්ඨානයේ සිහිය පිහිටන්නට ඕනෙම යි. සතර සතිපට්ඨානයේ සිහිය නොපිහිටා බොජ්ඣංග ධර්ම වැඩෙන්නේ නෑ.

එහෙනම් අපට පැහැදිලිව පේනවා බුදුරජාණන් වහන්සේගේ මේ ධර්මය තුළ තියෙන්නේ අවබෝධය ඉලක්ක කරපු වැඩපිළිවෙලක්. දැන් ඔබට මේ ගැන සෑහෙන අවබෝධයක් තියෙනවා.

නමෝ තස්ස භගවතෝ අරහතෝ සම්මාසම්බුද්ධස්ස
ඒ භාග්‍යවත් අරහත් සම්මා සම්බුදුරජාණන් වහන්සේට නමස්කාර වේවා!

14. අනුස්සති භාවනා

14.1. බුද්ධානුස්සති භාවනාව

අසිරිමත් ය ඒ සම්බුදු සමිඳුන්...

මේ මිනිස් ජීවිතය අර්ථවත් කර දීම පිණිස මේ ලෝකයට පහළ වෙච්ච මුනිඳාණන් තමයි සිද්ධාර්ථ ගෞතම බුදුරජාණන් වහන්සේ. බුදුරජාණන් වහන්සේ ගැන මේ මොහොතේ ඔබ සුළු මොහොතක් කල්පනා කරනවා නම්, ඒ මොහොත ඔබේ හිතේ පැන නගින බුද්ධානුස්සති භාවනාවයි. බුදුරජාණන් වහන්සේ ගැන සිහි කරන හැම මොහොතකම සිත පිරිසිදු වෙනවා. හිත තැන්පත් වෙනවා. ඒ බුද්ධගතාසතිය තමන්ගේ සිතේ තැන්පත් වෙන කොට, තමන් නොදැනීම අලුත් ජීවිතයක් කරා පිය නගනවා.

බුදුරජාණන් වහන්සේට තිබුණා නිකෙලෙස් හදවතක්. උන්වහන්සේගේ මනස සදා පිවිතුරු භාවයට පත්වෙලා තිබුණා. බුදුරජාණන් වහන්සේ මොනම හේතුවක් නිසාවත් කෝප වුණේ නෑ. මොනම හේතුවක් නිසාවත් දරුණු වුණේ නෑ. මේ බාහිර ලෝකයේ මායාවට බුදුරජාණන් වහන්සේ වසඟ වුණේ නෑ. මේ නිසා උන්වහන්සේට කියනවා රහතන් වහන්සේ කියල. අරහං කියල. ඒ බුදුගුණයෙන් යුක්ත බුදුරජාණන් වහන්සේව සිහිකරන්න පුළුවන් නම්, ඔබේ සන්තානය පිරිසිදු වෙනවා. බුදුරජාණන් වහන්සේ රහසින් වත් පව් නොකළ සේක. සියලු කෙලෙසුන්ගෙන් නිදහස් වුණ සේක. සියලු දුක් දොම්නස් වලින් නිදහස් වුණ සේක. ගුරු උපදේශ නැතිව චතුරාර්ය සත්‍යය අවබෝධ කළ සේක. සමස්ත ලෝක ධාතුව ගැනත්, සමස්ත සත්ව වර්ගයා ගැනත්, මේ ජීවිත ගැනත් පරිපූර්ණ වශයෙන්ම අවබෝධ කළ සේක. සියලු දෙවියන්ටද මිනිසුන්ටද යහපත් මාර්ගය පෙන්වා දීමෙන්, පරිපූර්ණ වූත්, දක්ෂ වූත් ආචාර්යවරයා වන සේක. මේ විදිහට ඔබට බුදුරජාණන් වහන්සේ ගැන සිහිකරන්න පුළුවන් නම්, ඒ සෑම මොහොතකම ඔබ සිහි කරන්නෙ මේ ලෝකයේ පහළ වෙච්ච, මේ මානව ඉතිහාසයේ පහළ වෙච්ච ස්වර්ණමය යුගය සනිටුහන් කළ උතුම් මුනි රජාණන් වහන්සේ ගැනයි.

ධර්මය තුළින් බුදු සමිඳු දැකගන්න...

ඉතින් එබඳු බුදුරජාණන් වහන්සේ ගැන ඔබ මේ වෙලාවේ සිතන්න පටන් ගන්නවා නම්, මේ මොහොතේ සිට ඔබේ සිත පිරිසිදු වෙන්න පටන් ගන්නවා. බුදුරජාණන් වහන්සේ නමක් මේ ලෝකයට මුණගැහෙන්නේ කලාතුරකින්. බුදුරජාණන් වහන්සේ නමක්

අඳුන ගන්න පුළුවන් වෙන්නෙ බුද්ධිය දියුණු කරන්න පුළුවන් කෙනෙකුට විතරයි. ඉතින් ඔබ යම් හෙයකින් බුදුරජාණන් වහන්සේව මුණගැහෙනවා නම්, ඔබට බුදුරජාණන් වහන්සේගේ ධර්මය ශ්‍රවණය කරල, බුද්ධිය දියුණු කරල, ඒ ශ්‍රවණය කරපු ධර්මය තුළින්මයි. එතකොට ඒ බුදුරජාණන් වහන්සේව ඔබේ ජීවිතය තුළින් දකගන්නට පුළුවන් වෙනවා.

ඒ බුදුරජාණන් වහන්සේගේ නිකෙලෙස් ගුණය, පරිපූර්ණ ප්‍රඥාව, මහා කරුණාව, පිවිතුරු සමාධිය, ධෛර්ය සම්පන්න වීර චරිතාපදානය, මේ සැම දෙයක්ම ඔබේ ලෝකය ආලෝකමත් කරන්න උපකාර වෙනවා.

ඒ නිසා බුදුරජාණන් වහන්සේ ගැන සිතීමේදී ඔබට බොහොමත්ම ලේසියි අරහං, සම්මා සම්බුද්ධ, විජ්ජාචරණ සම්පන්න, සුගත, ලෝකවිදූ, අනුත්තරෝ පුරිසදම්ම සාරථී, සත්ථා දේවමනුස්සානං, බුද්ධ, භගවා කියන සියලු බුදු ගුණ ඔබ සිහි කරන්න. ඔබේ ජීවිතය තුළ නිතර මනසිකාරයේ යෙදෙන්න. මේක සුලු පටු දෙයක් නෙවෙයි.

මිනිස් ජීවිතය කියන්නෙ ගලාගෙන යන දොලපාරක් වගේ. සිඳීගෙන යන දොල පාරක් වගේ. මේ මිනිස් ජීවිතය අහිමි වෙන්න ඉස්සර වෙලා මිනිසත් බවත් එක්කම ඔබ ලැබූ බුද්ධිමත් භාවය ඔබට දියුණු කරගන්න පුළුවන් දුර්ලභ වාසනාවක් මේ බුද්ධානුස්සති භාවනාව තුළින් ඔබට ඇති කරගන්න පුළුවන්.

- බුද්ධානුස්සති භාවනාව -

මාගේ ස්වාමී වූ බුදුරජාණන් වහන්සේ සියලු කෙලෙසුන් කෙරෙන් දුරු වූ සේක. රහසින්වත් පව් නො

කළ සේක. සියලු පාපයන්ගෙන් මිදුණ සේක. සියලු ලෝවැසියන්ගේ ආමිස පූජා, ප්‍රතිපත්ති පූජා පිළිගැනීමට සුදුසු වන සේක.

බුදුරජාණන් වහන්සේ ඇසින් රූප දැක ඒ රූප කෙරෙහි නොඇලුණ සේක, නොගැටුණ සේක, මුලා නොවුණ සේක, ආශාව දුරු කළ සේක. කණින් ශබ්ද අසා ඒ ශබ්ද කෙරෙහි නොඇලුණ සේක, නොගැටුණ සේක, මුලා නොවුණ සේක, ආසාව දුරු කළ සේක. නාසයෙන් ගඳ සුවඳ දැන ඒ ගඳ සුවඳ කෙරෙහි නොඇලුණ සේක, නොගැටුණ සේක, මුලා නොවුණ සේක. ආශාව දුරු කළ සේක. දිවෙන් රස විඳ ඒ රසය කෙරෙහි නොඇලුණ සේක, නොගැටුණ සේක, මුලා නොවුණ සේක, ආශාව දුරු කළ සේක. කයින් පහස ලබා ඒ පහස කෙරෙහි නොඇලුණ සේක, නොගැටුණ සේක, මුලා නොවුණ සේක, ආශාව දුරු කළ සේක. මනසින් අරමුණු සිතා ඒ අරමුණු කෙරෙහි නොඇලුණ සේක, නොගැටුණ සේක, මුලා නොවුණ සේක, ආශාව දුරු කළ සේක.

බුදුරජාණන් වහන්සේ අරහං වන සේක, අරහං වන සේක, අරහං වන සේක.

මාගේ ස්වාමී වූ බුදුරජාණන් වහන්සේ අවබෝධ කළ යුතු වූ, දුක නම් වූ ආර්ය සත්‍යය ගුරු උපදේශ නැතිවම අවබෝධ කොට වදාළ සේක. ප්‍රහාණය කළ යුතු වූ දුක හටගැනීම නම් වූ ආර්ය සත්‍යය, ගුරු උපදේශ නැතිවම ප්‍රහාණය කොට වදාළ සේක. සාක්ෂාත් කළ යුතු වූ, දුක නැතිවීම නම් වූ ආර්ය සත්‍යය, ගුරු උපදේශ නැතිවම සාක්ෂාත් කොට වදාළ සේක. ප්‍රගුණ කළ යුතු වූ, දුක නැතිවීමේ මග නම් වූ ආර්ය සත්‍යය, ගුරු උපදේශ නැතිවම ප්‍රගුණ කොට වදාළ සේක.

මේ චතුරාර්ය සත්‍යය ධර්මයන්, සත්‍ය ඥාණ වශයෙන්ද, කෘත්‍ය ඥාණ වශයෙන්ද, කෘත ඥාණ වශයෙන්ද, පරිවර්ත තුනකින් යුතුව ආකාර දොළසකින් යුතුව ගුරු උපදේශ නැතිවම අවබෝධ කොට වදාළ නිසා සම්මා සම්බුද්ධ වන සේක, සම්මා සම්බුද්ධ වන සේක, සම්මා සම්බුද්ධ වන සේක.

මාගේ ස්වාමී වූ බුදුරජාණන් වහන්සේ අහසින් ගමන් කිරීමද පොළොවේ කිමිදී වෙන තැනකින් මතුවීමද ජලයේ සක්මන් කිරීමද සියල්ල විනිවිද නොපෙනී ගමන් කිරීම ආදී අනන්ත ප්‍රාතිහාර්යයන්ගෙන් යුතු ඉර්ධිවිධ ඥාණය ලබා ගත් සේක. දුර තිබෙන රූපයන්ද ළඟ තිබෙන රූපයන්ද දැකීමේ හැකියාව වූ දිබ්බචක්ඛු ඥාණය ලබාගත් සේක. දුර තිබෙන ශබ්දයන්ද ළඟ තිබෙන ශබ්දයන්ද ඇසීමේ හැකියාව වූ දිබ්බසෝත ඥාණය ලබා ගත් සේක. සියලු ලෝක සත්වයින්ගේ අතීත ජීවිත දැකීමේ හැකියාව වූ පුබ්බේනිවාසානුස්සති ඥාණය ලබාගත් සේක. සියලු ලෝක සත්වයන් උපදින ආකාරයද කර්මානුරූපව චුතවන ආකාරයද දැකීමේ හැකියාව වූ චුතූපපාත ඥාණය ලබාගත් සේක. සියලු ආශ්‍රවයන් මුලුමනින්ම නැති කොට ඥාණාලෝකය උපදවාගෙන ආසවක්ඛය ඥාණය ලබා ගත් සේක.

මෙසේ අනන්ත ඥාණයෙන්ද, අනන්ත සීලයෙන්ද, අනන්ත සමාධියෙන් ද, අනන්ත ගුණයෙන් ද සමන්විත නිසා බුදුරජාණන් වහන්සේ විජ්ජාචරණ සම්පන්න වන සේක. විජ්ජාචරණ සම්පන්න වන සේක, විජ්ජාචරණ සම්පන්න වන සේක.

මාගේ ස්වාමී වූ බුදුරජාණන් වහන්සේ සුන්දර නිවන් මග සොයාගෙන සුන්දර නිවනට වැඩම කළ නිසා සුගත

වන සේක, සුගත වන සේක, සුගත වන සේක.

මාගේ ස්වාමී වූ බුදුරජාණන් වහන්සේ සියලු බ්‍රහ්ම ලෝකද සියලු දිව්‍ය ලෝකද මේ මිනිස් ලෝකයද සියලු ප්‍රේතලෝකයද සතර අපාය ආදී මේ සියලු ලෝකයන් අවබෝධ කොට ගෙන සියලු ලෝක වලින් නිදහස් වූ නිසා ලෝකවිදූ වන සේක, ලෝකවිදූ වන සේක, ලෝක විදූ වන සේක.

මාගේ ස්වාමී වූ බුදුරජාණන් වහන්සේ ඉර්ධි ප්‍රාතිහාර්යයෙන්ද, අනුන්ගේ සිත් දකිමින් දහම් දෙසීම නම් වූ ආදේශනා ප්‍රාතිහාර්යයෙන්ද, අනුශාසනා ප්‍රාතිහාර්යයෙන්ද අකීකරු දෙව් මිනිසුන්ව දමනය කොට දහමට කීකරු කරවා අමා මහ නිවනට පමුණුවා වදාළ නිසා අනුත්තරෝ පුරිසදම්ම සාරථී වන සේක, අනුත්තරෝ පුරිසදම්ම සාරථී වන සේක, අනුත්තරෝ පුරිසදම්ම සාරථී වන සේක...

මාගේ ස්වාමී වූ බුදුරජාණන් වහන්සේ නුවණැති දෙවියන්ට ද, නුවණැති මිනිසුන්ට ද සසර කතරින් එතෙර වීම පිණිස මාර්ගය පෙන්වා වදාළ නිසා සත්ථා දේවමනුස්සානං වන සේක, සත්ථා දේවමනුස්සානං වන සේක, සත්ථා දේවමනුස්සානං වන සේක.

මාගේ ස්වාමී වූ බුදුරජාණන් වහන්සේ අවබෝධ කොට වදාළ චතුරාර්ය සත්‍යය ධර්මයන් අන්‍යයන්ටද අවබෝධ කරගැනීම පිණිස ඉතා සුන්දර ලෙස, ඉතා පැහැදිලි ලෙස, පැහැදිලි වචන වලින්, පැහැදිලි අර්ථ වලින් දේශනා කොට වදාළ නිසා බුද්ධ වන සේක, බුද්ධ වන සේක. බුද්ධ වන සේක.

මාගේ ස්වාමී වූ බුදුරජාණන් වහන්සේ, මේ සියලු

සම්බුදු ගුණ දරාගැනීමට තරම් භාග්‍ය ඇති සේක. හිරු සඳු එළිය පරදවන අනන්ත ආලෝකය ඇති ප්‍රඥාලෝකය දරාගැනීමට තරම් භාග්‍ය ඇති සේක. මහා කරුණාවෙන් සිසිල් වී ගිය හද මඬලක් දරා වැඩසිටීමට තරම් භාග්‍ය ඇති සේක. භාග්‍ය ඇති සේක. භාග්‍ය ඇති සේක. බුදුරජාණන් වහන්සේ භගවා වන සේක, භගවා වන සේක, භගවා වන සේක.

බුදු ගුණ අනන්තයි. බුදු ගුණ අනන්තයි. බුදු ගුණ අනන්තයි......

අනන්ත ගුණයෙන් යුතු, අනන්ත ඤාණයෙන් යුතු, මහා කරුණාවෙන් සමන්විතව වැඩසිටියා වූ බුදුරජාණන් වහන්සේට මම නමස්කාර කරමි. මාගේ නමස්කාරය වේවා!

14.2. ධම්මානුස්සති භාවනාව

ධර්මයේ හාස්කම...

මේ ලෝකය වියළි කතරක් නම්, ඒ වියළි කතර තෙමා ඇද හැළෙන දිය දහරාව තමයි සම්මා සම්බුදු මුවින් පිටවුණ ඒ ශ්‍රී සද්ධර්මය. බුදුරජාණන් වහන්සේගේ ධර්මය අහලා මේ ශෝක වැලපීම් තිබුණ සන්තානයන් පිරිසිදු කරගෙන සුවපත් වුණා. අංගුලිමාල වගේ නපුරු චිත්ත සන්තාන තිබුණු නපුරු ගති තිබුණු මිනිසුන් මල් පෙත්තක් වගේ සිනිඳු ගතිගුණ ඇති කරගත්තේ බුදුරජාණන් වහන්සේගේ ධර්මය තුළින්. සිහි විකල් වෙලා පාරක් පාරක් ගානෙ දිව ගිය පටාචාරා වැනි අහිංසක කාන්තාවන් වීරෝධාර, බලසම්පන්න, ගුණසම්පන්න භික්ෂුණීන් බවට පත්වුණේ බුදුරජාණන් වහන්සේගේ ධර්මය තුළින්.

ජීවිතයට ධර්මය....

ඔබේ ජීවිතය සුවපත් කරන්නත් බුදුරජාණන් වහන්සේගේ ධර්මයට පුළුවනි. ඒ බුදුරජාණන් වහන්සේගේ ධර්මය තමයි චතුරාර්ය සත්‍යය ධර්මය. ඔබ උදෑසන අවදිවෙන කොට ඒ චතුරාර්ය සත්‍යය ධර්මය ගැන ශ්‍රවණය කරන්නට ලැබෙනවා නම්, චතුරාර්ය සත්‍යය ධර්මය අසන්නට ලැබෙනවා නම්, ඔබට සිහි කරන්නට ලැබෙනවා නම්, ඔබ දුර්ලභ දෙයක් හිතන කෙනෙක්.

ඒ බුද්ධිමය පරිවර්තනය ළඟා කරගන්න...

බුදුරජාණන් වහන්සේලා පහළ වීමේ ඉලක්ක දෙකක් නෑ. එකම ඉලක්කයයි තියෙන්නෙ. ඒ තමයි චතුරාර්ය සත්‍යය ධර්මය කියා දීම. චතුරාර්ය සත්‍යය ධර්මය අවබෝධ කරගැනීමෙන් දුකට පත් සත්වයා සැප කරා යනවා. සංසාර ගමන තුළ ඉපදෙමින් මැරෙමින් භව ගමනක යන සත්වයා ඒ සතර අපා දුකින් නිදහස් වෙලා භව ගමනින් නිදහස් වෙලා සදාකාලික සැප ඇති අමා නිවන කරා යනවා. මේ නිසා මේ චතුරාර්ය සත්‍ය ධර්මය අවබෝධ කිරීම කියල කියන්නෙ මනුෂ්‍ය සන්තානයක ඇතිවුණ බුද්ධිමය හාස්කමක්. බුද්ධිමය පරිවර්තනයක්. බුද්ධිමය පෙරළියක්. ඒ නිසා ඒ බුද්ධිමය හාස්කම, ඒ බුද්ධිමය පරිවර්තනය සිද්ධ වන්නට නම් ඒ බුදුරජාණන් වහන්සේගේ ධර්මය ඔබ දැනසිටිය යුතුයි.

අසිරිමත් සදහම් ගුණ ...

ඒ චතුරාර්ය සත්‍යය ධර්මය මනාකොට දේශනා කරපු නිසා ඒ ධර්මය ස්වාක්ඛාත වන සේක. ඒ ධර්මය මේ ජීවිතයේදී දැක්ක හැකි නිසා ඒ ධර්මය සන්දිට්ඨික

වන සේක. ඒ ධර්මය ඕනෑම කාලයක අවබෝධ කළ හැකි නිසා අකාලික වන සේක. ඒ වගේම ඒ ධර්මය ඇවිත් බලන්න කියල ඕනෑම කෙනෙකුට පෙන්වා දිය හැකි නිසා ඒහිපස්සික වන සේක. ඒ ශ්‍රී සද්ධර්මය තමා තුළට පමුණුවාගෙන, තමා තුළ දියුණු කරගත යුතු නිසා ඕපනයික වන සේක. ඒ ශ්‍රී සද්ධර්මය ඕනෑම බුද්ධිමත් කෙනෙකුට තමාගේ බුද්ධිය මෙහෙයවා සාක්ෂාත් කරන්නට පුළුවන් නිසා, පච්චත්තං වේදිතබ්බෝ විඤ්ඤූහී වන සේක.

වෙන කිසිවකින් ලැබෙන්නෙ නෑ...

මෙන්න මේ ආකාරයට ඔබ නිති පතා වඳින පුදන, ඒ ශ්‍රී සද්ධර්මයේ ගුණාංග සිහිකිරීම ධම්මානුස්සති භාවනාවයි. ධම්මානුස්සති භාවනාව යම්කිසි කෙනෙකුට කරගන්නට පුළුවන් වෙන්නෙ ඒ කෙනා බුදුරජාණන් වහන්සේගේ ධර්මය දැන සිටියොත් පමණයි. ඒ නිසා ඔබට ලැබෙන මේ සුන්දර පණිවිඩය ඔබේ ජීවිතයේ ඔබ කොතරම් රූපවාහිනිය නැරඹුවත්, කොතෙකුත් පොත් පත් බැලුවත්, කොතෙකුත් පුවත් පත් බැලුවත්, නවකතා - කෙටිකතා කියෙව්වත්, නොයෙකුත් වැඩසටහන්වලට සවන් දුන්නත් ඒ කිසිම දෙයකින් ඔබට ලැබුණේ නැහැ. ඔබේ හදවතේ දුක් දොම්නස් පහ කරන්නට සමත් වුණේ නෑ.

නමුත් ඔබ බුදුරජාණන් වහන්සේගේ ධර්මයට සවන් දුන්නා නම්, බුදුරජාණන් වහන්සේගේ ධර්මය ඔබේ හද මඬලේ තැන්පත් කරගත්තා නම්, බුදුරජාණන් වහන්සේ වදාළ ධර්මය ඔබේ ජීවිතය තුළින් සිතන්න පටන් ගත්තා නම්, ඔබ ඒ ධර්මය තුළින් ලෝකය දකින්න පටන් ගත්තා නම්, ඔබේ ජීවිතය ටිකෙන් ටික සුවපත්

වෙන්න පටන් ගන්නවා. ඔබ ධර්මය තුළට යන සැනසිලි ජීවිතයක් ගත කරන කෙනෙක් බවට පත්වෙනවා. අන්න ඒ නිසා ධම්මානුස්සති භාවනාවේ මේ මොහොතේ ඉඳලා යෙදෙන්න. ධම්මානුස්සති භාවනාවේ ස්වල්ප වෙලාවක් හෝ යෙදෙමින් ඔබේ ජීවිතය තුළට ඒ ධර්මය ලබාගන්න.

- ධම්මානුස්සති භාවනාව -

ස්වාක්ඛාත ගුණය

මාගේ ස්වාමී වූ බුදුරජාණන් වහන්සේ විසින් ඉතාම යහපත් ලෙස ශ්‍රී සද්ධර්මය දේශනා කරන ලදී. එම ශ්‍රී සද්ධර්මයේ ආරම්භය වූ සීලයත් ඉතාම යහපත්ය. එහි මැද කොටස නම් වූ සමාධියත් ඉතාම යහපත්ය. එහි අවසාන කොටස නම් වූ ප්‍රඥාවත් ඉතාම යහපත් කොට දක්වන ලද්දේය. අර්ථ සහිතව පෙන්වා දෙන ලද්දේය. පැහැදිලි වචන වලින් පෙන්වා දෙන ලද්දේය. අතිශයින් ම පරිපූර්ණ වූ පාරිශුද්ධ වූ නිකෙලෙස් ජීවිතය පෙන්වා දෙන ලද්දේය.

භාග්‍යවතුන් වහන්සේ විසින් වදාරණ ලද ශ්‍රී සද්ධර්මය ඉතා යහපත් කොට වදාළ හෙයින් ස්වාක්ඛාත වන සේක. මෙසේ ස්වාක්ඛාත වූ ශ්‍රී සද්ධර්මය මම සරණ යමි. මෙසේ ස්වාක්ඛාත වූ ශ්‍රී සද්ධර්මයට මාගේ නමස්කාරය වේවා!

සන්දිට්ඨික ගුණය

මාගේ ස්වාමී වූ බුදුරජාණන් වහන්සේ විසින් මහා කරුණාවෙන් වදාරණ ලද ශ්‍රී සද්ධර්මය මේ ජීවිතය තුළ දී ම අවබෝධ කළ හැකි වන සේක. ඒ ශ්‍රී සද්ධර්මය සීල, සමාධි, ප්‍රඥා වශයෙන් දියුණු කළ හැකි වන සේක. ඒ ශ්‍රී සද්ධර්මය සෝවාන් මාර්ග - ඵල, සකදාගාමී මාර්ග - ඵල, අනාගාමී මාර්ග - ඵල, අරහත් මාර්ග - ඵල වශයෙන්

අවබෝධ කර ගත හැකි වන සේක. ඒ ශ්‍රී සද්ධර්මය චතුරාර්ය සත්‍යය ධර්මය වශයෙන් මේ ජීවිතයේදීම අවබෝධ කළ හැකි වන සේක.

මෙසේ භාග්‍යවතුන් වහන්සේ විසින් දේශනා කොට වදාළ ශ්‍රී සද්ධර්මය මේ ජීවිතයේදීම අවබෝධ කළ හැකි නිසා සන්දිට්ඨික වන සේක. මෙසේ සන්දිට්ඨික වූ ශ්‍රී සද්ධර්මය මම සරණ යමි. මෙසේ සන්දිට්ඨික වූ ශ්‍රී සද්ධර්මයට මාගේ නමස්කාරය වේවා!

අකාලික ගුණය

මාගේ ස්වාමී වූ බුදුරජාණන් වහන්සේ විසින් දේශනා කරන ලද ශ්‍රී සද්ධර්මය ඕනෑම කාලයකදී ඒ ආකාරයෙන්ම අවබෝධ කළ හැකි වන සේක. ඒ ධර්මයේ සඳහන් වන සීල, සමාධි, ප්‍රඥා හෝ මාර්ග ඵල හෝ චතුරාර්ය සත්‍යයාදී ධර්මයන් සදාකාලික සත්‍යයක් වශයෙන් පවතින නිසා ඕනෑම කාලයකට අවබෝධ කළ හැකි වන සේක.

මෙසේ අතීත, අනාගත, වර්තමාන භේදයකින් තොරව භාග්‍යවතුන් වහන්සේ විසින් වදාරණ ලද ශ්‍රී සද්ධර්මය අවබෝධ කළ හැකි නිසා අකාලික වන සේක. මෙසේ අකාලික වූ ශ්‍රී සද්ධර්මය මම සරණ යමි. මෙසේ අකාලික වූ ශ්‍රී සද්ධර්මයට මාගේ නමස්කාරය වේවා!

ඒහිපස්සික ගුණය

මාගේ ස්වාමී වූ බුදුරජාණන් වහන්සේ විසින් දේශනා කරන ලද ශ්‍රී සද්ධර්මය ඇවිත් බලන්නැ'යි දක්වාලන, දෙව් මිනිසුන් අතරට විවෘත භාවයට පත් වූ සේක.

රහස් බණ, රහස් උපදෙස්, සැඟවී කතා බස් කිරීම් නොමැති මේ ශ්‍රී සද්ධර්මය හිරු මඬල දක්වන්නා සේ

සඳමඬල දක්වන්නා සේ හඬ නගා පෙන්වා දිය හැකි සේක. මෙසේ නුවණින් විමසා බලන්නැ'යි දෙව් මිනිස් ලෝකයා හමුවේ විවෘතව තබන ලද නිසා, භාග්‍යවතුන් වහන්සේ විසින් වදාරණ ලද ශ්‍රී සද්ධර්මය ඒහිපස්සික වන සේක.

මෙසේ ඒහිපස්සික වූ ශ්‍රී සද්ධර්මය මම සරණ යමි. මෙසේ ඒහිපස්සික වූ ශ්‍රී සද්ධර්මයට මාගේ නමස්කාරය වේවා!

ඕපනයික ගුණය

මාගේ ස්වාමී වූ බුදුරජාණන් වහන්සේ විසින් දේශනා කරන ලද ශ්‍රී සද්ධර්මය මනාකොට ශ්‍රවණය කිරීමෙන්ද, මනාකොට ධාරණය කිරීමෙන්ද, වචනයෙන් පුරුදු කිරීමෙන්ද, නුවණින් මෙනෙහි කිරීමෙන්ද, ධර්මානුධර්ම ප්‍රතිපත්තියේ යෙදීමෙන්ද, තම තමන්ගේ ජීවිත තුළට පමුණුවා ගත යුතු හෙයින් ඕපනයික වන සේක.

මෙසේ ඕපනයික වූ ශ්‍රී සද්ධර්මය මම සරණ යමි. මෙසේ ඕපනයික වූ ශ්‍රී සද්ධර්මයට මාගේ නමස්කාරය වේවා!

පච්චත්තං වේදිතබ්බ විඤ්ඤූහී ගුණය

මාගේ ස්වාමී වූ බුදුරජාණන් වහන්සේ විසින් දේශනා කරන ලද ශ්‍රී සද්ධර්මය වනාහී ඕනෑම ජාතියක, ඕනෑම ගෝත්‍රයක, ඕනෑම කුලයක, කපටි නැති, මායා නැති, අවංක ගති ඇති ප්‍රඥාවන්තයින් හට තම තම නැණ පමණින්, වෙන් වෙන් වශයෙන් අවබෝධ කළ හැකි නිසා පච්චත්තං වේදිතබ්බෝ විඤ්ඤූහී වන සේක.

මෙසේ පච්චත්තං වේදිතබ්බෝ විඤ්ඤූහී වන ශ්‍රී සද්ධර්මය මම සරණ යමි. මෙසේ පච්චත්තං වේදිතබ්බෝ විඤ්ඤූහී වන ශ්‍රී සද්ධර්මයට මාගේ නමස්කාරය වේවා!

14.3. සංඝානුස්සති භාවනාව

ලොව ශ්‍රේෂ්ඨතම පිරිස හඳුනාගන්න....

මේ ලෝකයේ පහළ වුණ ශ්‍රේෂ්ඨතම පිරිස තමයි බුදුරජාණන් වහන්සේගේ ශ්‍රාවක සංඝරත්නය. බුදුරජාණන් වහන්සේ නමක් මේ ලෝකයට පහළ වෙලා ධර්මය දේශනා කරන කොට මේ බුද්ධිමත් මනුෂ්‍යයින් මේ ධර්මය ශ්‍රවණය කරනවා. බුද්ධිමත් මනුෂ්‍යයෝ මේ ධර්මය පුරුදු කරල තම තමන්ගේ ජීවිතවලට ඇතුළු කරගන්නවා. ඒ ධර්මය ඔස්සේ තම තමන්ගේ ජීවිතවලට මේ ධර්මය දියුණු කරගන්න කල්පනා කරනවා. ඒ චතුරාර්ය සත්‍යය අවබෝධ කරගැනීම පිණිස සිල්වත් වෙනවා. සමාධිය දියුණු කරනවා. ප්‍රඥාව දියුණු කරනවා. මේ සියල්ල සිදුකරගන්න පුළුවන් වෙන්නේ අවබෝධය නිවැරදි කරගත්ත කෙනාට. ඒ කෙනාට කියනවා සම්මා දිට්ඨියෙන් යුක්ත කෙනා කියල.

ආර්ය අෂ්ටාංගික මාර්ගයේ ගමන් කරන නිසා

සම්මා දිට්ඨියෙන් යුක්ත වුණේ බුදුරජාණන් වහන්සේගේ ශ්‍රාවකයෝ පමණයි. සම්මා දිට්ඨියෙන් යුක්ත වීම නිසා බුදුරජාණන් වහන්සේගේ ශ්‍රාවකයින්ට ආර්ය අෂ්ටාංගික මාර්ගයේ ගමන් කරන්නට පුළුවන්කම ලැබුණා. ආර්ය අෂ්ටාංගික මාර්ගයේ ගමන් කිරීම නිසා බුදුරජාණන් වහන්සේගේ ශ්‍රාවකයින් සෝවාන් වුණා. චතුරාර්ය සත්‍යය ධර්මයේ සත්‍ය ඤාණය කරා පැමිණුනා. සෝතාපන්න

වෙච්ච කෙනෙක් ආත්ම හතක් ඇතුළත නිවන් දකිනවා. ඊළඟට ඒ ශ්‍රාවකයින්ට සකදාගාමී වෙන්ට පුළුවන් වුණා. සකදාගාමී වෙච්ච කෙනෙක් තව එක ජීවිතයක් ඇතුළත නිවන් දකිනවා. අනාගාමී වෙච්ච අය බඹ ලොව ඉපදිලා නිවන් දකිනවා. රහතන් වහන්සේලා මේ ජීවිතයේදීම පිරිනිවන් පානවා.

සැබෑ ශ්‍රාවකයෝ බුදු සසුනේදී පමණයි...

මෙන්න මේ සියලු පිරිස් ඔබට දැකිය හැක්කේ බුද්ධ ශාසනයක දී පමණයි. මෙන්න මේ නිසාමයි බුදුරජාණන් වහන්සේ වදාළේ "පින්වත් මහණෙනි, ඔබ සිංහනාද කරන්න. පළවෙනි ශ්‍රමණයා වන සෝතාපන්න ශ්‍රාවකයා, දෙවෙනි ශ්‍රමණයා වන සකදාගාමී ශ්‍රාවකයා, තුන්වෙනි ශ්‍රමණයා වන අනාගාමී ශ්‍රාවකයා, හතරවෙනි ශ්‍රමණයා වන රහතන් වහන්සේ යන ශ්‍රාවකයින් දැකිය හැක්කේ බුද්ධ ශාසනයකදී පමණයි කියල"

මෙන්න ඒ අසිරිමත් සඟ ගුණ...

මේ නිසා ඔබට ධර්මයේ හැසිරෙන පිරිසක් ගැන සිහිකිරීමේදී බුදුරජාණන් වහන්සේගේ නිකෙලෙස් ශ්‍රාවක සඟ පිරිසක් හා සමාන පිරිසක් මුණ ගැහෙන්නෙ නෑ. ඒ නිසා ඒ සංසරත්නය නිවන් මාර්ගයේ ගමන් කරන නිසා, සුපටිපන්න වන සේක. ඍජු ආර්ය අෂ්ටාංගික මාර්ගයේ ගමන් කරන නිසා උජුපටිපන්න වන සේක. චතුරාර්ය සත්‍යය ධර්මය අවබෝධ කරන ප්‍රතිපදාවක ගමන් කරන නිසා ඤායපටිපන්න වන සේක. අවබෝධ කරන්නා වූ චතුරාර්ය සත්‍යය ධර්මය දෙව් මිනිස් ලෝකයාට ප්‍රකට කරවන නිසා සාමීචිපටිපන්න වන සේක. අන්න ඒ ශ්‍රාවකයන් මාර්ගයේ ගමන් කරන - ඵලයට පත්කරන

ශ්‍රාවක යුගල හැටියට හතරකුත්, පුද්ගලයන් හැටියට අටකුත් වෙනවා. මෙන්න මේ ශ්‍රාවක පිරිස තමයි ලෝකයේ පුද පූජාවන්වලට සුදුසු වන්නේ. ඒ වගේම මේ ලෝකයේ දුර ඉඳල ගෙනත් දෙන දන් පැන් පිළිගන්න සුදුසු වෙනවා. ආගන්තුක සත්කාරවලට සුදුසු වෙනවා. වැඳුම් පිදුම් ලබන්න සුදුසු වෙනවා. මේ සුදුසුකම් ලබල ලෝකයේ අනුත්තර වූ පින් කෙත බවට පත්වෙන්නේ බුදුරජාණන් වහන්සේගේ ශ්‍රාවකයන් වන කෙනා.

නිරතුරුවම සඟ ගුණ සිහි කරන්න...

ඒ නිසා ඔබේ ශ්‍රද්ධාව රඳවා ගන්න, ශ්‍රද්ධාව පිහිටුවාගන්න. සංඝානුස්සති භාවනාවේ යෙදෙන්නට ඕනෙ වෙන්නෙ බුදුරජාණන් වහන්සේගේ ශ්‍රාවකයන් වහන්සේලා සිහිකිරීම. ඒ ශ්‍රාවකයන් වහන්සේලා සදාකාලික පිවිතුරු ජීවිතයක් පතාගෙන නිමල ගමනක යෙදෙන පිවිතුරු පිරිසක්. මේ නිසා බුදුරජාණන් වහන්සේගේ ශ්‍රාවක සඟරුවන ගැන නිරන්තරයෙන්ම සිහිකරන්න. තමන්ගේ සිත තුළ ඒ සංඝරත්නයේ ගුණාංග ඇති කරගනිමින් ශ්‍රද්ධාව ඇති කරගන්න. ඒ සෑම අවස්ථාවකම ඔබ දියුණු කරන්නේ සංඝානුස්සති භාවනාවයි. සංඝානුස්සති භාවනාව දියුණු කරන ගමන් ඔබත් බුදුරජාණන් වහන්සේගේ හැබෑම ශ්‍රාවකයෙක් බවට පත්වෙලා මේ ගෞතම බුදු සසුනේ දීම චතුරාර්ය සත්‍යය ධර්මය අවබෝධ කරගැනීමේ උතුම් අදහසට පත්වෙන්න.

- සංඝානුස්සති භාවනාව -

සුපටිපන්න ගුණය

මාගේ ස්වාමී වූ බුදුරජාණන් වහන්සේගේ ශ්‍රාවක

සංඝරත්නය රාග, ද්වේෂ, මෝහ දුරු කරගැනීම පිණිස සීල, සමාධි, ප්‍රඥා සංඛ්‍යාත ත්‍රිවිධ ශික්ෂාවෙහි හික්මෙන වැඩපිළිවෙලකට පිළිපන් හෙයින් සුපටිපන්න වන සේක.

මෙසේ භාග්‍යවතුන් වහන්සේගේ සුපටිපන්න වූ ශ්‍රාවක සංඝරත්නය මම සරණ යමි. මෙසේ භාග්‍යවතුන් වහන්සේගේ සුපටිපන්න වූ ශ්‍රාවක සංඝරත්නයට මාගේ නමස්කාරය වේවා!

උජුපටිපන්න ගුණය

මාගේ ස්වාමී වූ බුදුරජාණන් වහන්සේගේ ශ්‍රාවක සංඝරත්නය ඍජු මාර්ගය නම් වූ ආර්ය අෂ්ටාංගික මාර්ග යේ ගමන් කිරීමට පිළිපන් හෙයින් උජුපටිපන්න වන සේක.

මෙසේ භාග්‍යවතුන් වහන්සේගේ උජුපටිපන්න වූ ශ්‍රාවක සංඝරත්නය මම සරණ යමි. මෙසේ භාග්‍යවතුන් වහන්සේගේ උජුපටිපන්න වූ ශ්‍රාවක සංඝරත්නයට මාගේ නමස්කාරය වේවා!

ඤායපටිපන්න ගුණය

මාගේ ස්වාමී වූ බුදුරජාණන් වහන්සේගේ ශ්‍රාවක සංඝරත්නය චතුරාර්ය සත්‍ය ධර්මයන් අවබෝධකර ගැනීමට පිළිපන් හෙයින් ඤායපටිපන්න වන සේක.

මෙසේ භාග්‍යවතුන් වහන්සේගේ ඤායපටිපන්න වූ ශ්‍රාවක සංඝරත්නය මම සරණ යමි. මෙසේ භාග්‍යවතුන් වහන්සේගේ ඤායපටිපන්න වූ ශ්‍රාවක සංඝරත්නයට මාගේ නමස්කාරය වේවා!

සාමීචිපටිපන්න ගුණය

මාගේ ස්වාමී වූ බුදුරජාණන් වහන්සේගේ ශ්‍රාවක සංඝරත්නය මහත් වූ ධර්ම ගෞරවයකින් යුක්තව ඒ

ශ්‍රී සද්ධර්මයම ලෝකයෙහි පතුරුවා හරින හෙයින් සාමීචිපටිපන්න වන සේක.

මෙසේ භාග්‍යවතුන් වහන්සේගේ සාමීචිපටිපන්න වූ ශ්‍රාවක සංඝරත්නය මම සරණ යමි. මෙසේ භාග්‍යවතුන් වහන්සේගේ සාමීචිපටිපන්න වූ ශ්‍රාවක සංඝරත්නයට මාගේ නමස්කාරය වේවා!

ඒ භාග්‍යවතුන් වහන්සේගේ ශ්‍රාවක සංඝරත්නය...

මාගේ ස්වාමී වූ බුදුරජාණන් වහන්සේගේ ශ්‍රාවක සංඝරත්නය සෝවාන් මාර්ග-ඵල ලාභී, සකදාගාමී මාර්ග-ඵල ලාභී, අනාගාමී මාර්ග-ඵල ලාභී, අරහත් මාර්ග-ඵල ලාභී වශයෙන් ගත් කළ උතුම් ශ්‍රාවක යුගල සතරක් වන්නාහුය.

වෙන් වෙන් වශයෙන් ගත් කළ සෝවාන් ඵලය සාක්ෂාත් කිරීමට පිළිපන් ශ්‍රාවකයා ය. සෝවාන් වූ ශ්‍රාවකයා ය. සකදාගාමී ඵලය සාක්ෂාත් කිරීමට පිළිපන් ශ්‍රාවකයා ය. සකදාගාමී වූ ශ්‍රාවකයා ය. අනාගාමී ඵලය සාක්ෂාත් කිරීමට පිළිපන් ශ්‍රාවකයා ය. අනාගාමී වූ ශ්‍රාවකයා ය. අරහත් ඵලය සාක්ෂාත් කිරීමට පිළිපන් ශ්‍රාවකයා ය. අරහත් වූ ශ්‍රාවකයා ය යනුවෙන් උතුම් ශ්‍රාවක පුද්ගලයින් අට දෙනෙක් වන්නේය. භාග්‍යවතුන් වහන්සේගේ ශ්‍රාවක සංඝරත්නය යුගල වශයෙන් සතරක් ද, පුද්ගල වශයෙන් අටක් ද වන සේක.

මෙසේ භාග්‍යවතුන් වහන්සේගේ යුගල වශයෙන් සතරක් වූ පුද්ගල වශයෙන් අටක් වූ උතුම් ශ්‍රාවක සංඝරත්නය මම සරණ යමි. මෙසේ භාග්‍යවතුන් වහන්සේගේ යුගල වශයෙන් සතරක් වූ පුද්ගල වශයෙන් අටක් වූ උතුම් ශ්‍රාවක සංඝරත්නයට මාගේ නමස්කාරය වේවා!

ආහුණෙය්‍ය ගුණය

මාගේ ස්වාමී වූ බුදුරජාණන් වහන්සේගේ ශ්‍රාවක වූ මාර්ග ඵල ලාභී උතුම් සංඝරත්නය පුද පූජා ලැබීමට සුදුසු වන සේක. දුර සිට හෝ චීවර, පිණ්ඩපාත, සේනාසන, ගිලන්පස ආදිය පිළියෙල කොට පූජා කිරීමට සුදුසු හෙයින් ආහුණෙය්‍ය වන සේක.

මෙසේ භාග්‍යවතුන් වහන්සේගේ ආහුණෙය්‍ය වූ ශ්‍රාවක සංඝරත්නය මම සරණ යමි. මෙසේ භාග්‍යවතුන් වහන්සේගේ ආහුණෙය්‍ය වූ ශ්‍රාවක සංඝරත්නයට මාගේ නමස්කාරය වේවා!

පාහුණෙය්‍ය ගුණය

මාගේ ස්වාමී වූ බුදුරජාණන් වහන්සේගේ ශ්‍රාවක වූ මාර්ග ඵල ලාභී උතුම් සංඝරත්නය ආගන්තුකයින් වශයෙන් වැඩම කළ කල්හි පවා සිව් පසයෙන් උපස්ථාන කිරීමට සුදුසු හෙයින් පාහුණෙය්‍ය වන සේක.

මෙසේ භාග්‍යවතුන් වහන්සේගේ පාහුණෙය්‍ය වූ ශ්‍රාවක සංඝරත්නය මම සරණ යමි. මෙසේ භාග්‍යවතුන් වහන්සේගේ පාහුණෙය්‍ය වූ ශ්‍රාවක සංඝරත්නයට මාගේ නමස්කාරය වේවා!

දක්ඛිණෙය්‍ය ගුණය

මාගේ ස්වාමී වූ බුදුරජාණන් වහන්සේගේ ශ්‍රාවක වූ මාර්ග ඵල ලාභී උතුම් සංඝරත්නය මෙලොව පරලොව පින් සලකා ගෙන මහත්ඵල මහානිසංස සලකා ගෙන සිව්පසයෙන් පූජා ලැබීමට සුදුසු හෙයින් දක්ඛිණෙය්‍ය වන සේක.

මෙසේ භාග්‍යවතුන් වහන්සේගේ දක්ඛිණෙය්‍ය වූ ශ්‍රාවක සංඝරත්නය මම සරණ යමි. මෙසේ භාග්‍යවතුන් වහන්සේගේ දක්ඛිණෙය්‍ය වූ ශ්‍රාවක සංඝරත්නයට මාගේ නමස්කාරය වේවා!

අංජලිකරණීයය ගුණය

මාගේ ස්වාමී වූ බුදුරජාණන් වහන්සේගේ ශ්‍රාවක වූ මාර්ග ඵල ලාභී උතුම් සංඝරත්නය දෙව් මිනිස් ලෝකයාගේ වන්දනා මානනයට ගෞරවාභිවාදනයට සුදුසු වන හෙයින් අංජලිකරණීය වන සේක.

මෙසේ භාග්‍යවතුන් වහන්සේගේ අංජලිකරණීය වූ ශ්‍රාවක සංඝරත්නය මම සරණ යමි. මෙසේ භාග්‍යවතුන් වහන්සේගේ අංජලිකරණීය වූ ශ්‍රාවක සංඝරත්නයට මාගේ නමස්කාරය වේවා!

අනුත්තර වූ පින් කෙත

මාගේ ස්වාමී වූ බුදුරජාණන් වහන්සේගේ ශ්‍රාවක වූ මාර්ග ඵල ලාභී උතුම් සංඝරත්නය දෙව් මිනිස් ලෝකයාහට පින් රැස්කර ගැනීම පිණිස හේතු වූ අනුත්තර වූ පින්කෙත වන සේක.

මෙසේ දේව් මිනිස් ලෝකයාගේ අනුත්තර පින්කෙත වූ භාග්‍යවතුන් වහන්සේගේ ශ්‍රාවක සංඝරත්නය මම සරණ යමි. මෙසේ දේව් මිනිස් ලෝකයාගේ අනුත්තර පින්කෙත වූ භාග්‍යවතුන් වහන්සේගේ ශ්‍රාවක සංඝරත්නයට මාගේ නමස්කාරය වේවා!

14.4. සීලානුස්සති භාවනාව

පිවිතුරු සීලය සිහිකරන්න...

දැන් ඉගෙන ගන්නේ තෙරුවන් සරණ ගිය ශ්‍රාවකයෙකු තමන්ගේ ජීවිතයට එකතු කරගත යුතු උදාර ගුණාංගයක් පිළිබඳවයි. ඒ තමයි සීලානුස්සතිය. සීලානුස්සති භාවනාව කියන්නේ තමන්ගේ වචනයත් කයත් සංවර කරගැනීම තුළ තමන් අත්විඳින සැනසිල්ල සිහිකිරීමයි. තමන් අත්විඳින සැනසිල්ල සිහිකිරීමේදී තමන්ගේ වචනයෙන් සිදුවුන අඩුපාඩු හඳුනාගෙන එයින් අත්මිදෙන්නට ඕනෙ. තමන්ගේ කයින් සිදුවුන අඩුපාඩු හඳුනාගෙන එයින් අත්මිදෙන්නට ඕනෙ. ඉන්පසු තමන් කය හසුරුවන ආකාරය ගැන සිහියෙන් ඉඳල, එයා උදෑසනම අවදිවෙලා අධිෂ්ඨාන කරන්නට ඕනෙ මම මගේ ශරීරය මුල් කරගෙන වරදක් වෙන්න දෙන්නෙ නෑ. මම මගේ වචනය මුල් කරගෙන වරදක් වෙන්න දෙන්නෙ නෑ.

මේ විදිහට තමන්ගේ කයයි, වචනයයි සංවර කරගෙන තමන්ගේ සීලමය ගුණය දියුණු කරන්නට ඕනෙ. සවස් කාලය වෙද්දි එයාට සතුටු වෙන්න පුළුවන් මගේ ජීවිතය අද බොහොම යහපත් විදිහට ගත කෙරුණා. මම අද මගේ කය මුල්කරගෙන කාටවත් හිංසාවක් පීඩාවක් කළේ නෑ. මම සොරකමක් කළේ නෑ. මම වැරදි ජීවිතයක් ගෙව්වේ නෑ. මම යහපත් ජීවිතයක් ගෙව්වා. මම අද මත්පැන් පානයට යොමු වුණේ නෑ. මම අද ගත කරපු ජීවිතය තුළ කිසි කෙනෙක්ව බොරුවෙන් රැවැට්ටුවේ නෑ. කේළමක් කිව්වෙ නෑ. ඵරුෂ වචනයක් කිව්වෙ නෑ. හිස් වචන කියමින් කාලය කා දැම්මෙ නෑ.

මේ විදිහට තමන්ගේ සීලය ගැන සිහිකිරීමේදී, පිරිසිදු වස්ත්‍රයක් දෙස බැලීමේදී ඒ පිරිසිදු වස්ත්‍රයේ අඩුපාඩු ටික හොඳින් පේනවා වගේ තමන්ගේ ජීවිතයේ තමන්ගේ සීලයේ අඩුපාඩු පැත්ත පේන්න පටන් ගන්නවා. අන්න ඒ විදිහට පේන නිසා තමන්ගේ සිල්වත් බව භාවනාවක් හැටියට දියුණු කරගන්නවා.

සීලානුස්සතිය වඩන්නේ මෙහෙමයි...

තමන්ගේ ජීවිතයේ දියුණු කරගන්න තියෙන්නේ සිල්වත්කම. මම වචනයෙන් වැරදි නොකරන කෙනෙක්. මම කයින් වැරදි නොකරන කෙනෙක් කියල තමන්ගේ කයත් වචනයත් පිළිබඳව ශාන්ත බවත් සංවර බවත් ඇති කරගැනීම පිණිස වෙහෙස මහන්සි වෙන කොට තමන් නොදැනීම උදාර ගුණාංගවලට තමන් හිමිකාරයෙක් බවට පත්වෙනවා. ඒ තුළින් තමන්ට පුළුවන් වෙනවා සියලු දෙනා කෙරෙහි තමන් ගැන විශ්වාසනීයත්වයක් ගොඩ නගන්න. මේ ලෝකයේ බොරු කියන, වංචා කරන පිරිස් වලට සමාජයේ වගකීමක් දෙන්න කවුරුවත් කැමති නෑ. කය නොමගට යවන පිරිසකට සමාජයේ වගකීමක් දෙන්න කවුරුවත් කැමති නෑ. කයයි වචනයයි සුමගට යවන යහපත් කෙනෙක් බවට පත්වෙන්නට නම්, තමන්ගේ ජීවිතය තුළ සීලය ගැන ආවර්ජනා කිරීමේ හැකියාව තියෙන්නට ඕනෙ. අන්න ඒකට කියන්නේ සීලානුස්සති කියල.

මේ සීලානුස්සති භාවනාව බුදුරජාණන් වහන්සේගේ ශ්‍රාවකයන් නිරතුරුවම සිදුකරන භාවනාවක්. සීලානුස්සති භාවනාව සිහි කරන්න සිහිකරන්න මෙයාගේ සිත ශාන්ත වෙනවා. මෙයාගේ හිතේ තියෙන පසුතැවිල්ල නැතිවෙලා

යනවා. විපිළිසරභාවය නැතිවෙලා යනවා. කලබලකාරී බව නැතිවෙලා යනවා. මේ සංසිඳීමත් එක්ක සිත සමාධිගත වෙනවා. එහෙම නම් ඔබට සීලානුස්සති භාවනාව තුළ බොහොම පහසුවෙන් සමාධියක් කරා යන්න පුළුවන්කම තියෙනවා. ඒ නිසා තම තමන්ගේ ගුණාත්මක ජීවිතය යළි යළි සිහිකරන්න පුළුවන්කම කෙනෙකුට ලැබෙන උතුම්ම ලාභයක්. ඔබ තුළ ඇති උතුම් ගුණාංග නිරන්තරයෙන්ම මනසිකාරයේ යෙදෙමින් භාවනාමය වශයෙන් දියුණුවක් කරා යන්න පුළුවන් වෙනවා.

- සීලානුස්සති භාවනාව -

මාගේ ස්වාමී වූ භාග්‍යවත් බුදුරජාණන් වහන්සේ සිල්වත් වන සේක. බුදුරජාණන් වහන්සේ කය සංවර කළ සේක. වචනය සංවර කළ සේක. පිරිසිදු ජීවිතයක් ගත කළ සේක. කයින් සිදුවන සියළුම අකුසල් අවබෝධයෙන් යුතුවම ප්‍රහාණය කළ සේක. වචනයෙන් සිදුවන සියලුම අකුසල් අවබෝධයෙන් යුතුවම ප්‍රහාණය කළ සේක. මිථ්‍යා ආජීවය බැහැර කොට සම්මා ආජීවයෙන් ජීවිතය ගත කළ සේක. සීලය පරිපූර්ණ කළ සේක.

මාගේ ස්වාමී වූ බුදුරජාණන් වහන්සේ පරිපූර්ණ සීලයෙන් යුතුව සියලු දෙව් මිනිසුන් හට මහා කරුණාවෙන් සීලය පිළිබඳව දේශනා කොට වදාළ සේක. බුදුරජාණන් වහන්සේ දේශනා කොට වදාළ ඒ උතුම් සීලය නිරතුරුවම මම ආරක්ෂා කරමි. සංසාර දුකින් මිදීම පිණිසම අවබෝධයෙන්ම තෙරුවන් සරණ ගිය මා සංසාර දුකින් මිදීම පිණිසම අවබෝධයෙන් යුතුවම සිල් පද ආරක්ෂා කරමි.

මම සංසාර දුකින් මිදීම පිණිසම සතුන් මැරීමෙන් වැළකීම නම් වූ සිල් පදය සමාදන් වූයෙමි. මම බලවත් වීරියෙන් යුතුව, බලවත් සිහි නුවණින් යුතුව, ඉතා ගෞරවයෙන් යුතුව මේ සිල්පද ආරක්ෂා කරමි. මම සියලු සතුන් කෙරෙහි මෙත් සිත පතුරවමි. ලොකු කුඩා කිසිම සතෙකුට දැන දැන කිසිම හිංසා පීඩාවක් නොකරමි. මේ සීලය ආරක්ෂා කිරීම නිසා මා තුළ භය තැතිගැනීමක් නැත. අන් සියලු සත්වයෝ ද බියෙන් හා තැතිගැනීමෙන් වළකින්නේ ය. සුව සේ ජීවත් වන්නේ ය. මම සතුන් මැරීමෙන් වැළකී අන් සියලු දෙනා ද සතුන් මැරීමෙන් වැළකීමෙහි සමාදන් කරවමි. එහි ගුණ කියමි. මම සතුන් මැරීමෙන් වැළකීම නිසා ද අන් අය සමාදන් කරවීමෙන් ද ගුණ ප්‍රකාශ කිරීමෙන් ද අප්‍රමාණ සතුටක් ලබමි. ඒ සතුට මාගේ චිත්ත සමාධිය පිණිස මට උපකාර වන්නේ ය.

මම සංසාර දුකින් මිදීම පිණිසම සොරකමින් වැළකීම නම් වූ සිල් පදය සමාදන් වූයෙමි. මම බලවත් වීරියෙන් යුතුව, බලවත් සිහි නුවණින් යුතුව ඉතා ගෞරවයෙන් යුතුව මේ සිල්පද ආරක්ෂා කරමි. මම කිසිම තැනකදී, කිසිම අයුරකින් අනුන් සතු දෙයක් සොර සිතින් නොගනිමි. ඉතා කුඩා වූ දෙයක් පවා සොර සිතින් ගැනීමෙන් වළකිමි. මා මෙන් ම අන් සියලු දෙනා ද තම තමන්ගේ ධනයට හා වස්තුවට ආශා කරති. මේ කිසිවෙකුගේ කිසිම දෙයක් සොර සිතින් හෝ වංචාවෙන් රවටා පැහැර නොගනිමි. මේ සීලය ආරක්ෂා කිරීම නිසා....

මම සංසාර දුකින් මිදීම පිණිසම වැරදි කාම සේවනයෙන් වැළකීම නම් වූ සිල් පදය සමාදන් වූයෙමි. මම බලවත් වීරියෙන් යුතුව, බලවත් සිහි නුවණින් යුතුව, ඉතා ගෞරවයෙන් යුතුව මෙම සිල් පද ආරක්ෂා කරමි.

මම කිසිම අයුරකින් මාගේ බිරිඳ ඉක්මවා (ස්වාමියා ඉක්මවා) වැරදි කාම සේවනයේ නොයෙදෙමි. මම මාගේ බිරිඳ කෙරෙහි (ස්වාමියා කෙරෙහි) ඉතා විශ්වාසවන්ත ලෙස කටයුතු කරමි. මාගේ දරුවන් කෙරෙහි ද ඉතා විශ්වාසවන්ත ලෙස කටයුතු කරමි. පිරිසිදු චරිතයක් ඇත්තෙක් වෙමි. මේ සීලය ආරක්ෂා කිරීම නිසා....

මම සංසාර දුකින් මිදීම පිණිසම බොරු කීමෙන් වැළකීම නම් වූ සිල් පදය සමාදන් වූයෙමි. මම බලවත් වීරියෙන් යුතුව, බලවත් සිහි නුවණින් යුතුව, ඉතා ගෞරවයෙන් යුතුව මේ සිල්පද ආරක්ෂා කරමි. මම කිසි තැනකදී, කිසිම අයුරකින් බොරුවෙන් අන් අය රැවටීම නොකරමි. බොරු කීමෙන් පීඩාවට පත් නොකරමි. සත්‍ය වූ වචනම කතා කරමි. සත්‍යයෙහි පිහිටා කතා කරමි. සියලු දෙනාට ඇසීමට ප්‍රිය වූ, මිහිරි වචනම කතා කරමි. මේ සීලය ආරක්ෂා කිරීම නිසා....

මම සංසාර දුකින් මිදීම පිණිසම මත්ද්‍රව්‍ය භාවිතයෙන් වැළකීම නම් වූ සිල් පදය සමාදන් වූයෙමි. මම බලවත් වීරියෙන් යුතුව, සිහි නුවණින් යුතුව, ඉතා ගෞරවයෙන් යුතුව මේ සිල්පද ආරක්ෂා කරමි. මම සිහි නුවණ නැති කර දමන්නා වූ, ප්‍රමාදයට හේතු වන්නා වූ කිසිම ආකාරයක මත්ද්‍රව්‍යයක් භාවිතා කිරීමෙන් වළකිමි. දුක පිණිස හෝ සතුට පිණිස හෝ මත්ද්‍රව්‍ය භාවිතා කිරීමෙන් වළකිමි. ධනය නැති කරන්නා වූ, ආරක්ෂාව නැති කරන්නා වූ, රෝග පීඩා ඇති කරන්නා වූ මත්ද්‍රව්‍ය භාවිතයෙන් මුළුමනින්ම වළකිමි. මේ සීලය ආරක්ෂා කිරීම නිසා....

බලවත් වීරියෙන් හා සිහි නුවණින් යුතුව, ඉතා ගෞරවයෙන් මා ආරක්ෂා කරන මේ (පංච) ශීලය මාගේ සතුට පිණිසම හේතු වන්නේ ය. මාගේ මෙලොව පරලොව

දියුණුව පිණිසම හේතු වන්නේ ය. සිහි නුවණ දියුණු වීම පිණිසම උපකාර වන්නේ ය. වීරිය පිණිසම උපකාර වන්නේ ය. සමාධිය දියුණු වීම පිණිසම උපකාර වන්නේ ය. චතුරාර්ය සත්‍යය අවබෝධය පිණිසම උපකාර වන්නේ ය. මාගේ මේ සීලය නිරතුරුවම ආරක්ෂා කර ගනිමි. මේ සීලානුස්සති භාවනාව සතුට පිණිසම, ප්‍රමෝදය පිණිසම, සමාධිය පිණිසම, චතුරාර්ය සත්‍යය අවබෝධ වීම පිණිසම උපකාර වේවා !

(අටසිල්, දසසිල් සඳහා ද සුදුසු අයුරින් සකස් කරගන්න.)

14.5. චාගානුස්සති භාවනාව

පරිත්‍යාගය දියුණු කරන්න...

දැන් ඔබ ඉගෙන ගන්නේ චාගානුස්සති භාවනාවයි. බුදුරජාණන් වහන්සේගේ ශ්‍රාවකයෙක් බුද්ධානුස්සති භාවනාව ඉක්මවා ගිහින්, ධම්මානුස්සති, සංඝානුස්සති භාවනාවල යෙදෙනවා වගේම, තමන්ගේ සීලාදී ගුණධර්ම රකිනවා වගේම, තමන්ගේ ජීවිතය තුළ දියුණු කරන්නට පුළුවන් දෙයක් තමයි පරිත්‍යාගය. මේ පරිත්‍යාගය දියුණු කරන්නට පුළුවන් ආකාරය තමයි චාගානුස්සතිය කියන්නේ.

ලෝභකම කියන්නේ සිතට කිලුටක්. ලෝභකම මුල්කරගෙන, ලෝභ හැඟීම් මුල්කරගෙන, ලෝභ සිතුවිලි මුල්කරගෙන, කෙනෙක් වචනයෙන් පව් කරනවා. කයින් පව් කරනවා. සිතින් පව් කරනවා. පරිත්‍යාගය කියන්නේ කුසලයක්. පිනක්. පරිත්‍යාගය මුල් කරගෙන කෙනෙක් වචනයෙන් පව් කරන්නෙ නෑ. පරිත්‍යාගය මුල් කරගෙන

කයින් පව් කරන්නෙ නෑ. පරිත්‍යාගය මුල් කරගෙන මනසින් පව් කරන්නෙ නෑ.

මසුරුකම ජීවිතයට කිලුටක්...

පරිත්‍යාග කරන්නට නම් තමන් මසුරු නැති කෙනෙක් වෙන්නට ඕනෙ. මසුරු නැතිකම කියන්නේ තමන්ගේ ජීවිතයට ලොකු සැනසිල්ලක්. ලොකු ලාභයක්. ලොකු යහපතක්. මසුරුකම කියල කියන්නේ තමන් සතු සම්පත් තවත් කෙනෙක් භුක්ති විඳිනවාට තියෙන අකමැත්ත. මෙන්න මේ මසුරුකම මුල්කරගෙන නපුරු ජීවිතයක්, නපුරු චරිතයක් නිර්මාණය වෙනවා. නමුත් පරිත්‍යාගය මුල් කරගෙන කවදාවත් දරුණු චරිතයක් නිර්මාණය වෙන්නෙ නෑ. පරිත්‍යාගය මුල් කරගෙන උදාර පිරිසක් බිහි වෙනවා.

එදිනෙදා ජීවිතයට පරිත්‍යාගය ...

මේ නිසා බුදුරජාණන් වහන්සේ පෙන්වා දෙන්නෙ මසුරු මළ අත්හැරල, පරිත්‍යාගය පිණිස දෑත් සෝදාගෙන ඉන්න කෙනෙක් බවට පත්වෙන්න කියල. අන්න ඒ විදිහට ඕනෑම කෙනෙකුට යම් දෙයක් පරිත්‍යාග කරන්නට පුළුවන් නම්, ඔබ තුළ තියෙනවා අඹ ගෙඩි දෙකක් ඒ අඹ ගෙඩි දෙකෙන් එකක් හොඳ අඹ ගෙඩියක් නම්, අනිත් එක තැලුණු අඹ ගෙඩියක් නම්, ඔබ තැලුණු අඹ ගෙඩිය අරගෙන අනිත් එක දානය පිණිස අනුන්ට පරිත්‍යාග කරනවා නම්, ඔබ තුළ පරිත්‍යාගය දියුණු වෙච්ච කෙනෙක්.

ඔබ ළඟට කවුරු හරි කෙනෙක් පැමිණුන වෙලාවක ඇඳුමක් ඉල්ලාගෙන, පාවිච්චි කරපු, ඉවත දාපු, කිලුටු ඇඳුමක් දෙන්න එපා. අලුත් ඇඳුමක් දෙන්න. සතුටු

වෙන ඇඳුමක් දෙන්න. තවත් කෙනෙක් දැක බලා ප්‍රීතියට පත්වෙන ඇඳුමක් දෙන්න. අන්න එතනදි දියුණු වෙන්නෙ ඔබගේ පරිත්‍යාගයයි. හොඳම දේ, යහපත්ම දේ, රසවත්ම දේ දෙන කෙනා යහපත් දේම ලබනවා. මේ නිසා තවත් කෙනෙකුට උපකාරයක් කිරීමේදී තමන්ට එපා දෙයක් අනුන්ට දෙන්න එපා. තමන් කැමති දෙයක් අනුන්ට දෙන්න. ඒක තමයි පරිත්‍යාගය කියන්නෙ.

පරිත්‍යාගය නිසා සිත සමාධිමත් වෙනවා...

මේ පරිත්‍යාගමය ගුණය බුදුරජාණන් වහන්සේගේ ශ්‍රාවකයෝ බොහෝ දියුණු කරල තියෙනවා. ඒ නිසා යමක් පරිත්‍යාග කිරීමේදී පුද්ගලයන්ගේ තරාතිරම සොයන්නට යන්න එපා. යමක් පරිත්‍යාග කිරීමේදී පුද්ගලයන්ගේ බාහිර දුර්වලකම් සොයන්නට යන්න එපා. යමක් පරිත්‍යාග කිරීමේදී පිරිසිදු සිතින් පරිත්‍යාග කරන්න. එබඳු ආකාරයේ දෙයක් තමන්ගේ සන්තානයේ ගොඩනැගෙන කොට ඒ පරිත්‍යාගය මුල් කරගෙන තමන්ට සැහැල්ලු සිතක් ලැබෙනවා. ඒ පරිත්‍යාග ගුණය සිහි කරන කොට තමන්ගේ සිතයි කයයි සැහැල්ලු වෙනවා. සිතයි කයයි සැහැල්ලු වෙන කොට ප්‍රීතියට පත්වෙනවා. ඒ ප්‍රීතිය නිසා සිත සමාධිමත් වෙනවා.

මේ නිසා චාගානුස්සති භාවනාව කියන්නේ බුදුරජාණන් වහන්සේගේ ශ්‍රාවකයින් ඉතාමත්ම මැනවින් දියුණු කරපු භාවනාවක්. ඒ පරිත්‍යාගය ඇති වන්නා වූ චාගානුස්සති භාවනාව ඔබේ දෛනික ජීවිතයට පුරුදු කරගන්න. ලෝභ කෙනෙක් වීම ජීවිතයට නරකක්, නපුරක්, කිලුටක්, අවාසනාවක්. පරිත්‍යාගයක් සහිත කෙනෙක් වීම, යමක් දෙන්න පුළුවන් කෙනෙක් වීම, ජීවිතයට ලාබයක්. ජීවිතයට ආශීර්වාදයක්, ජීවිතයට සැනසිල්ලක්.

ගුණධර්ම දියුණු කරන්න...

මේ නිසා මේ අපේ මනුෂ්‍ය ජීවිතය මේ සුලු කාලය තුළ දියුණු කරගැනීමේදී මේ කියන ගුණාත්මක චින්තනය තමන්ගේ ජීවිතය තුළ දියුණු කරගැනීමට මහන්සි ගත යුතුයි. ඒ නිසා ලෝභ නැති, කිලුටු නැති, ශාන්ත සිතක් ඔබට දියුණු කරගන්න පුළුවන් වෙනවා පරිත්‍යාගය දියුණු කිරීමෙන්. ඔබ තුළ යම් පරිත්‍යාග ගුණයක් දියුණු වෙනවාද, ඒ මොහොතේ පටන් ආධ්‍යාත්මිකව ගුණධර්ම දියුණු වෙනවා. ඒ බව ඔබ තුළින්ම දැකගන්නට පුළුවන් වෙනවා. ඒ නිසා ඒ උතුම් පරිත්‍යාගමය ගුණය දියුණු කරගෙන එය ධර්මාවබෝධය කරා යොමු කරගන්න.

- චාගානුස්සති භාවනාව -

මම අවබෝධයෙන් යුතුවම බුදුරජාණන් වහන්සේ සරණ ගියෙමි. උතුම් ශ්‍රී සද්ධර්මය සරණ ගියෙමි. ආර්ය මහා සංඝරත්නය සරණ ගියෙමි. අවබෝධයෙන් යුතුවම තෙරුවන් සරණ ගිය මා සංසාර දුකින් මිදීම පිණිසම අත්හැරීම (ත්‍යාගය) පුරුදු කරමි. මම දුක් මහන්සියෙන්, උත්සාහයෙන්, වීරියෙන්, ධාර්මිකව උපයාගත් ධනයෙන් සිල්වතුන්ට ගුණවතුන්ට නිතර දන් පැන් පුදමි.

දුක් මහන්සියෙන් මා උපයා ගත් ධනය අන් අය ප්‍රයෝජනයට ගැනීම දැක සතුටු වීම ඉතා අපහසු දෙයකි. මම ඉතා සතුටින් මගේ ධනය වියදම් කර සිල්වත් ගුණවත් උතුමන්ට දන් පැන් පුදමි. ඒ දැක මම ඉතා සතුටට පත් වෙමි.

සංසාර දුකින් මිදීමට වෙර දරණා සිල්වත් ගුණවත් උතුමෝ මගේ දන් පැන් වළඳා කාය ශක්තිය ඇති

කරගෙන, චිත්ත ශක්තිය ඇති කරගෙන සුව සේ සිත දියුණු කරනු දැක මම සතුටු වෙමි.

ඒ උතුමන් වහන්සේලා යම් තාක් දිනයක උතුම් මාර්ග-ඵලයන්ට පත්වේද ඒ පිණිස මමත් උපකාර කළ අයෙක් කියා සිතමින් මම සතුටු වෙමි.

බුදුරජාණන් වහන්සේගේ උතුම් පින්කෙත වශයෙන් හඳුන්වා ඇති සිල්වත් ගුණවත් උතුමන්ට මම නිතර දන් පැන් පුදා පින් රැස් කරමි. සතුටට පත් වෙමි.

මම මසුරු මළ දුරුකොට දන් පැන් පූජා කරන කෙනෙක් වෙමි. තුන් සිත පහදවා ගෙන දන් පැන් පූජා කර මම සතුටක් ලබමි.

මා සතු ඉතා වටිනා අගනාම දේ පූජා කර මම ඉතා සතුටට පත් වෙමි.

මම නිතර දන් දීම පිණිසම සූදානම් වූ කෙනෙක් වෙමි. මම නිතර දන් පැන් පූජා කිරීමෙහි ඇලුණ කෙනෙක් වශයෙන් කටයුතු කරමි.

මම පිරිසිදුවට පිළිවෙලට සකස් කර දන් පැන් පූජා කරමින් සතුටු වෙමි.

මම දන් පැන් ලබාගන්නා උතුමන්ට ගැලපෙන ආකාරයට හොඳින් විමසා බලා දන් පැන් පූජා කර සතුටු වෙමි.

මම දන් පැන් පූජා කිරීමෙන් මෙලොව සැප සම්පත් බලාපොරොත්තු නොවෙමි. මම දන් පැන් පූජා කිරීමෙන් ශරීර වර්ණය ඇති කර ගැනීම බලාපොරොත්තු නොවෙමි. ආයුෂ වැඩිකර ගැනීමට බලාපොරොත්තු නොවෙමි. අන් අයගේ කීර්ති ප්‍රශංසා බලාපොරොත්තු නොවෙමි. මම දන් පැන් පූජා කිරීමෙන් සමාජයේ උසස් තනතුරු

බලාපොරොත්තු නොවෙමි. පරලොව දිව්‍ය සම්පත් ද බලාපොරොත්තු නොවෙමි. මම චිත්තාලංකාරය පිණිසම දන් පැන් පූජා කරමි. මම සංසාර දුකින් නිදහස් වීම පිණිසම ප්‍රඥාව දියුණු කර ගැනීම පිණිස ම දන් පැන් පූජා කරමි.

ඒ සතුට මාගේ ප්‍රමෝදය පිණිස හේතු වේ. ඒ ප්‍රමෝදය නිසා මගේ සිත කය සැහැල්ලු වේ. එය මට සමාධිය පිණිසත් උතුම් ඥාණ දර්ශනය පිණිසත් උපකාරී වේ.

ආර්ය මාර්ගයේ පුරුදු පුහුණු වෙන කෙනා (සේඛ) අත්හැරීම බලයක් වශයෙන් දියුණු කළ යුතු බව මම දනිමි. මම ද සංසාර දුකින් නිදහස් වන උතුම් ආර්ය මාර්ග යේ පුරුදු පුහුණු වන කෙනෙකි. මම අත්හැරීම බලයක් වශයෙන් දියුණු කරමි. එය මට ආර්ය මාර්ගය දියුණු කර ගැනීම පිණිස ම උපකාර වේවා!

මම රාග, ද්වේෂ, මෝහ යන කෙලෙස් අත්හැරීම දියුණු කර ගනිමි. ත්‍යාගය නම් වූ සේඛ බලය දියුණු කොට අසේඛ නම් වූ උතුම් තත්වයට පත් වෙමි.

එය මට සතුටකි. ඒ සතුට මාගේ ප්‍රමෝදය පිණිස හේතු වේ. ඒ ප්‍රමෝදය නිසා මගේ සිත කය සැහැල්ලු වේ. එය මට සමාධිය පිණිසත් උතුම් ඥාණ දර්ශනය පිණිසත් උපකාරී වේ.

ආර්ය ශ්‍රාවකයාට ත්‍යාගය ධනයක් වශයෙන් බුදුරජාණන් වහන්සේ දේශනා කොට ඇත. මම මේ පුරුදු පුහුණු කරන අත්හැරීම (ත්‍යාගය) මට ආර්ය ධනයකි. මම ආර්ය ධනයකට හිමිකම් කියන ආර්ය ශ්‍රාවකයෙකු බව සිතමින් සතුටු වෙමි.

ආර්ය ධනයට හිමිකම් කියන කෙනා දිළින්දෙක් නොවන බව මම දනිමි. එබැවින් මා සතු කොපමණ ධනය හෝ වියදම් කර මම ත්‍යාගය පුරුදු පුහුණු කරමි. ඒ නිසා මම දිළින්දෙක් නොවෙමි. මම ආර්ය ධනයෙන් යුතු ආර්ය ශ්‍රාවකයෙක් වෙමි.

මම ශ්‍රේෂ්ඨ ආර්ය භාවය වන උතුම් අරහත්වය දක්වාම ත්‍යාගය පුරුදු කරමි. මම ආර්ය ධනය දියුණු කරමි.

එය මට සතුටකි. ඒ සතුට මාගේ ප්‍රමෝදය පිණිස හේතු වේ. ඒ ප්‍රමෝදය නිසා මගේ සිත කය සැහැල්ලු වේ. එය මට සමාධිය පිණිසත් උතුම් ඤාණ දර්ශනය පිණිසත් උපකාරී වේ.

අත්හැරීම (ත්‍යාගය) සම්පත්තියක් වශයෙන් මම දනිමි. ත්‍යාග සම්පත්තිය මම නිරතුරුවම පුරුදු කරමි. ත්‍යාග සම්පත්තිය මාගේ ජීවිතයට රැකවරණය සලසා දෙයි. ත්‍යාග සම්පත්තිය ජීවිතයට ආරක්ෂාව ලබා දෙයි. ත්‍යාගය විපත්තියක් නොව සම්පත්තියක්ම ලෙස සලකා මම දියුණු කරමි.

ආරක්ෂාව, රැකවරණය ලබා දෙන ත්‍යාගය මට මහා සම්පත්තියකි. මම විවිධ අයුරින් අත්හැරීම දියුණු කර ත්‍යාග සම්පත්තිය දියුණු කරමි. මාගේ අත්හැරීම සම්පත්තියක් වශයෙන් සිහිකරන මා හට සතුටක් ඇති වේ.

ඒ සතුට මාගේ ප්‍රමෝදය පිණිස හේතු වේ. ඒ ප්‍රමෝදය නිසා මගේ සිත කය සැහැල්ලු වේ. එය මට සමාධිය පිණිසත් උතුම් ඤාණ දර්ශනය පිණිසත් උපකාරී වේ.

14.6. දේවතානුස්සති භාවනාව

දැන් ඔබ ඉගෙන ගන්නේ අලුත් දෙයක්. අලුත්ම භාවනාවක්. මීට පෙර ඔබ පුරුදු කරල නැතිව ඇති. මේ භාවනාවට කියන්නේ දේවතානුස්සති භාවනාව කියලා. දෙවියන්ට ධර්මය කියා දීලා දෙවියන්වත් ධර්මය කරා පමුණුවන්නෙ බුදුරජාණන් වහන්සේ නමක් විසින්. බුදුරජාණන් වහන්සේලා ශ්‍රී සද්ධර්මය පවසන්නෙ මිනිසුන්ට පමණක් නෙවෙයි. දෙවියනුත් ඒ ධර්මය ශ්‍රවණය කරනවා. මේ ලෝකයේ සත්ව වර්ගයා අතර දිව්‍ය ලෝක විශාල සංඛ්‍යාවක් තියෙනවා. මේ දිව්‍ය ලෝකවල නම් පවා බුදුරජාණන් වහන්සේ පෙන්වා වදාළා. ඒ දිව්‍ය ලෝක තමයි චාතුම්මහාරාජික, යාම, තුසිත, නිම්මාණරතී, පරනිම්මිත වසත්තී දිව්‍ය ලෝක. ඒ වගේම බ්‍රහ්ම ලෝක වල සිටින බ්‍රහ්මයින් ආදී පිරිස. මේ දෙවි බඹුන්ට එහි ගුණ පුරුදු කරගන්නට පුළුවන් වුණේ, මිනිස් ලෝකයේදී කරුණු පහක් දියුණු කරල. ශ්‍රද්ධා, සීල, සුත, චාග, පඤ්ඤා.

සේඛ බල ඇති කරගන්න...

ශ්‍රද්ධාව කියන්නෙ තෙරුවන් සරණ ගිහින් බුදුරජාණන් වහන්සේ කෙරෙහි ශ්‍රද්ධාව පිහිටුවා ගැනීම. සීලය කියන්නේ කායික වාචසික සංවරකම. සුත කියන්නේ ධර්ම ඥාණය. චාගය කියන්නේ පරිත්‍යාගමය ගුණය. පඤ්ඤා කියල කියන්නේ චතුරාර්ය සත්‍යය ධර්මය පිළිබඳව තමන්ගේ තියෙන අවබෝධය. මේවට කියන්නේ සේඛ බල.

මෙන්න මේ සේඛ බල දියුණු කරපු බුදුරජාණන් වහන්සේගේ ශ්‍රාවක පිරිස මිනිස් ලෝකය අත්හැරල,

මරණයට පත්වුණාට පස්සේ දිව්‍ය ලෝකවල ඉපදුණා. ඒ දිව්‍ය ලෝක තමයි කලින් කිව්ව තාවතිංස, යාම ආදී දිව්‍ය ලෝක.

දේවතානුස්සතිය වඩන්නේ මෙහෙමයි....

ශ්‍රාවකයෝ හිතන්නේ මෙන්න මේ විදිහටයි. අපගේ ශාස්තෘන් වහන්සේ දිව්‍ය ලෝක ගැන දේශනා කොට වදාළා. ඒ දිව්‍ය ලෝක තමයි චාතුම්මහාරාජික, යාම, තුසිත, නිම්මාණරතී, පරනිම්මිත වසත්තී දිව්‍ය ලෝක. ඒ දිව්‍ය ලෝකවල සිටින දෙවිවරුන් තුළ ශ්‍රද්ධා, සීල, සුත, චාග, පඤ්ඤා කියන මේ ගුණ ධර්ම තියෙනවා. දෙවියන්ට ඒ ගුණ ධර්ම ලැබුණේ මිනිස් ලෝකයේ දී මිනිසුන් වශයෙන් ජීවත් වෙච්ච කාලෙ ඒ ගුණ ධර්ම දියුණු කරපු නිසා. ඒ නිසා දෙවියන් තුළ ශ්‍රද්ධා, සීල, සුත, චාග, පඤ්ඤා කියන ගුණධර්ම තියෙනවා නම්, ඒ දෙවියන් තුළ තියෙන ගුණධර්ම මා තුළත් තියෙනවා. මා තුළත් ශ්‍රද්ධා, සීල, සුත, චාග, පඤ්ඤා තියෙනවා. මා තුළ යම් ආකාරයකට ශ්‍රද්ධා, සීල, සුත, චාග, පඤ්ඤා කියන ගුණධර්ම තියෙනවා ද, මේ ගුණ ධර්ම දෙවියන් තුළත් තියෙනවා.

මෙන්න මේ විදිහට පින්වතුනි, දෙවියන් තුළ ඇති ගුණධර්ම යමක් ඇද්ද, ඒ ගුණ ධර්ම තමා තුළත් තියෙනවා කියල සිහි කරන්න තමාට පුළුවන්. තමා තුළ යම් ගුණධර්ම ඇත්ද, ඒවා දෙවියන් තුළත් තියෙනවා කියල සිහිකරන්නට පුළුවන්. අන්න ඒ ආකාරයට දිව්‍යත්වය තමා තුළත්, තමා තුළ ඇති දිව්‍යත්වය දෙවියන් තුළත් දැකීමේ හැකියාව තමයි දේවතානුස්සති භාවනාව කියල කියන්නේ.

දෙව්ලොව ධර්මය දියුණු කරන්න බැරිද?

මේක බුදුරජාණන් වහන්සේගේ කාලෙ ශ්‍රාවකයෝ

දියුණු කළා, පුරුදු කළා. බොහෝ දෙනෙකුගෙ අදහසක් තියෙනවා දිව්‍ය ලෝකවල ධර්මය දියුණු කරන්නට බෑ. දිව්‍ය ලෝකවල පින් කරන්නට බෑ කියල. මේක සම්පූර්ණයෙන්ම අසත්‍ය කථාවක්. බුදුරජාණන් වහන්සේගේ බොහෝ ශ්‍රාවක පිරිස් දිව්‍ය ලෝකවල උපන්නා. මේ නිසා දිව්‍ය ලෝකවල තියෙන දිව්‍යත්වය ඔබේ ජීවිතය තුළ ඇතිකරගන්න පුළුවන්. හොඳම ක්‍රමය තමයි මේකට මේ දේවතානුස්සති භාවනාව දියුණු කරන එක.

දේවතානුස්සති භාවනාව පුරුදු කිරීමේදී මිනිස් ලොව තියෙන මානුෂික සැප ගැන උපේක්ෂාවට පත්වෙනවා. උපේක්ෂාවට පත්වෙලා දිව්‍ය ලෝකයේ හිත පිහිටනවා. මේ නිසා ඒ කෙනාට පුළුවන් මිනිස් ජීවිතය අත්හරින කොට, නිදා සිට අවදිවුණාක් මෙන් දිව්‍ය ලෝකයේ ඉපදිලා, මේ ශ්‍රද්ධා, සීල, සුත, චාග, පඤ්ඤා කියන ගුණධර්ම දියුණු කරල, සීල, සමාධි, ප්‍රඥා කියන ගුණ ධර්ම දියුණු කරල, ආර්ය මාර්ගය තුළ නිවන කරා යන්න. ඒකට උපකාර වන දෙයක් තමයි දේවතානුස්සති භාවනාව.

- දේවතානුස්සති භාවනාව -

සද්ධා, සීල, සුත, චාග, පඤ්ඤා යන සේඛ බලයන් ගෙන් සමන්විතව මනුලොවදී ධර්මයේ හැසිරී චාතුම්මහාරාජික ආදී දෙව් ලොව ඉපිද සිටින පින්වත් දෙව්වරුන් ඇති බවත්, ඒ සේඛ බල තමා තුළ ද ඇති බවත්, නුවණින් සිහි කිරීම දේවතානුස්සතියයි.

- චාතුම්මහාරාජික නම් වූ, දිව්‍ය ලෝකයෙහි, වසන්නා වූ පින්වත් දෙවියෝ, මේ මනුලොව සිටින කාලයේදී,

බුදුරජාණන් වහන්සේ පිළිබඳවද, ශ්‍රී සද්ධර්මය පිළිබඳවද, ආර්ය මහා සංඝරත්නය පිළිබඳවද, අවබෝධයෙන් යුතුවම, පැහැදීමෙන් යුතු වූවේය. ඒ සද්ධාව නිසා, මනුලොවින් චුත වී, ඒ දෙව්ලොව උපත ලද්දේ ය. ඒ ආකාර වූ, අවබෝධයෙන් යුතු පැහැදීමක් මා තුළ ද ඇත්තේ ය. ඒ ලැබීම මාගේ ජීවිතයට මහා ලාභයකි. මහා පිළිසරණකි. මහා රැකවරණයකි. මහා ආලෝකයකි.

- චාතුම්මහාරාජික නම් වූ, දිව්‍ය ලෝකයෙහි, වසන්නා වූ පින්වත් දෙවියෝ, මේ මනුලොව සිටින කාලයේදී, සත්ව ඝාතනයෙන් වැළකුණෝ ය. සොරකමින් වැළකුණෝ ය, වැරදි කාම සේවනයෙන් වැළකුණෝ ය, බොරු කීමෙන් වැළකුණෝ ය, මත් ද්‍රව්‍ය භාවිතයෙන් වැළකුණෝ ය. නිති පන්සිල් ද, පොහොය අටසිල් ද, ආරක්ෂා කළෝ ය. ඒ සීලය නිසා, මනුලොවින් චුත වී, ඒ දෙව්ලොව උපත ලද්දේ ය. මම ද නිති පන්සිල් ද, පොහොය අටසිල් ද රකිමි. මේ සීලය මාගේ ජීවිතයට මහා ලාභයකි. මහා පිළිසරණකි. මහා රැකවරණයකි. මහා ආලෝකයකි.

- චාතුම්මහාරාජික නම් වූ, දිව්‍ය ලෝකයෙහි, වසන්නා වූ පින්වත් දෙවියෝ, මේ මනුලොව සිටින කාලයේ දී, මුල යහපත් වූ, මැද යහපත් වූ, කෙලවර යහපත් වූ, උතුම් ශ්‍රී සද්ධර්මය, මනා කොට ඇසීමෙන්, මනා කොට දැරීමෙන්, නුවණින් මෙනෙහි කිරීමෙන්, සුත නම් වූ සේඛ බලය, දියුණු කරගත්තේ ය. ඒ සුත බලය නිසා, මනුලොවින් චුත වී, ඒ දෙව්ලොව උපත ලද්දේ ය. මම ද, උතුම් ශ්‍රී සද්ධර්මය මනා කොට ඇසීමෙන්, මනා කොට දැරීමෙන්, නුවණින් මෙනෙහි

කිරීමෙන්, සුත බලය දියුණු කර ගනිමි. එය මට මහා ලාභයකි. මහා පිළිසරණකි. මහා රැකවරණයකි. මහා ආලෝකයකි.

- චාතුම්මහාරාජික නම් වූ, දිව්‍ය ලෝකයෙහි, වසන්නා වූ පින්වත් දෙවියෝ, මේ මනුලොව සිටින කාලයේ දී, මසුරුමළ දුරු කොට, කර්ම කර්ම ඵල අදහා, ඉතා සතුටින් යුතුව, තෙරුවන් උදෙසා, දන් පැන් පූජා කළෝ ය. ඒ චාග බලය නිසා, මනුලොවින් චුත වී, ඒ දෙව්ලොව උපත ලද්දෝ ය. මම ද, මසුරු මළ දුරුකොට, පින් පව් අදහාගෙන, උතුම් තෙරුවන උදෙසා, නිති දන් පැන් දෙන්නෙමි. ඒ චාග බලය මාගේ ජීවිතයට මහා ලාභයකි. මහා පිළිසරණකි. මහා රැකවරණයකි. මහා ආලෝකයකි.

- චාතුම්මහාරාජික නම් වූ, දිව්‍ය ලෝකයෙහි, වසන්නා වූ පින්වත් දෙවියෝ, මේ මනුලොව සිටින කාලයේ දී, අනිත්‍යය, දුක්ඛ, අනාත්ම යන, තිලකුණු පිළිබඳව ද, මේ ශරීරයේ හට ගැනීම පිළිබඳව ද, නැතිවීම පිළිබඳව ද, අවබෝධයෙන් සිටියෝ ය. ඒ ප්‍රඥා බලය නිසා, මනුලොවින් චුත වී, ඒ දෙව්ලොව උපත ලද්දෝ ය. මම ද, ස්කන්ධ, ධාතු, ආයතන වශයෙන්, මේ ශරීරයේ හටගැනීම පිළිබඳව ද, නැතිවීම පිළිබඳව ද, අවබෝධයෙන් යුතුව, කාලය ගෙවමි. ඒ ලැබීම මාගේ ජීවිතයට මහා ලාභයකි. මහා පිළිසරණකි. මහා රැකවරණයකි. මහා ආලෝකයකි.

- තාවතිංස නම් වූ,....

- යාම නම් වූ,....

- තුසිත නම් වූ,....

- නිම්මාණරතී නම් වූ,....
- පරනිම්මිත වසවත්ති නම් වූ,....
- මේ සියලු දෙවියෝ, මේ මනුලොව දී, සේඛ බලයන් දියුණු කොට, ඒ දෙව්ලොව උපත ලද්දෝ ය, මම ද මේ සේඛ බලයන්ගෙන්, සමන්විත වෙමි. එය මට මහා ලාභයකි, මහා රැකවරණයකි, මහා පිළිසරණකි, මහා ආලෝකයකි.

නමෝ තස්ස භගවතෝ අරහතෝ සම්මාසම්බුද්ධස්ස
ඒ භාග්‍යවත් අරහත් සම්මා සම්බුදුරජාණන් වහන්සේට නමස්කාර වේවා!

15. මරණානුස්සති භාවනාව

15.1. මරණානුස්සති භාවනාව

අප්‍රමාදී බව කියන එකම වදන තුළට...

මේ ලෝකයේ හැසිරෙන දෙපා, සිවුපා, බහුපා සියළුම සත්වයන්ගේ පියවර සටහන් ඇතාගේ පියවර සටහන තුළට ඇතුළත් කළ හැකිය. එමෙන්ම යම්තාක් කුසල් දහම් ඇද්ද, ඒ සියල්ලම අප්‍රමාදී බව කියන එකම එක කරුණ තුළට ඇතුළු කළ හැකි බව භාග්‍යවත් බුදුරජාණන් වහන්සේ දේශනා කොට වදාළ සේක.

පිනට භය වෙන්න එපා !

අප්‍රමාදී බව ජීවිතයට රැකවරණ සලසා දෙයි. සැප සතුට උදා කර දෙයි. අපි සියලු දෙනාම කරුණු දෙකක්

මුල් කර ගෙන අප්‍රමාදී විය යුතුය. එකක් නම් ජීවිතයට
පින් දහම් එකතු කරගැනීම පිණිස අප්‍රමාදී විය යුතුය.
භාග්‍යවතුන් වහන්සේ දේශනා කොට වදාළේ පිනට හය
වෙන්න එපා කියලයි. (මා භික්ඛවේ පුඤ්ඤානං භායිත්ථ)
නිරතුරුවම කුසල් දහම් වඩන්න. (කත්තබ්බං කුසලං බහුං)
මේ ජීවිතය තුළ අපි රැස් කරගන්නා කුසල් දහම් අපගේ
සංසාරික ජීවිතය සැපවත් කරයි. මේ ජීවිතයේ යහපත්
මනුෂ්‍ය ජීවිතයක් ලැබීමට හේතුව අනිකක් නොව සසරදී
කරන ලද පින් දහම් ය. දිව්‍ය මනුෂ්‍ය ආදී සුගති ලෝක
වල උපත ලබන්නේ පින නිසාමය. ධර්මාවබෝධයට සුදුසු
පරිසරයක් සකස් කර දෙන්නේ ද පින් නිසාමය.

එදිනෙදා ජීවිතයට අප්‍රමාදය...

අප අප්‍රමාදී විය යුතු දෙවන කරුණ නම් මේ
සංසාර දුකින් නිදහස් වීමයි. භාග්‍යවතුන් වහන්සේ දේශනා
කොට වදාළේ අසුරු සැණක් ගසන තරම් කාලයක් වත්
භවය වර්ණනා නොකරන බවයි. ඒ නිසා ඉතා ඉක්මනින්
මේ සංසාර දුකින් නිදහස් වීමට අප වීරිය කළ යුතුය.
එදිනෙදා ජීවිතයේ ඇති බොහෝ වැඩ කටයුතු නිසා අපි
ධර්මයේ හැසිරීම පසුවට කල් තබමු. බොහෝ විට අපි
සිතන්නේ රැකියාවක් ලබාගැනීම, ගෙයක් දොරක් හදා
ගැනීම, දරුවන්ට ඉගැන්වීම ආදිය අපට තිබෙන ප්‍රධාන
ගැටළු, ප්‍රශ්න විදිහට යි. නමුත් වයසට යාම, ලෙඩ වීම,
මරණයට පත්වීම යන කරුණු අපි සෑම දෙනාටම උරුම
වී ඇති ඉතාම බරපතල ප්‍රශ්න බව හඳුනාගැනීමට තරම්
අපි ඒ ගැන සිතීමට පෙළඹී නැත. ගෙදර දොර කටයුතු
වලින් නිදහස් වෙලා ජීවිතයේ අවසාන කාලයේ ධර්මයේ
හැසිරීමට බොහෝ දෙනෙකු සිතා සිටිති. එයට හේතුව
නම් ඕනෑම මොහොතක අපට මරණයට මුහුණ දීම සිදු

වේ යැයි නොසිතීම ය. මේ නිසා ප්‍රමාදී පුද්ගලයාට අප්‍රමාදී බව පිණිස නිතරම මරණසති භාවනාව පුරුදු කළ යුතු යැයි බුදු සමිඳාණෝ දේශනා කොට වදාළහ. ඉහලට ගත් ආශ්වාස වාතය පහළට හෙළන තරම් කාලයක් වත් අපට ජීවත් වීමට හැකි වේ දැයි කිසිවෙකුට කිව නොහැක. මේ ජීවිතය ඒ තරමටම අස්ථිර වූ දෙයකි.

එනමුත් බොහෝ විට අපි කරන්නේ අනාගතයේ සිදු කරන්නට බලාපොරොත්තු වන දේවල් පිළිබඳව සැලසුම් කරමින් ඒවටම වෙහෙස වීමයි. බොහෝ විට ඒ සැලසුම් සිත ඇතුලේ තබාගෙනම මිය යන්නට සිදු වේ. මරණසති භාවනාව පුරුදු කරන කෙනා ඉතා ඉක්මනින් මේ සංසාර දුකින් නිදහස් වීම පිණිස වීරිය කරයි. නිරතුරුවම සමථ විදර්ශනා දියුණු කිරීමට උත්සාහ කරයි. ඒ නිසා ධර්මාවබෝධ කිරීම පසුවට කල් තබා ප්‍රමාදී වන අය අප්‍රමාදී බව ඇති කරගැනීම පිණිස නිතර නිතර මරණසතිය වැඩීම පුරුදු කරගත යුතුය.

- මරණානුස්සති භාවනාව -

ඉපදුණා වූ සියලුම සත්වයෝ මරණයට පත්වන්නේය. දෙව්ලොවෙහි දෙවියන් ද, බඹලොවෙහි බ්‍රහ්මයන් ද, සතර අපා වැසි සත්වයන් ද, සියලු මනුෂ්‍යයන් ද මරණයට පත් වන්නේ ය. ඉපදුණා වූ කිසිම සත්වයෙකුට මරණයෙන් ගැලවිය නොහැක. සියලු දෙනාම මරණයට මුහුණ දිය යුතුය. කුමන මොහොතක කුමන කරුණකින් කෙසේ මරණය සිදුවේදැයි කිසිවෙකුට කිව නොහැක.

මවු කුස තුළදී ද, මවු කුසින් බිහිවන මොහොතේ දී ද, ළදරු කාලයේදී ද, ළමා කාලයේදී ද, තරුණ කාලයේ

දී ද, මැදි වයසේදී ද, මහළු වයසේදී ද, ඕනෑම කෙනෙකු මරණයට පත්විය හැකිය. ඉපදුණා වූ කෙනෙකු මේ කාලයේදී මේ අයුරින් මරණයට පත් වේ යැයි කිසිවෙකුට කිව නොහැක. මරණයට පත්වීම කෙරෙහි වයස් භේදයක් නැත.

ධනවත් පුද්ගලයෝ ද, දුප්පත් පුද්ගලයෝ ද, උගත් පුද්ගලයෝ ද, නූගත් පුද්ගලයෝ ද, බලවත් පුද්ගලයෝ ද, දුබල පුද්ගලයෝ ද, කුලවත් පුද්ගලයෝ ද, කුලහීන පුද්ගලයෝ ද, ගුණවත් පුද්ගලයෝ ද, ගුණහීන පුද්ගලයෝ ද, රූපවත් පුද්ගලයෝ ද, විරූපී පුදගලයෝ ද, දක්ෂ පුද්ගලයෝ ද, අදක්ෂ පුද්ගලයෝ ද මරණයට පත්වන්නේ ය. මරණයට පත් වීම කෙරෙහි පුද්ගල භේදයක් නැත.

උදෑසන කාලයේ දී ද, දහවල් කාලයේ දී ද, සැන්දෑ කාලයේ දී ද, රාත්‍රී කාලයේ දී ද, ඕනෑම පිරිමියෙකු හෝ ඕනෑම ස්ත්‍රියක හෝ මරණයට පත් විය හැකිය. මරණයට පත්වීම කෙරෙහි කාල භේදයක් නැත.

දියෙහි ගිලීමෙන් ද, ගින්නට හසු වීමෙන් ද, වස විෂ ශරීර ගත වීමෙන් ද, මරණය සිදුවිය හැකිය. ලෙඩ රෝග නිසා ද, භූමි කම්පා - ජල ගැලීම් ආදී ස්වාභාවික විපත් නිසා ද, හදිසි අනතුරු නිසා ද, විෂ සතුන් දෂ්ඨ කිරීමෙන් ද, අමනුෂ්‍යයන් නිසා ද, වෙනත් අයෙකුගේ උපක්‍රමයක් නිසා ද, ආයුෂ ගෙවී යාමෙන් ද, ආහාර හිරවීමෙන් ද, ජලය හිරවීමෙන්, හුස්ම හිරවීමෙන් ද, පය පැටලී වැටීමෙන් ද මරණයට සිදුවිය හැකිය. මරණයට පත්වීම කෙරෙහි අවස්ථා භේදයක් නැත.

සියලු කෙලෙසුන් නැසූ, බුදුරජාණන් වහන්සේලා ද, පසේ බුදුරජාණන් වහන්සේලා ද, මහ රහතන් උතුමන්

වහන්සේලා ද පිරිනිවන් පා වදාළ සේක. මග ඵල ලාභී උතුමෝ ද මරණයට පත්වූහ.

රෑ දවල් ගෙවී යන්නේ පුද්ගලයෙකුගේ ජීවිතය මරණය කරා ගෙන යමින් ය. ඉහළට ගත් ආශ්වාස වාතය, පහළට හෙලන කාලය තරම් ඉතා සුලු කාලයක් වත් ජීවත් වීමට හැකි වේ දැයි කිසිවෙකුට කිව නොහැකිය. ඒ අයුරින් ඉතා සුළු කාලයකදී පවා ඕනෑම අයෙකු මරණයට පත් විය හැකිය. ඉපදුණු සියලු සත්වයන්ට, මරණය උරුම වූ දෙයකි. ජීවත් වන කාලය තුළ කුසල් දහම් දියුණු කළ යුතුය. සමථ විදර්ශනා වැඩිය යුතුය. සංසාර දුකින් මිදීම පිණිසම වෙර වීරිය කළ යුතුය. හිස ගිනිගත් අයෙකු ඒ ගින්න නිවීමට යම් සේ උත්සාහ කරන්නේ ද, වීරිය කරන්නේ ද, ඒ අයුරින්ම සංසාර දුකින් මිදීම පිණිසම නිතර වීරිය කළ යුතුය. අප්‍රමාදී විය යුතුය.

නමෝ තස්ස භගවතෝ අරහතෝ සම්මාසම්බුද්ධස්ස
ඒ භාග්‍යවත් අරහත් සම්මා සම්බුදුරජාණන් වහන්සේට නමස්කාර වේවා!

16. සතර බ්‍රහ්ම විහරණ

16.1. මෛත්‍රී භාවනාව

මෙත් සිත වඩන හැටි....

මෛත්‍රිය කියල කියන්නේ තමාටත්, අන් අයටත් හදවතින්ම පවත්වන මිත්‍රත්වයයි. තමා තමාට මිත්‍ර නම් තමා විසින් තමන්ගේ ජීවිතයට හානියක්. කරදරයක් කර ගන්නෙ නැහැ. තමා අනුන්ට මිත්‍ර නම් අනුන්ගේ ජීවිතයට කරදරයක් කරන්නෙ නැහැ. මේ නිසා තමාටත්, අනුන්ටත් යහපත සළසන මිත්‍රත්වයට මෛත්‍රිය කියනවා.

මෛත්‍රී භාවනාව වඩන ආකාර දෙකක් මජ්ඣිම නිකායේ අනුරුද්ධ සූත්‍රයේ සඳහන් වෙනවා. අනුරුද්ධ මහ රහතන් වහන්සේ මෛත්‍රී භාවනාව වඩන ක්‍රම දෙක පිළිබඳව පැහැදිලි කරල දීල තියෙනවා. ඒ තමයි අප්පමාණ චේතෝ විමුක්තියත්, මහග්ගත චේතෝ විමුක්තියත්.

අප්පමාණ චේතෝ විමුක්තිය වඩන හැටි....

අප්පමාණ චේතෝ විමුක්තිය කියන්නේ ප්‍රමාණ රහිත කොට දිශා වශයෙන් මෛත්‍රී සිත පැතිරවීමයි. ඒ කියන්නේ දිශා වශයෙන් වෙන් කරගෙන දස දිසාවටම මෛත්‍රිය වැඩීමයි. අප්‍රමාණ ක්‍රමයට මෛත්‍රී භාවනාව කරන්නට කැමති කෙනෙකුට මේ භාවනා වාක්‍ය කටපාඩම් කරගෙන මෛත්‍රී භාවනාව වඩන්න පුළුවන්.

1. උතුරු දිශාවේ සිටින සියලු සත්වයෝ වෛර නැත්තෝ වෙත්වා... තරහා නැත්තෝ වෙත්වා... ඉරිසියා නැත්තෝ වෙත්වා... දුක් පීඩා නැත්තෝ වෙත්වා... සුව සේ ජීවත් වෙත්වා... ශාන්ත සුවයට පත්වෙත්වා.
2. උතුරු අනු දිශාවේ සිටින සියලු සත්වයෝ....
3. නැගෙනහිර දිශාවේ සිටින සියලු සත්වයෝ ...
4. නැගෙනහිර අනු දිශාවේ සිටින සියලු සත්වයෝ...
5. දකුණු දිශාවේ සිටින සියලු සත්වයෝ...
6. දකුණු අනු දිශාවේ සිටින සියලු සත්වයෝ ...
7. බටහිර දිශාවේ සිටින සියලු සත්වයෝ ...
8. බටහිර අනු දිශාවේ සිටින සියලු සත්වයෝ ...
9. උඩ දිශාවේ සිටින සියලු සත්වයෝ ...
10. යට දිශාවේ සිටින සියලු සත්වයෝ ...

මහග්ගත චේතෝ විමුක්තිය වඩන හැටි....

මහග්ගත චේතෝ විමුක්තිය කියන්නේ ටිකෙන් ටික මෛත්‍රිය වඩන ප්‍රදේශය පුළුල් කරමින් මෛත්‍රිය

වැඩීම යි. ඒ කියන්නේ පළමුවෙන් ම තමන්ට මෛත්‍රිය වඩනවා, ඊළඟට ගමේ අයට, පළාතේ අයට, තමන් ජීවත් වෙන රටේ අයට මෛත්‍රිය වඩනවා. මෙන්න මේ ක්‍රමයට මෛත්‍රී භාවනාව වඩන්න කැමති කෙනෙකුට මේ භාවනා වාක්‍ය ටික කටපාඩම් කරගෙන මහග්ගත ක්‍රමයට මෛත්‍රිය වඩන්න පුළුවන්.

1. මම වෛර නැත්තෙක් වෙම්වා.... තරහ නැත්තෙක් වෙම්වා... ඉරිසියා නැත්තෙක් වෙම්වා... දුක් පීඩා නැත්තෙක් වෙම්වා..... සුව සේ ජීවත් වෙම්වා..... ශාන්ත සුවයට පත්වෙම්වා.....
2. මා මෙන්ම මේ ගමේ සිටින සියලු සත්වයෝ ...
3. මා මෙන්ම මේ නගරයේ සිටින සියලු සත්වයෝ ..
4. මා මෙන්ම මේ පළාතේ සිටින සියලු සත්වයෝ ...
5. මා මෙන්ම මේ රටේ සිටින සියලු සත්වයෝ ...
6. මා මෙන්ම මේ ලෝකයේ සිටින සියලු සත්වයෝ
7. මා මෙන්ම මේ සියලු සත්වයෝම ...

මෛත්‍රී ධ්‍යාන දක්වා....

ඇත්තෙන්ම මෛත්‍රී භාවනාවෙන් ධ්‍යාන දක්වාම හිත දියුණු කරන්න පුළුවන්. මෛත්‍රී භාවනාව තුළින් ධ්‍යානයක් ඇති කරගන්න නම් බුදු රජාණන් වහන්සේ දේශනා කරල තියෙන ආකාරයටම භාවනා කළ යුතුයි. මේ ක්‍රමයට මෛත්‍රී භාවනාව වඩන කොට පංච නීවරණ යටපත් වෙලා මෛත්‍රී අරමුණ තුළම හිත එකඟ වෙනවා. ඒ එකඟ වූ සිතින් යුතුව තවදුරටත් මෛත්‍රී භාවනාව වඩන කොට විතක්ක, විචාර, නිරාමිස ප්‍රීතිය සැපය හා

ඒකාග්‍රතාවය ඇති පළමු වෙනි ධ්‍යානය ලැබෙනවා. එයාට පුළුවන් තවදුරටත් මෛත්‍රී භාවනාව දියුණු කරලා දෙවෙනි, තුන්වෙනි කියන ධ්‍යාන ලබන්න.

මෛත්‍රී භාවනාවේ ආනිසංශ

අංගුත්තර නිකායේ මෙත්තානිංස සූත්‍රයේදී මෛත්‍රී භවනාව කරන කෙනෙකුට ලැබෙන ආනිසංස ඉතාම පැහැදිලිව පෙන්වා දීලා තියෙනවා. ඒ තමයි මෛත්‍රී භාවනාව වඩන පුද්ගලයා.

1. සැප සේ නිදාගන්නවා.
2. සැප දේ අවදිවෙනවා.
3. නිදා සිටින විට නපුරු හීන දකින්නෙ නෑ.
4. මිනිසුන්ට ප්‍රිය වෙනවා.
5. අමනුෂ්‍යයින්ට ප්‍රිය වෙනවා.
6. දෙවිවරු ඔහුව ආරක්ෂා කරනවා.
7. වස විෂ, අවි ආයුධ වලින් විපත් සිදුවෙන්නෙ නැහැ.
8. සමාධිය ඉක්මනින්ම ඇති කරගන්න පුළුවන්.
9. ශරීර වර්ණය පැහැපත් වෙනවා.
10. සිහි මුළා නොවී මරණයට පත්වෙනවා.
11. මේ ජීවිතයේ අරහත්වයට පත්වුණේ නැත්නම් බ්‍රහ්ම ලෝකයේ උපදිනවා.

16.2. මුදිතා භාවනාව

අරතිය නැති කරගන්න මුදිතාව වඩන්න...

මෛත්‍රිය, කරුණාව, මුදිතාව, උපේක්ෂාව "සතර බ්‍රහ්ම විහරණ" කියල හඳුන්වනවා. මහා බ්‍රහ්මයා මේ කරුණු හතරෙන් යුක්තව වාසය කරන නිසයි එහෙම කියන්නෙ. මනුෂ්‍යයන් වශයෙන් අපත් නිතර මේ කරුණු හතර අපේ ජීවිතයේ දියුණු කරනව නම් අපටත් මරණින් පස්සෙ බ්‍රහ්ම ලෝකයක උපත ලබන්නට පුළුවනි.

අන් අයගේ දියුණුව දැක ඒ කෙරෙහි ඇති කර ගන්නා සතුට මුදිතාවයි. කෙනෙක් මේ ජීවිතයට තුළ ධාර්මිකව ධනය රැස්කර ගෙන ඉඩකඩම් ගෙවල් දොරවල් හදාගෙන දියුණු වෙන්න පුළුවනි. ඒවා දැකීමෙන් අපේ සිතේ වෛරයක් ඇති නොකර සතුටක් ඇති කර ගන්නට හැකි නම් එය මුදිතාවයි. ඒ වගේම කෙනෙක් ඉගෙනීමෙන්, කීර්තියෙන්, ප්‍රශංසාවෙන්, ශරීර වර්ණයෙන් වැඩෙන්නට පුළුවන්. ඒ සෑම කරුණකදීම අපේ සිතේ සතුටක් ඇති කරගන්නට අපි දක්ෂ වෙන්නට ඕනෙ. සමහර විට කෙනෙක් තවත් කෙනෙකුගේ ලස්සන රූපයට ඉරිසියා කරනවා. හොඳින් ඉගෙන ගන්නවාට ඉරිසියා කරනවා. තවත් කෙනෙකුගෙ කීර්ති ප්‍රශංසාවලට ඉරිසියා කරනවා. මේ වාගේ අකුසල සිතුවිලි සිතෙන් දුරු කරල, ඒ අවස්ථාවල සතුටක් ඇති කර ගන්නට මහන්සි වෙන්න ඕනෙ.

භාග්‍යවතුන් වහන්සේ දේශනා කොට වදාළේ කුසල් දහම්වල සිත නොඇලෙන ගතිය (අරතිය) දුරු කරගන්න මුදිතාව වඩන්න කියල. මුදිතාව දියුණු කිරීමෙන් ඇති

කරගන්නා චිත්ත සමාධිය මුදිතා චේතෝ විමුක්තියත් මහග්ගත, අප්පමාණ යන ක්‍රම දෙකෙන් දියුණු කළ හැකියි. මහග්ගත චේතෝ විමුත්තිය ටිකෙන් ටික තමා අවට ප්‍රදේශ වලට පැතිර විය හැකියි. අප්පමාණ චේතෝ විමුත්තියේදී පළමුව තමන්ට මුදිතාව වඩා ඉන්පසු උතුරු දිශාව, උතුරු අනුදිශාව ආදී වශයෙන් දස දිශාවටම මුදිතාව පැතිරවිය හැකියි.

මහග්ගත මුදිතා චේතෝ විමුක්තිය වඩන හැටි....

1. මම ආයුෂයෙන් වැඩෙම්වා... බලයෙන් වැඩෙම්වා... වර්ණයෙන් වැඩෙම්වා... සැපයෙන් වැඩෙම්වා... යසසින් වැඩෙම්වා... කීර්තියෙන් වැඩෙම්වා... ප්‍රඥාවෙන් වැඩෙම්වා...
2. මා මෙන්ම මේ නිවසේ සිටින සියලු දෙනාම....
3. මා මෙන්ම මේ ගමේ සිටින සියලු සත්වයෝ ...
4. මා මෙන්ම මේ නගරයේ සිටින සියලු සත්වයෝ ...
5. මා මෙන්ම මේ පළාතේ සිටින සියලු සත්වයෝ ...
6. මා මෙන්ම මේ රටේ සිටින සියලු සත්වයෝ ...
7. මා මෙන්ම මේ ලෝකයේ සිටින සියලු සත්වයෝ ...
8. මා මෙන්ම මේ සියලු සත්වයෝම ...

අප්පමාණ චේතෝ විමුක්තිය වඩන හැටි....

1. මම ආයුෂයෙන් වැඩෙම්වා... බලයෙන් වැඩෙම්වා... වර්ණයෙන් වැඩෙම්වා... සැපයෙන් වැඩෙම්වා... යසසින් වැඩෙම්වා... කීර්තියෙන් වැඩෙම්වා...

ප්‍රඥාවෙන් වැඩෙම්වා...

2. උතුරු දිශාවේ සිටින සියලු සත්වයෝ ....
3. උතුරු අනු දිශාවේ සිටින සියලු සත්වයෝ....
4. නැගෙනහිර දිශාවේ සිටින සියලු සත්වයෝ ...
5. නැගෙනහිර අනු දිශාවේ සිටින සියලු සත්වයෝ...
6. දකුණු දිශාවේ සිටින සියලු සත්වයෝ...
7. දකුණු අනු දිශාවේ සිටින සියලු සත්වයෝ ...
8. බටහිර දිශාවේ සිටින සියලු සත්වයෝ ...
9. බටහිර අනු දිශාවේ සිටින සියලු සත්වයෝ ...
10. උඩ දිශාවේ සිටින සියලු සත්වයෝ ...
11. යට දිශාවේ සිටින සියලු සත්වයෝ ...

16.3. කරුණා භාවනාව

අන් අය කෙරෙහි කරුණාවන්ත වෙන්න...

අන් අයගේ කායික මානසික පීඩාවන් කෙරෙහි ඇති වන අනුකම්පාව කරුණාවයි. මනුෂ්‍ය ලෝකයේ ජීවත් වන අප සියලු දෙනාම සෑම මොහොතකම විවිධ දුක් කරදර පීඩාවන්ගෙන් පීඩා විඳින්නෙමු. ලෙඩ දුක්, හදිසි ස්වභාවික විපත් ආදියේදී බොහෝ දෙනා කායිකවත්, මානසිකවත් පීඩා විඳිනවා. ඒ ආකාරයෙන් අසරණ භාවයට පත් වූ අය දෙස අනුකම්පාවෙන් බැලීමේදී ඇතිවෙන්නේ කරුණාවයි. කරුණාව දියුණු කිරීමෙන් කරුණා චේතෝ විමුක්තිය ඇති කරගත හැකිය.

කරුණා චේතෝ විමුක්තියත් මහග්ගත, අප්පමාණ

යන ආකාර දෙකෙන්ම දියුණු කර ගත හැකිය. ඒ චේතෝ විමුක්තිය තුළ පිහිටා විදර්ශනා වැඩීමෙන් ආස්‍රව ක්ෂය කිරීමේ හැකියාවද ලැබේ.

කරුණා භාවනාව වඩන හැටි...

මම කායික පීඩා නැත්තෙක් වෙම්වා.... මානසික පීඩා නැත්තෙක් වෙම්වා... කායික සුවයෙන් සුවපත් වෙම්වා.... මානසික සුවයෙන් සුවපත් වෙම්වා... සුවසේ ජීවත් වෙම්වා....

මා මෙන්ම....

(කලින් මෙත්තා හා මුදිතා භාවනාවල ආකාරයටම මහග්ගත චේතෝ විමුක්තියට හා අප්පමාණ චේතෝ විමුක්තියට මෙම කරුණා භාවනාව වැඩිය හැකිය.)

16.4. උපේක්ෂා භාවනාව

අට ලෝ දහමට කම්පා නොවී ඉන්නට නම්...

අපට එදිනෙදා ජීවිතයේ දී මුහුණ දීමට සිදුවන දුක් කරදර හමුවේ අපි දුකට පත්වෙනවා. සැප සතුට ලැබෙන අවස්ථාවලදී අපි සතුටට පත්වෙනවා. මේ අයුරින් සැප සතුට ලැබෙන අවස්ථාවලත් දුක් කරදර ලැබෙන අවස්ථා වලත්, මැදහත් සිතින් යුතුව කටයුතු කිරීම උපේක්ෂාවයි. උපේක්ෂාව පුරුදු කළ විට දුක් කරදර නිසා පීඩාවට පත් නොවේ. සැප සතුට නිසා උද්දාමයට පත් නොවේ. මැදහත් සිතින් ඒ සියල්ල විඳගනී. අපි සියලු දෙනාටම මුහුණ දීමට සිදු වී ඇත්තේ අට ලෝ දහමටයි. ඒ අට ලෝ දහම හමුවේ කම්පා නොවන සිතක් ඇති කර ගැනීමට

උපේක්ෂාව වැඩිය යුතුය. උපේක්ෂාව දියුණු කිරීමෙන් ලබා ගන්නා චිත්ත සමාධිය උපේක්ෂා චේතෝ විමුත්තියයි. එයද මහග්ගත අප්පමාණ වශයෙන් දෙආකාර වේ. උපේක්ඛා චේතෝ විමුත්තය තුළ විදර්ශනා වැඩීමෙන් ආස්‍රව ක්ෂය කිරීමේ හැකියාව ඇත.

උපේක්ෂා භාවනාව වඩන හැටි...

මම ලාභය නිසා සතුටු නොවෙම්වා... අලාභය නිසා දුක් නොවෙම්වා... ප්‍රශංසා නිසා සතුටු නොවෙම්වා... නින්දා නිසා දුක් නොවෙම්වා... යසස නිසා සතුටු නොවෙම්වා... අයස නිසා දුක් නොවෙම්වා... කායික සැපයෙන් සතුටු නොවෙම්වා... කායික දුකකින් දුක් නොවෙම්වා... මානසික සැපයෙන් සතුටු නොවෙම්වා... මානසික දුකකින් දුක් නොවෙම්වා... ශාන්ත සුවයට පත් වෙම්වා...

මා මෙන්ම....

(කලින් මෙත්තා හා මුදිතා භාවනාවල ආකාරයටම මහග්ගත චේතෝ විමුක්තියට හා අප්පමාණ චේතෝ විමුක්තියට මෙම උපෙක්ඛා භාවනාව වැඩිය හැකිය.)

නමෝ තස්ස භගවතෝ අරහතෝ සම්මාසම්බුද්ධස්ස
ඒ භාග්‍යවත් අරහත් සම්මා සම්බුදුරජාණන් වහන්සේට නමස්කාර වේවා!

17.

අට්ඨික සඤ්ඤාව

17.1. අට්ඨික සඤ්ඤා භාවනාව

සංවරය උදෙසා අට්ඨික සඤ්ඤාව....

අට්ඨික සඤ්ඤා භාවනාව බහුල වශයෙන් පුරුදු පුහුණු කිරීමෙන් කෙලෙස් නැසීම දක්වාම දියුණු කර ගත හැකිය. ඇසට දකින රූපයන්හි නිමිති ගැනීමෙන් ඇස අසංවර වීම හේතු කොට ගෙන රාග, ද්වේෂ, මෝහ ආදී අකුසල් ඇති වේ. අට්ඨික සඤ්ඤාව පුරුදු පුහුණු කිරීමෙන් රාගයට, ද්වේෂයට හේතුවන නිමිති ගැනීම වළක්වා ඇස සංවර කර ගත හැකිය.

ඇටසැකිල්ලක් සිනාසුණා....

පෙර ලක්දිව මිහින්තලේ විසූ තිස්ස නම් ස්වාමීන් වහන්සේ නමක් ශ්‍රී මහා බෝධීන් වහන්සේ වන්දනා කිරීමට අනුරාධපුරයට වඩිමින් සිටියහ. ස්වාමියා සමඟ අමනාප වූ කාන්තාවක් ඒ මාර්ගයේම උන්වහන්සේ ඉදිරියෙන් පැමිණ සිනා සිසී උන්වහන්සේ පසුකොට ගමන් කළේය. ටික මොහොතකට පසු ඇයගේ ස්වාමි පුරුෂයා ඒ මගින් පැමිණ ස්වාමීන් වහන්සේ දැක "මේ පාරෙන් කාන්තාවක් ගියේ දැයි" විචාළේය. "ස්ත්‍රියක් ද, පුරුෂයෙක් ද නොදනිමි. ඇටසැකිල්ලක් නම් ගියා දැක්කෙමි" යනුවෙන් උන්වහන්සේ පිළිතුරු දුන්නේය. අට්ඨික සඤ්ඤාව බහුල වශයෙන් වැඩීම නිසා ඇස සංවර වූ ආකාරය සිතා බලන්න.

බහුල වශයෙන් වඩන ලද අට්ඨික සඤ්ඤා සමාධිය තුළ පිහිටා විදර්ශනා වැඩීමෙන් ඕනෑම කෙනෙකුට කෙලෙස් නැසීම දක්වා සිත දියුණු කළ හැකිය. අට්ඨික සඤ්ඤාව පුරුදු කරන කෙනෙකු ප්‍රකෘති ඇට සැකිල්ලක් හෝ ක්‍රමවත්ව අඳින ලද ඇට සැකිල්ලක රූපයක් ඉදිරියේ වාඩි වී හොඳින් ඒ දෙස බලා සිටිය යුතුය. ටික වේලාවක් මෙසේ ඇට සැකිල්ලේ හිසේ සිට පාදය දක්වා ටිකෙන් ටික බලමින් ඒ සටහන් හොඳින් සිතට ගත යුතුය. සටහන හොඳින් සිත තුළ තැන්පත් වූ පසු ඒ ස්ථානයේ සිටම හෝ වෙනත් ස්ථානයකට ගොස් භාවනා වැඩිය හැකිය.

- අට්ඨික සඤ්ඤා භාවනාව -

සුදුසු ස්ථානයක, සුදුසු ආකාරයෙන් වාඩිවෙන්න. දෙනෙත් පියාගෙන සිතට ගත් ඇට සැකිල්ලේ සටහන

හොඳින් මෙනෙහි කරන්න. ඇට සැකිල්ල ප්‍රකටව පෙනෙන තෙක් මුළු ඇටසැකිල්ලම නැවත නැවත මෙනෙහි කරන්න. දැන් ඇට සැකිල්ලේ හිස් කබල දෙස බලන්න.

ඇස් දෙක වෙනුවට තියෙන්නේ ලොකු වළවල් දෙකක්. ලස්සනට තිබුණ, පාට කරපු ඇහි බැම දැන් නෑ. නාසය වෙනුවට තියෙන්නේ සිදුරක් විතරයි. කටේ දත් ටික එළියට පේනවා. ලස්සනට පාට කරපු තොල් පෙති නෑ. කරාඹු වලින් සරසපු කන් පෙති නෑ. සුවඳ ජාති ගාලා ලස්සනට තියාගෙන හිටපු කම්මුල් නෑ. වේලිච්ච ලබු ගෙඩියක් වගේ තියෙන හිස් කබලක් විතරයි දැන් තියෙන්නෙ. මගේ මේ හිසත් මේ ආකාරයටම ඇට සැකිල්ලක් බවට පත්වෙනවා.

සතර මහා ධාතූන්ගෙන් (හේතු නිසා හටගත්) සකස් වුන මේ ඇට සැකිල්ලත් අනිත්‍යයි..... අනිත්‍යයි.... අනිත්‍යයි..... මේ ඇට සැකිල්ලත් මම නොවේ.... මගේ නොවේ..... මගේ ආත්මය නොවේ.....

උරහිස් ඇට වලට සවි වෙලා තියෙන්නෙ ඉළ ඇට. කුරුළු කූඩුවක් වගේ වට වෙලා තියෙන ඉළ ඇට. දිග උණ පතුරු වලින් හදපු කූඩුවක් වගේ තියෙන ඉළ ඇට. ඒ වගේම කොන්ද දිගට තියෙන්නෙ කොඳු ඇට පේළිය. නූලකට අමුණපු පබලු ටිකක් වගේ එකට බැඳුණු කොඳු ඇට පේළිය. මගේ මේ ශරීරයත් මේ ආකාරයටම ඇට සැකිල්ලක් බවට පත්වෙනවා.

සතර මහා ධාතූන්ගෙන් (හේතු නිසා හටගත්) සකස් වුණු මේ ඇට සැකිල්ලත් අනිත්‍යයි..... අනිත්‍යයි.... අනිත්‍යයි..... මේ ඇට සැකිල්ලත් මම නොවේ.... මගේ

නොවේ..... මගේ ආත්මය නොවේ.....

කොඳු ඇට පේළිය අවසන් වෙන්නෙ උකුල් ඇට වලට සවි වෙලා. සමනලයෙකුගෙ තටු වගේ තියෙන උකුල් ඇට. උකුල පුදේශය හැදිලා තියෙන්නේ උකුල් ඇට වලින්. ඒ උකුල් ඇටවලට පාද සවිවෙලා. වේලුන උණ කෝටු වගේ තියෙන පා ඇට. පා ඇට අවසන් වෙන්නෙ පා ඇඟිලි ඇට වලින්.

සතර මහා ධාතුන්ගෙන් (හේතු නිසා හටගත්) සකස් වුණු මේ ඇට සැකිල්ලත් අනිත්‍යයි..... අනිත්‍යයි.... අනිත්‍යයි..... මේ ඇට සැකිල්ලත් මම නොවේ.... මගේ නොවේ..... මගේ ආත්මය නොවේ.....

මගේ මුළු ශරීරයම මේ වගේ ඇටසැකිල්ලක් බවට පත්වෙනවා. මේ ඇට සැකිල්ලට මස් අලවලා නහර වලින් ගැට ගහලා, හමකින් වහලා රූපය කියලා බැඳිලා යනවා. හම ඉවත් කළාම, මස් ඉවත් කළාම, නහර වැල් ඉවත් කළාම ඉතුරු වෙන්නෙ ඇට සැකිල්ල විතරයි. මේ ශරීරය නමන්න, දිගහරින්න, බර දරාගන්න තියෙන ඇට සැකිල්ලෙන් හැම වෙලාවෙම ආරක්ෂා කරන, පිරිසිදු කරන, ලස්සන කරන මේ ශරීරය ඇට සැකිල්ලක් විතරයි.

සතර මහා ධාතුන්ගෙන් (හේතු නිසා හටගත්) සකස් වුණු මේ ඇට සැකිල්ලත් අනිත්‍යයි..... අනිත්‍යයි.... අනිත්‍යයි..... මේ ඇට සැකිල්ලත් මම නොවේ.... මගේ නොවේ..... මගේ ආත්මය නොවේ.....

මහාමේඝ ප්‍රකාශන

www.ingramcontent.com/pod-product-compliance
Lightning Source LLC
Chambersburg PA
CBHW060737050426
42449CB00008B/1255
* 9 7 8 9 5 5 0 6 1 4 2 6 4 *